Shimson_lab

2024

심우철
하프
모의고사

심우철 지음

This
is
TRENDY
HALF!

커넥츠 공단기 gong.conects.com
심슨영어연구소 카페 cafe.naver.com/shimson2000

Season 1. 기본편

KB006399

회차 01 하프 모의고사

01 밑줄 친 부분과 의미가 가장 가까운 것은?

Tenure has become a major impediment to higher education institutions in fulfilling our most important goals.

① reward 보상(금), 보답; 보상[보답]하다
② obstacle 방해, 장애(물)
③ trigger 방아쇠; 계기, 발단; 촉발시키다, 유발하다
④ substitute 대체물, 대신하는 사람; 대신[대체]하다

impediment 방해, 장애(물)

막다, 방해하다
prevent   hold back
disrupt   set back
  break
interrupt
impede
  발
hinder

hamper : 햄을 파먹으면 다이어트에 방해가 된다

obstruct
  build

해석 종신 재직권은 우리의 가장 중요한 목표를 실현하는 데 있어 고등 교육 기관에 주된 장애물이 되었다.
① 보상 ② 장애물 ③ 계기 ④ 대체물
어휘 tenure 종신 재직권 institution 기관 fulfill 실현하다

02 밑줄 친 부분과 의미가 가장 가까운 것은?

My colleague suggested that I leave out the part about my personal history in my presentation.

① omit 빼뜨리다, 제외하다, 생략하다
② share 나누다, 공유하다; 몫
③ revise 고치다, 수정[개정]하다
④ stress 압박하다; 강조하다; 긴장, 압박, 스트레스

leave out 빼뜨리다, 제외하다 (= omit, exclude)

out과 관련된 중요 이어동사 정리

turn out ~으로 판명되다	leave out 빼뜨리다, 제외하다
carry out 수행하다	rule out ~을 제외[배제]하다
fill out 기입하다 (= fill in)	root out 제거하다, 뿌리 뽑다
look out 조심하다 (= watch out)	iron out ~을 해결하다
stand out 눈에 띄다, 두드러지다	hang out (with) (~와) 어울려 다니다
figure out ~을 이해하다, 알아내다	get out of ~에서 벗어나다
give out 나눠 주다, 배포하다	run out of 다 써버리다
pass out 기절하다; 나눠주다, 배포하다	

해석 내 동료는 내가 발표에서 개인사에 관한 부분은 제외할 것을 제안했다.
① 제외하다 ② 공유하다 ③ 수정하다 ④ 강조하다
어휘 colleague 동료

회차 01 하프 모의고사

03 어법상 옳은 것은?

① I wish I had learned German when I was young.
현재 가정법 과거완료
(과거 사실의 반대)

② She supposed to take him to the central library with her.
is
└ be supposed to RV : ~하기로 되어 있다 103-1

③ Two thirds of gold[produced(in the region]are exported abroad.
is
부분명사 단수명사 (동)(단수/수동)

④ The more complicated the design is, the less efficiently it will be. 173
2V 2V
SC @
(→ efficient)

전략

어휘 문법 → (동) VS (동) → 형 VS 부
(수일치) (능·수동)
(능·수동)

① I wish 가정법 : ~라면 좋을텐데 119 <p.181>

(1) I wish ┌ + 가정법 과거 (과거V/were) 현재 사실의 반대
현재 └ + 가정법 과거완료(had p.p.) 과거 사실의 반대

(2) I wished ┌ + 가정법 과거 과거 사실의 반대
과거 └ + 가정법 과거완료 대과거 사실의 반대

③ '부분명사 of 전체명사'의 수일치 (p.176)

부분을 나타내는 부정대명사 : some / any / most / all

부분명사 ┌ 일부 : part / portion / half / the rest ┐ + of + ┌ 복수N + 복수V
├ 분수 : one third / two thirds … ┤ └ 단수N + 단수V
└ 백분율 : 30 percent …

04 우리말을 영어로 잘못 옮긴 것은?

① 이 집은 우리가 파티를 열기에는 너무 작다.
→ This house is too small for us to throw a party in. ∅
so X
to 부정사구 내 전치사의 목적어가 문장의 S로 나감 → 목적어 중복 X

② 비록 그는 용감한 소년이지만, 벌레 만지는 것을 정말로 두려워한다.
→ Brave boy as he is, he is indeed afraid of touching worms. S+V
명(무관사)

③ 그는 일요일마다 수영을 하곤 했지만 더는 하지 않는다.
→ He was used to swim every Sunday, but he doesn't any longer.
RV

④ 그것은 유산이 아직도 기려지고 있는 건축가가 설계 했다.
→ It was designed by an architect[whose legacy]is still celebrated.
선행사 [소유격 관·대 + N] + 불완전한 문장

① A be + so 형/부 that 075-2
아주 그 결과
too 형/부 to RV 150-1
너무 ~할 수가 없다
(1) 두 표현 섞어 쓰기 X
(2) so, too 자리에 very X

② 형/부+명 + as[though] + S + V 088-2
양보 도치 구문
(1) (As) 형 (a + 명) as + S + V
(2) 명사가 문두에 오는 경우에는 반드시 무관사명사 사용
(3) as나 though 대신에 (although)X
(as if)
(4) 양보로 해석되는지 확인 (양치) : 비록 ~지만

회차 01 하프 모의고사

③ used to 057 : 3가지 용법에 유의
- be used to RV : ~하는 데 사용되다
- used to RV : ~하곤 했었다
- be[get] used to RVing : ~하는 데 익숙하다[익숙해지다]

④ 관계사/의문사 (p.191)

N + ((1) 관계대명사 ① 그런데 그 명사 ② 불완전 ③ 격 ④ 콤마·전치사 + that X

(2) 관계부사 ① 그런데 그 명사에서(는) ② 완전

X + (3) 의문사 ① 해석 ② 완전/불완전 ③ 격 ④ 간접의문문 어순 (의+S+V)

(4) 복합관계대명사 ① 해석 ② 불완전 ③ 격

(5) 복합관계부사 ① 해석 ② 완전

whose 067
(1) '그런데 그 명사'의로 해석되는지 확인
(2) 'whose + 명사' 뒤에 불완전한 문장이 있는지 확인 (완전한 문장 X)

ex) They saw a house whose windows were all broken.
　　　　　　　　　　　　whose + N　불완전한 문장

---

05 밑줄 친 부분에 들어갈 말로 가장 적절한 것은?

A: Did you get a flu shot? — 상황 파악
B: No, I heard it could cause some serious side effects. — 부작용
A: Oh, but I heard those are extremely rare.
B: I don't want to take the risk.
A: Wouldn't it also be a risk not to have the shot?
B: At least I'd know what's coming. For me, the side effects are a lot scarier than the flu itself. — 부작용이 독감 자체보다 더 무서워서 안 맞겠다는 의미
A: Well, _____. The side effects do scare me as well. — 부작용과 관련하여 B에 동의하는 표현 / 나도, 또한 부작용이 무서워. / 빈칸 주변 중요
B: Yeah, I think it's a question of which risk you'd rather take.

① you have a point　네 말에 일리가 있네
② but that's just a myth　근데 그건 미신일 뿐이야
③ the shot's recommended　그 (독감) 주사는 권장돼
④ I'm glad you took the shot　그 (독감) 주사를 맞았다니 다행이다

※ 생활 영어는 이렇게 대비하세요
1. 이미면 표현 알아두기
- 평소에 하프에 나오는 표현 조금씩 암기해두고, 추후 이것만은 알고 가자로 정리
2. 상황 파악 잘하기
① 빈칸에 A의 의견이 들어가야 하는 상황인데, B의 의견이 들어가지 않도록 할 것
② 주제에 대해서 (+)의 내용이 나와야 하는데 (-)의 내용이 나오지 않도록 할 것

해석
A: 너 독감 주사 맞았어?
B: 아니, 그게 몇 가지 심각한 부작용을 일으킬 수 있다고 들었어.
A: 아, 하지만 그런 건 극히 드물대.
B: 난 위험을 감수하고 싶지 않아.
A: 주사를 맞지 않는 것도 위험하지 않을까?
B: 적어도 무슨 일이 일어날지는 알 거야. 나는 부작용이 독감 자체보다 훨씬 더 무서워.
A: 음, 네 말에 일리가 있네. 나도 부작용이 무섭긴 해.
B: 응, 네가 어떤 위험을 감수할지의 문제라고 생각해.

① 네 말에 일리가 있네 ② 근데 그건 미신일 뿐이야 ③ 그 주사는 권장돼 ④ 그 주사를 맞았다니 다행이야 ④ 그 주사를 맞았다니 다행이 근거 없는 믿음

어휘 flu shot 독감 주사 side effect 부작용 extremely 극히 myth 미신, 근거 없는 믿음

회차 02 하프 모의고사

01 밑줄 친 부분과 의미가 가장 가까운 것은?

Putting finds from excavations on public display is usually not feasible.

① moral 도덕의, 도덕적인

② customary 관례적인, 습관적인

③ achievable 성취[달성]할 수 있는

④ challenging 도전적인; 힘든

feasible ① 실행할 수 있는, 실현 가능한 (= possible, practicable, viable)
② 그럴듯한, 있음 직한 (= likely, probable)

실행 가능한, 달성할 수 있는

achievable

practicable

viable

feasible

해석 발굴에서 나온 발견물들을 공개 전시하는 것은 일반적으로 실현 가능하지 않다.
① 도덕적인 ② 관습적인 ③ 달성 가능한 ④ 힘든
어휘 find 발견물 excavation 발굴(지) display 전시

02 밑줄 친 부분에 들어갈 말로 가장 적절한 것은?

I had to _____ ordering delivery food/to cook myself.

A도 B도 아닌
neither the time nor the
A

since I had
~때문에(근거)
B

ingredients/to cook myself.
B

① run out of 떨어지다, 부족하다

② give up 포기하다

③ put aside 제쳐 두다, 무시하다 (= lay aside)

④ resort to 의존하다

resort to 의존하다

의존하다

resort to

depend on

rely on

count on

bank on

be contingent on

해석 나는 직접 요리할 시간도 재료도 없어서 배달 음식 주문에 의지해야 했다.
① ~을 다 써버리다 ② ~을 포기하다 ③ ~을 제쳐놓다 ④ ~에 의지하다
어휘 ingredient 재료

5

회차 02 하프 모의고사

03 밑줄 친 부분 중 어법상 옳지 않은 것은?

The occasions(in our lives)(when we felt most alive)were ① those(in which
복수 N   =   복수

our passions were at their peak) They include precious moments such as
a passionate romantic involvement or a passionate cause ② (in which we
                                               전치사 + 관·대 S

believed.) These are the times when we, upon reflection, would remember V 037

③ having felt most charged with purpose, when we brushed against the edge
              O
of our own excellence. Our potentials ④ realizing(→realized), we felt truly filled with the
                                        의미상 S   통(수동)
essence of life.

② 전치사 + 관계대명사 [14]

(1) 뒤에 완전한 문장이 있는지 확인
(2) 알맞은 전치사를 사용했는지 확인

③ to 부정사와 동명사 둘 다 목적어로 취하지만 의미가 다른 동사 (p.185)

'~을 믿다'
(1) 타동사 believe + O
(2) 자동사 believe + in N

[to 부정사 : 미래적 (동작이 아직 X)
  동명사 : 과거적 (동작이 일어남)

· remember to RV ~하기로 한 것을 기억하다
        RVing ~한 것을 기억하다
· forget to RV ~하기로 한 것을 잊다
       RVing ~한 것을 잊다
· stop to RV ~하기 위해 멈추다
      RVing ~하는 것을 그만두다
· regret to RV ~하게 돼서 유감이다
          RVing ~한 것을 후회하다
· try to RV ~하기 위해 노력하다
     RVing 시험 삼아 ~해보다

해석 우리 삶에서 우리가 가장 살아 있었다고 느꼈던 경우들은 우리의 열정이 정점에 달했을 때였다. 그것들은 열정적인 연애 관계나 나우리가 믿은 열정적인 대의와 같은 소중한 순간들을 포함한다. 잘 생각해 보면, 이런 것들은 우리가 목적의식으로 가장 가득 차 있음을 느낀 것으로 기억할, 그리고 우리 자신의 뛰어남의 가장자리를 스친 때이다. 우리의 잠재력이 실현되어, 우리는 진정한 삶의 본질로 가득 차 있음을 느꼈다.

어휘 occasion 때, 경우 peak 정점 passionate 열정적인 involvement 관계 cause 대의/명분 reflection 숙고 charged 차 있는, 격앙된 brush against ~에 스치다 potential 잠재력 realize 실현하다 essence 본질

04 우리말을 영어로 잘못 옮긴 것은?

① 그런 짓을 하는 사람은 누구라도 비웃음을 살 것이다.
→ Anyone(who does such a thing)will be laughed at
        076 such (+ a/an) + (형) + 명   통(수동)
        066 주어 관·대 + 불완전

② 그는 경제에 대해 모든 것을 알고 있는 것처럼 말한다.
→ He talks as if he knew everything about the economy.
      현재   가정법 과거
                   (현재 사실의 반대)

③ 제가 그 사건에 대한 추가 진행 상황을 당신에게 계속 알려드리겠습니다.
→ I will keep you informed of further developments on the case.
   5V   O   OC
   통(능동)   통(수동)   092-2

④ 그는 아무리 연습을 많이 해도 그 피아노곡에 숙달할 수 없었다.
→ However he practiced much, he couldn't master the piano piece.
  072-1,2 + 형/부 + S + V

전략 어휘 문법

통 → 통   VS   통 → 형 VS 부
    (수일치   (통·수동)
    능·수동)

① [자동사 + 전치사] 타동사구의 수동태 (p.177)
be referred to (as B) 093   be spoken to 113-2
be thought of (as B) 033-2   be dealt with
be listened to   be agreed on 091-2
be looked at 008-2   be disposed of 092-2
be laughed at

② as if(though) 가정법 : 마치 ~처럼 120

(1) as if(though) + 가정법 과거 : 마치 ~인 것처럼
(2) as if(though) + 가정법 과거완료 : 마치 ~이었던 것처럼

※ 단순 추측의 의미로 쓰일 때에는, 가정법이 아닌 직설법이 올 수 있음.

어휘 development 진전 (사항), 국면 piece (작품) 한 점

회차 02 하프 모의고사

05 밑줄 친 부분에 들어갈 말로 가장 적절한 것은?

상황
파악
A: Is there a problem, sir?
B: Look at this. There's a hair in my salad. 샐러드에 머리카락이 있어요.
A: Oh, please accept my apology. I'll return with a fresh new salad for you.

빈칸
주변
중요
B: That won't be necessary. 머물지 않겠다는 표현
필요 없어요. → 회가 남
A: I'm terribly sorry you've been offended, but would you consider staying, 머무는 것을 고려해주시겠어요?
sir? Let me bring you a bottle of fine wine on the house.
B: Hmm. Okay, but please make sure this doesn't happen again.

① Then, can I try a different salad? 그러면 다른 샐러드를 먹어봐도 될까요?

② I'd rather not eat here any longer. 더 이상 여기서 먹지 않겠어요.

③ I'll just have the rest of the course. 코스 나머지를 먹을 게요.

④ Could you hand me the menu again? 메뉴판을 다시 주시겠어요?

on the house 무료로 (= free of charge)

해석
A: 무슨 문제가 있나요, 고객님?
B: 이것 좀 보세요. 내 샐러드에 머리카락이 있잖아요.
A: 이런, 사과드립니다. 고객님을 위해 제가 신선한 새 샐러드를 가져오겠습니다.
B: 그럴 필요 없어요. 다른 여기서 먹고 싶지 않대요.
A: 기분 상하셨다니 정말로 죄송합니다만, 머무는 것을 고려해 주시겠어요, 고객님? 제가 고급 와인 한 병을 무료로 가져다 드리겠습니다.
B: 흠 알겠어요, 하지만 다시는 이런 일이 일어나지 않도록 확실히 해 주세요.
① 그렇다면, 다른 샐러드를 먹어봐도 될까요?
② 더는 여기서 먹고 싶지 않네요.
③ 그냥 코스 나머지를 먹을게요.
④ 메뉴판을 다시 주시겠어요?

어휘 apology 사과 offend 기분 상하게 하다 on the house 무료로 course 코스 (요리) hand 건네주다

MEMO

회차 03 하프 모의고사

01 밑줄 친 부분과 의미가 가장 가까운 것은?

I entirely advocate the view that economic activities and viable agriculture are the best way to conserve the uplands.

① uphold 지지하다, 떠받치다
② question 질문하다; 의문을 갖다
③ oppose 반대하다, 대항하다
④ comprehend 이해하다

advocate 변호하다, 지지하다; 주장하다; 지지자, 옹호자

지지하다
advocate
uphold   stand up for
bolster (+ 강화하다)

반대하다
oppose   object to
resist   stand up to (~에 맞서다)
defy (반항하다; 무시하다)

이해하다
comprehend   take in (받아들이다; 속이다)
apprehend (+ 체포하다; 걱정하다)
grasp

해석 나는 경제 활동과 발전 가능한 농업이 고지대를 보존할 가장 좋은 방법이라는 관점을 전적으로 지지한다.
① 지지하다 ② 의심하다 ③ 반대하다 ④ 이해하다
어휘 viable 발전 가능한 conserve 보존하다 upland 고지대

02 밑줄 친 부분과 의미가 가장 가까운 것은?

She increasingly became fed up with everything that was going on around her, and she needed to take some time off for herself.

① poor at
② tired of
③ isolated by
④ concerned with

be[become] fed up with ~가 물리다, 싫증나다 (= be tired of)
be poor at ~에 서투르다, ~을 못하다
be concerned with ~에 관계가[관련이] 있다
(cf) be concerned about ~을 걱정하다

해석 그녀는 점점 더 그녀 주위에서 일어나고 있는 모든 일에 진저리가 났고, 자신을 위해 잠시 휴식을 취할 필요가 있었다.
① ~에 서투른 ② ~에 싫증난 ③ ~에 의해 고립된 ④ ~와 관련 있는
어휘 take time off 휴식을 취하다

회차 03 하프 모의고사

03 어법상 옳은 것은?

① The bus fare costs twice as much as it did last year. 〈047〉
　배수사+as+형/부+as → 대동사 (동)(과거)
　비교되는 두 대상의 급 확인

② Her doctor recommended that she took swimming lessons.
　(should) take
　S+V 선입 (동)

③ I want to meet the man whom I believe is your acquaintance)
　선행사 주격 관·대(→ who) V

④ She improved her language skills while lived abroad for years.
　접속사 (준)(능동)(→ living)

① more[-er] ~ than / as 〈088-1〉 / -est ② 주요명제/종결 V + that + S + (should) RV 〈p.183〉

(1) 혼용·중복 금지
　as ~ than
　as -er as　　　X
　more -er
　the most -est

(2) 비교되는 두 대상의 급 확인

(1) 주장　insist, argue, urge
(2) 요구　ask, demand, require, request
(3) 명령　order, command
(4) 제안　suggest, propose
(5) 충고　advise, recommend 〈059〉
(6) 결정　decide

③ 관계사 + S + believe 〈140〉
④ while 〈085〉

(1) 관계사의 격(주격 vs 목적격) 확인
(2) 관계사절 내 동사의 수일치 확인
　(1) 접속사이므로 뒤에 절이 있는지 확인
　(2) 접속사 뒤 명사(구)만 오는 것은 X
　　　분사구문으로 쓰인 경우,
※ 삽입절 구문: S + believe/think/say　　준동사의 능 수동 확인

[해석] ① 버스 요금이 작년보다 두 배 비싸다.
② 그녀의 주치의는 그녀에게 수영 강습을 받으라고 권했다.
③ 나는 내가 생각하기에 당신의 지인인 그 남자를 만나고 싶다.
④ 그녀는 수년간 해외에 살면서 언어 능력을 향상했다.

[어휘] fare 요금　acquaintance 지인　abroad 해외에

04 우리말을 영어로 잘못 옮긴 것은?

① 그는 오늘 직장에 지각했음이 틀림없다.
→ He must have been late to work today. 〈149〉 ⓐ 능동

② 그들은 적의 눈에 띄기 어렵게 하기 위해 숨었다.
　그들 ~스스로 숨었다 = 숨었다 　가O
→ They hid themselves to make it hard to see by the enemy.
　　선행사 주격 관·대(→ who) V　　　　 진O
　　　　 ⓔ　　　　　　　(수동)(→ to be seen)
　　　　　　　　　　　그들이 적에 의해 보여지다

③ 동물들에게 필요한 공간에 대한 믿을 만한 통계 자료가 거의 없다.
→ There are few reliable statistics on space/required for animals.
　수일치(복수V)　　　복수N　　　　　　(준)(수동 : 뒤에 목적어가 없으므로)

④ 그 실험 결과는 회의가 시작되기 전에 알려질 것이다.
→ The result of the experiment will be known before the conference begins.
　　　　　　　　　　　　　　　　(동)(수동)　　　　　　　 (동)(능동)

① 조동사 + have p.p. : 과거 사건에 대한 추측이나 후회 〈p.182〉

must have p.p.　　　　 must not have p.p.
반드시 ~했음이 틀림없다　반드시 ~하지 않았음이 틀림없다

should have p.p.　　　 should not have p.p.
당연히 ~해야 했는데 하지 않았다　당연히 ~하지 말았어야 했는데 했다

may[might] have p.p.　 may[might] not have p.p.
아마 ~했을 것이다　　　아마 ~안 했을 것이다

cannot have p.p.　　　ought to have p.p.　　need not have p.p.
~했을 리가 없다　　　당연히 ~해야 했는데 하지 않았다　~했을 필요는 없었는데 했다

[had better / would rather / may as well] have p.p. ~했던 편이 나았는데

[어휘] hide 숨기다　reliable 믿을 만한　conference 회의, 학회

회차 03 하프 모의고사

①, ② -ly를 붙이면 뜻이 바뀌는 형용사/부사 ⟨p.196⟩

late	늦은 / 늦게	lately	최근에	latest 최신의
hard	힘든, 열심인 / 열심히	hardly	거의 ~하지 않는	
near	가까운 / 가까이	nearly	거의	
high	높은 / 높이, 높게	highly	매우, 대단히, 고귀하게	
short	부족한, 짧은 / 부족하게, 짧게	shortly	곧, 즉시	

② make 027

(1) 사역동사로 쓰인 경우

　[목적격 보어에 원형 부사가 있는지 확인 (to RV X)
　[수동태로 쓰인 경우, 뒤에 to RV가 있는지 확인 (원형부사 X)

(2) [가목적어 - 진목적어] 구문인 경우

　[가목적어 it이 있는지 확인 (it 생략 X)
　[목적격 보어가 형용사인지 확인 (부사 X)

(3) 목적격 보어에 형용사가 있는지 확인 (부사 X)

③ there be 002

뒤에 나온 명사에 수일치 했는지 확인

(a) few 078

(1) 뒤에 복수 명사가 있는지 확인 (단수 명사 X)　(2) few와 a few의 의미 구별 ⟨양자⟩

　[(a) few + 복수 명사⟨가산명사⟩
　[(a) little + 단수 명사⟨불가산명사⟩

　[few : 거의 없는
　[a few : 약간의

statistics 158

해석을 통해 통계와 ⟨단수 취급⟩ VS 통계 수치[자료] ⟨복수 취급⟩ 확인

---

05 밑줄 친 부분에 들어갈 말로 가장 적절한 것은?

상황
파악

A: What's wrong? You look worried.

B: I don't remember if I turned off the gas or not.

A: It wouldn't be such a big deal if it were on anyway, right?

B: Well, we're away for the whole weekend. And who knows what could happen? : 무슨 일이 일어날까봐 걱정하고 있음

A: ＿＿＿＿　B가 걱정하지 않도록 적절한 방안 제시
　　그래, 그게 좋겠어.

빈칸
주변
중요

B: Yes, that would be great. I don't want to spend my weekend worrying.

① Do you usually leave it off? 넌 보통 그걸 꺼 채로 두니?

② The thought keeps bothering me. 그 생각이 나를 계속 신경 쓰이게 해.

③ Should we drive back home and check? 우리 집으로 돌아가서 체크해 볼까?

④ I don't remember your turning it off, either. 나 또한 너가 그걸 끈 기억이 없어.

해석 A: 무슨 일이야? 당신 걱정스러워 보여.

B: 내가 가스를 잠갔는지 안 잠갔는지 기억이 안 나.

A: 어차피 그게 열려 있었다고 해도 그렇게 크일은 아닐 거야, 그렇지?

B: 글쎄, 우리는 주말 내내 떠나 있잖아. 그리고 무슨 일이 일어날지 누가 알겠어?

A: 우리 집으로 돌아가서 확인해 볼까?

B: 그래, 그게 좋겠어. 난 주말을 걱정하면서 보내고 싶지 않아.

① 당신은 보통 그걸 잠근 채로 둬?

② 그 생각이 계속 날 신경 쓰이게 해.

③ 우리 집으로 돌아가서 확인해 볼까?

④ 나도 당신이 그걸 잠근 기억이 안 나.

어휘 turn off 끄다, 잠그다 | big deal 큰일 | bother 신경 쓰이게 하다, 괴롭히다

회차 04 하프 모의고사

01 밑줄 친 부분에 들어갈 말로 가장 적절한 것은?

The accident occurred due to _____ of the safety regulations.

① compliance 순응, 준수
② enforcement 집행, 시행
③ disclosure 폭로
④ violation 위반

comply 따르다, 준수하다 (with)
enforce 시행[집행]하다; 강요하다
disclose 드러내다, 폭로하다
violate 위반하다, 어기다; 침해하다

위반하다
breach
infringe
violate
contravene

폭로하다 → 폭로
expose → exposure
reveal → revelation
disclose → disclosure
divulge → divulgence

해석 그 사고는 안전 규정 위반 때문에 발생했다.
① 준수 ② 시행 ③ 폭로 ④ 위반
어휘 regulation 규정

02 밑줄 친 부분과 의미가 가장 가까운 것은?

The financial analyst scheduled a meeting with the client to go over the investment portfolio, discussing performance, risk tolerance, and potential adjustments.

① correct 고치다, 수정하다 (= amend, revise, rectify, redress)
② suggest 제안하다; 암시하다
③ diversify 다각화하다, 다양해지다
④ examine 조사하다, 검토하다; 진찰하다

go over 검토[점검]하다, 살펴보다

go over   look into

조사하다
examine   probe   go over
inspect   scrutinize   look into
investigate

over와 관련된 중요 이어동사 정리

get over 극복하다, 회복하다
go over 검토[점검]하다, 살펴보다
take over 인수하다, 넘겨받다; 장악하다
hold over 연기[연장]하다, 미루다
run over (사람·동물을) 치다

hand over 넘겨주다, 양도하다
look over 훑어보다, 살펴보다
pass over 건너뛰다, 무시하다
pore over 자세히 보다
mull over 숙고하다

해석 그 금융 분석가는 성과, 위험 허용 범위, 잠재적 조정에 대해 논의하면서 투자 포트폴리오를 검토하기 위해 고객과의 회의 일정을 잡았다.
① 수정하다 ② 제안하다 ③ 다양화하다 ④ 검토하다
어휘 financial 금융의 analyst 분석가 tolerance 허용 범위 adjustment 조정

회차 04 구문 포인트

03 어법상 옳은 것은?

① The diversity of plants is much less than animals.
  that of
  A ┗── 비교되는 두 대상의 급 확인 ──┛ B

② The students as well as the teacher attends the meetings.
  A   B   동(A에 수일치) 3V   O

③ After having a talk with him, I convinced that he was right.
  동(능동) was 동(능동) 명사절 접속사 that + 완전

④ He hasn't walked without crutches since he had the accident.
  동(현재완료)   ~한 이래로 동(과거)

전략

어휘 문법 → 동 VS 동 → 형 VS 부
          (수일치)
          (능·수동)
          동·수동

① **much** 080
(1) 형용사·부사의 비교급 수식 (현급 수식은 very)
(2) 뒤에 단수명사(불가산명사)가 있는지 확인 (복수명사 X)

more[-er] ~ than / as / -est 089
(1) 혼용·중복 금지
(2) 비교되는 두 대상의 급 확인

② **A as well as B** 154 : B뿐만 아니라 A도
A에 수일치했는지 확인 (B에 수일치 X)

③ **convince** 094
(1) convince A[사람] of B 구문에서 A[사람] 뒤에 전치사 of가 있는지 확인 (of 생략 X)
(2) 수동태로 쓰인 경우, 뒤에 of (동)명사 또는 that S+V가 있는지 확인

┌ convince A of B : A에게 B를 확신시키다
│ → A be convinced of B : A는 B를 확신한다
└ convince A that S+V : A에게 that절을 확신시키다
  → A be convinced that S+V : A는 that절을 확신한다

that 069
(1) 앞에 명사가 있는지 확인 (관계대명사 → 뒤에 불완전한 문장)
(2) 앞에 동사가 있는지 확인 (명사절을 이끄는 접속사 → 뒤에 완전한 문장)
(3) 앞에 콤마 또는 전치사가 없는지 확인 (콤마 X, 전치사 X)

④ **since** 050
since(~이래로) 절이 과거시제로 쓰인 경우, 주절이 현재완료시제 (과거시제 X)

해석
① 식물의 다양성은 동물들의 다양성보다 훨씬 덜하다.
② 선생님뿐만 아니라 학생들도 회의에 참석한다.
③ 나는 그와 대화를 나눈 후 그가 옳다고 확신했다.
④ 그는 그 사고를 당한 이후 목발 없이는 걷지 못한다.

어휘 diversity 다양성 crutch 목발

05 밑줄 친 부분에 들어갈 말로 가장 적절한 것은?

A: How may I help you today?
B: I tried to use my card to withdraw cash, but it didn't work. Could you check this card?
A: Sure. Oh, the magnetic strip on this card is damaged.
B: Then what should I do?
A: I'll issue a new card for you. Could you fill out this form, please?
B: Okay. When can I get the new card? 언제 새 카드를 받을 수 있는지에 대한 답
   발행하다
A: _____. Would you like the card to be delivered to your workplace?
B: Yes, that'd be great. Thank you for your help.

상황 파악

빈칸 주변 중요

① Here is your new card
② I'll be off in about 10 minutes
③ You can also issue a card online
④ It normally takes 3 business days

fill out (서류에) 기입하다

해석
A: 오늘 무엇을 도와드릴까요?
B: 제 카드로 현금을 인출하려고 했는데 안 됐어요. 이 카드 좀 봐주실 수 있나요?
A: 물론이죠. 아, 이 카드의 마그네틱 띠가 손상됐네요.
B: 그럼 어떻게 해야 할까요?
A: 제가 새 카드를 발급해 드리겠습니다. 이 양식을 작성해 주시겠어요?
B: 알겠습니다. 새 카드는 언제 받을 수 있을까요?
A: 보통 영업일 기준 3일이 소요됩니다. 카드를 고객님의 직장으로 배송해 드릴까요?
B: 네, 그게 좋겠네요. 도와주셔서 감사합니다.
① 여기 고객님의 새 카드입니다
② 저는 약 10분 후에 근무가 끝날 거예요
③ 고객님은 온라인으로 카드를 발급하실 수도 있어요
④ 보통 영업일 기준 3일이 소요됩니다

어휘 withdraw 인출하다 strip 띠, 선 issue 발급(발행)하다 fill out 작성하다 be off 근무가 끝나다 business day 영업일, 평일

---

04 하프 모의고사

04 우리말을 영어로 잘못 옮긴 것은?

① 그 혁명의 결과가 모두 긍정적이었던 것은 아니다.
→ Not all consequences of the revolution were positive.
145-2 모두 ~한 것은 아니다 (부분 부정)

② 그가 교실에 들어가자마자 종이 울렸다.
→ Hardly did he enter the classroom when the bell rang.
　+ had + S + p.p.　　　　　+ S + 과거V
　(→ had he entered)

③ 여행의 즐거움 중 하나는 새로운 문화를 발견하는 데 있다.
→ One of the joys of traveling lies in discovering new cultures.
　+ 복수N　　　　　동(단수)

④ 그 팀은 그 작업을 통해 목적의식을 갖게 되었다.
→ The sense of purpose was brought to the team through the work.
　단수N　　　　　동(단수/수동)

② ~하자마자 …했다 〈p. 178〉

(1) Scarcely 042	had + S + p.p.	(when	S + 과거V
(2) Hardly 041	//	before)	//
(3) No sooner 043	//	than	//

③ [one 003 / each / either / neither] of + 복수명사 + 단수동사 〈p. 176〉

어휘 consequence 결과 revolution 혁명

회차 05 하프 모의고사

01 밑줄 친 부분에 들어갈 말로 가장 적절한 것은?

It's perfectly normal for your weight to _____ up or down by 1~2
kilograms over a few days, or even within just a day.
~만큼(차이)

① hesitate 망설이다, 주저하다
② migrate 이주하다, 이동하다
③ fluctuate 오르내리다, 변동하다
④ accumulate 모으다, 축적하다, 쌓이다

모이다, 모으다

gather

flock

assemble

accumulate

amass
단어리
aggregate
그룹
congregate
그룹

해석 당신의 체중이 며칠에 걸쳐, 혹은 심지어 하루 만에 1~2킬로그램씩 위아래로 변동하는 것은 지극히 정상이다.
① 망설이다 ② 이주하다 ③ 변동하다 ④ 축적하다

02 밑줄 친 부분에 들어갈 말로 가장 적절한 것은?

There are many ways to _____ bad breath, but one of the most effective
ways is to have a professional dental cleaning.

① set off 출발하다, 시작하다; 유발하다, 일으키다; (폭탄 등을) 터뜨리다
② call for 요구하다 (= require, request, demand)
③ get rid of 없애다, 제거하다
④ look up to 존경하다 (= respect, worship, adore, admire, esteem)

get rid of 제거하다

없애다, 제거하다

remove   get rid of
erase   root out
eliminate   do away with
eradicate
efface
exterminate
uproot / root up
obliterate

유발하다, 일으키다

cause
trigger
provoke
bring on
bring about
give rise to
set off
touch off

해석 구취를 제거하는 방법에는 여러 가지가 있지만, 가장 효과적인 방법 중 하나는 전문적인 치아 세정을 받는 것이다.
① 유발하다 ② 요구하다 ③ 제거하다 ④ 존경하다

어휘 bad breath 구취

회차 05 하프 모의고사

03 밑줄 친 부분 중 어법상 옳은 것은?

Scientists have long known that/pain's intensity is ② different. In the case of 17-year-old Sarah Taylor, doctors struggled to understand her level of pain from childhood arthritis and fibromyalgia. Some scientists(working with Taylor)③ is now trying to develop an objective way to measure pain. The scientists are measuring the reaction inside Taylor's eyes when she reports pain and when she ④ does not.

people experience pain ② different. ← S V O 형 VS 문(→ differently)

넌의 @ 목적어 중복 X is hard ① to measure it because A ↑ A

S (working with Taylor)③ is now trying are 동(복수/능등)

inside Taylor's eyes when she reports pain 일반동사

① 난이형용사 구문 077

: difficult, hard, tough / easy

(1) 문장의 주어 확인 (to RV의 의미상 주어는 주어 자리에 X)

(2) to RV의 목적어가 문장의 주어로 오는 경우, to RV의 목적어가 없는지 확인 (목적어 중복 X)

(3) 진주어 자리에 to RV가 있는지 확인 (that절 X)

Shimson_lab

---

04 우리말을 영어로 가장 잘 옮긴 것은?

① 나는 온종일 여기 있느니 차라리 집에 가겠다.
→ I would rather go home than staying here all day. : B하는 것보다 A하는 것이 더 낫다
  A(RV)   B(RV)

② 세포는 일단 산소를 잃으면 한 시간 내로 죽느니다.
접속사 + 분사구문
→ Once deprived of oxygen, cells die within an hour.
  분(수동)   동(복수/능동)

③ 회사 성장에 대한 그녀의 공헌이 인정받았다.
→ Her contributions(to the company's growth)have recognized.
  been   동(복수/수동)

④ 그가 작년에 그 일자리 제안을 받아들였다면 지금 더 성공했을 것이다.
→ He would be more successful now if he look that job offer last year. →혼합가정법
  had taken   053

① would rather RV 054
(1) 뒤에 원형부사가 있는지 확인 (to RV X, 일반형 X)
He would rather stays
              stay
(2) would rather A than B 구조에서 A와 B의 급이 같은지 확인

④ 가정법 공식 〈p.180〉

(1) 가정법 과거   If + S + 과거V / were ~ , S + 조동사의 과거형(swcm) + RV
(2) 가정법 과거완료 If + S + had p.p. ~ , S + 조동사의 과거형 + have p.p.
(3) 가정법 미래   If + S + should RV (불확실한 미래) ~ , S + 조동사의 과거형/현재형 + RV
              If + S + were to RV (불가등) ~ , S + 조동사의 과거형 + RV
(4) 혼합 가정법   If + S + had p.p. ~ , S + 조동사의 과거형 + RV + (now/today)

어휘 oxygen 산소 cell 세포 contribution 공헌

해석 과학자들은 사람들이 저마다 다르게 통증을 경험하기 때문에 통증의 강도를 측정하기가 어렵다는 것을 오랫동안 알고 있었다. 17세인 Sarah Taylor의 경우, 의사들은 소아 관절염과 섬유근육통으로 인한 그녀의 통증 수준을 이해하고자 애썼다. Taylor를 연구하는 일부 과학자들은 현재 통증을 측정하는 개관적인 방법을 개발하고자 노력하고 있다. 그 과학자들은 Taylor가 통증을 알릴 때와 그러지 않을 때 그녀의 눈 속에서 일어나는 반응을 측정하고 있다.

어휘 intensity 강도 measure 측정하다 struggle 애쓰다 arthritis 관절염 fibromyalgia 섬유근육통 objective 개관적인

회차 05 생활 표현 익히기

05 두 사람의 대화 중 가장 어색한 것은?

① A: Oh, can I play for just 10 more minutes?

　B: Enough is enough. Finish your homework first.

② A: When is the payment due?
　　　　　　　　　　지급 기일이 된, 예정인

　B: Within 10 days of booking.

③ A: Where are you headed?

　B: Oh, we are off to the movies.

④ A: I'm sorry, but I'm afraid her line is busy. 그녀는 통화 중입니다.

　B: Would you like to leave a message? 메시지를 남기시겠어요? → A가 B에게 해야 할 말

① Enough is enough. 그만하면 됐어. / 이제 그만해.

③ Where are you headed? 어디 가는 길이세요?

be off to 장소 ~로 떠나다

④ Her line is busy. 그녀는 통화 중입니다.

= Her line is engaged.

= She is on the phone.

해석 ① A: 아, 저 딱 10분만 더 놀 수 있을까요?
　　　 B: 그만하면 됐어. 네 숙제부터 먼저 끝내렴.
　② A: 지불 기한이 언제인가요?
　　　 B: 예약 후 10일 이내됩니다.
　③ A: 너희 어디 가는 거야?
　　　 B: 아, 우리 영화 보러 가.
　④ A: 죄송하지만, 그녀는 통화 중인 것 같습니다.
　　　 B: 메시지를 남기시겠어요?

어휘 due (지불) 기일이 된 booking 예약 head 가다 head가다 항하다 be off 가다 line 전화선

회차 06 하프 모의고사

01 밑줄 친 부분과 의미가 가장 가까운 것은?

During the debate, the opponents kept emphasizing that tax cuts could facilitate economic growth.

① disturb 방해하다, 어지럽히다

② amend 고치다, 개정[수정]하다, 개선하다

③ promote 촉진하다, 장려하다; 승진시키다; 홍보하다

④ moderate 완화시키다; 적당한; 중간의, 평균의; 절제하는

facilitate 쉽게 하다; 촉진시키다

빠르게 하다, 촉진시키다	고치다, 개선하다, 수정[변경]하다
quicken	correct
hasten	alter
accelerate	amend / mend
facilitate	revise
expedite	renovate
precipitate	refurbish
	redress
	rectify
	make over

해석 토론 중에 상대편은 세금 감면이 경제 성장을 촉진할 수 있다고 계속해서 강조했다.
① 방해하다 ② 개정하다 ③ 촉진하다 ④ 완화하다

어휘 opponent 상대 emphasize 강조하다 tax cut 세금 감면

---

02 밑줄 친 부분에 들어갈 말로 가장 적절한 것은?

Thanks to this new security system, it became hard for criminals to _____ stealing electronic devices.

① go back on 배신하다 (= betray); 어기다

② play up to ~에게 아부하다 (= flatter), 맞장구를 치다

③ get away with 달아나다; 모면하다; ~으로 끝나다

④ put up with ~을 참다, 견디다 (= bear, endure, tolerate, persevere)

V up with 중요 표현 정리

come up with ~을 생각해내다; 제시하다, 제안하다

put up with ~을 참다, 견디다

keep up with 뒤처지지 않다

break up with ~와 헤어지다

be fed up with 물리다, 싫증나다

해석 이 새로운 보안 시스템 덕분에 범죄자들이 전자 기기를 훔치고도 모면하는 것이 어려워졌다.
① ~을 어기다 ② ~에게 아부하다 ③ (처벌을) 모면하다 ④ ~을 견디다

어휘 security 보안

회차 06 하프 모의고사

03 어법상 옳은 것은?

A

① <u>The</u> number of workers complain about the new law. → The number of + 복수N에 맞춰
많은   복수N   복수V   단수V로 수일치 하는 것보다
문맥상 '많은' 근로자들이라는
의미이므로 A number of로 수정

② He felt he had no chance of <u>hiring</u> as an employee.
준(수동)(→ being hired)

③ We explored the forest <u>which</u> we discovered hidden trails.
선행사   where   S   V   O   → 완전
리포트가 수정되어야 하므로
(= her report)

④ She had her report <u>revised</u> several times before submitting it.
사역V   수동(p.p.)   (= her report)

① a / the number of 001
[a number of + 복수명사 + 복수동사
  (많은)
[the number of + 복수명사 + 단수동사
  (~의 수)

② 관계사/의문사 ⟨p.191⟩

N + (1) 관계대명사   ① 그런데 그 명사 ② 불완전 ③ 격 ④ 콤마· 전치사 + that X
  (2) 관계부사   ① 그런데 그 명사에서(는) ② 완전
N + (3) 의문사   ① 해석 ② 완전/불완전 ③ 격 ④ 간접의문문 어순 (의+S+V)
  (4) 복합관계대명사   ① 해석 ② 불완전 ③ 격
  (5) 복합관계부사   ① 해석 ② 완전

④ 사역동사
make 027-1, have 028 + O + RV(능동) / p.p.(수동)
let 029   + O + RV(능동) / be p.p.(수동)
  p.p.(X)

해석 ① 많은 근로자들이 그 새로운 법에 대해 불평한다.
② 그는 자신이 직원으로 채용될 가능성이 없다고 느꼈다.
③ 우리는 우리가 숨겨진 오솔길을 발견한 숲을 탐험했다.
④ 그녀는 보고서를 제출하기 전에 그것을 여러 번 수정했다.

어휘 complain 불평하다 chance 가능성 hire 채용하다 employee 직원 resemble 닮다 suitcase 여행 가방 pack 싸다, 꾸리다 realize 깨닫다 trail 오솔길 revise 수정하다 submit 제출하다

04 우리말을 영어로 잘못 옮긴 것은?

① 그녀는 그녀의 엄마와 매우 닮았다.
→ She closely resembles her mother.
3V   O

② 저를 저녁 식사에 초대해 주신다니 당신은 친절하시군요.
→ It is kind of you to invite me to dinner.
성격(a)   of + 의미상S   준(능동)

③ 그들은 여행 가방을 싸서 여행을 위한 준비를 마쳤다.
→ With their suitcases <u>packing</u>, they were ready for their trip.
with 분사구문   준(수동)(→packed)
: O가 ~하면서, 한 채로, ~하는 동안에   여행 가방이 싸져야 하므로

④ 당신은 50살이 되자마자, 건강의 가치를 깨닫게 될 것이다.
→ Upon your <u>turning</u> 50, you will realize the value of your health.
동명사의 의미상S
Upon[On] RVing: ~하자마자

① REMALIODASC   ② 사람의 성격[성질]을 나타내는 형용사 ⟨p.195⟩
: 자동사 같은 타동사 ⟨p.171⟩   It is 사람의 성격 ⓐ of + 목적격 (의미상 S) to RV
R resemble 015, reach 016   (for X)
E enter
M marry 104, mention
A accompany 017, affect 105 | kind | considerate | thoughtful 127 |
  approach | | (사려 깊은) | (사려 깊은) |
L leave | wise | clever | generous |
I influence 106-2 | foolish | rude | stupid |
O obey, oppose
D discuss 013
A answer, attend, address
S survive 018
C consider, contact 014

회차 **06** 하프 모의고사

05 밑줄 친 부분에 들어갈 말로 가장 적절한 것은?

A: Hey, there's an ant on your arm.
B: Oh my goodness! Where? Get it off!
A: Just shake your arm. It's not a big deal.
B: Well, it's not coming off. Ahh! Just get it off of me!
A: Okay, okay, but don't _____. ← Everyone is looking at us!
　다들 우리를 쳐다보니
　무언가를 하지 마라
B: I guess you care more about other people than me.
A: Oh, don't say that.

① cut to the chase　본론으로 들어가다
② hang in there　참고 견디요.
③ make a scene　소란을 피우다
④ sleep on it　~을 하룻밤 자며 생각하다; 숙고하다

It's not a big deal. 그건 큰일[중요한 일]이 아니에요. / 별것 아니에요.

해석 A: 저기, 네 팔에 개미가 있어.
B: 세상에! 어디? 떼어 내봐!
A: 그냥 팔을 흔들어 봐. 별일 아니야.
B: 글쎄, 안 떼어지잖아! 악! 그냥 나한테서 떼어 내줘!
A: 알았어, 알았어, 근데 소란 좀 피우지 마. 모두가 우리를 보고 있잖아!
B: 너는 나보다 다른 사람들을 더 신경 쓰는 것 같네.
A: 아, 그런 말 하지 마.
① 바로 본론을 말하다
② 버티다
③ 소란을 피우다
④ 그것을 하룻밤 자며 생각해 보다

어휘 get off 떼다, 제거하다 come off 떨어지다

MEMO

회차 07 하프 모의고사

01 밑줄 친 부분과 의미가 가장 가까운 것은?

Edward Gibbon wrote in *The History of the Decline and Fall of the Roman Empire* that war, in its fairest form, implies a perpetual violation of humanity and justice.

① eternal 영원한, 불변의
② explicit 분명한, 명백한; 솔직한; 노골적인
③ universal 전 세계적인, 보편적인
④ profound 깊은, 심오한, 난해한

perpetual 영구적인, 끊임없는

끊임없는, 영원한, 영구적인
constant
permanent
perennial (+ 다년생의)
perpetual
eternal
incessant
ceaseless
everlasting

분명한, 명백한
obvious
apparent
evident
distinct
definite
explicit
manifest
overt
tangible (+ 만질 수 있는 분명히 실재하는)

심오한, 난해한
deep
profound
abstract (+ 추상적인)
intricate (복잡한)
abstruse
recondite
incomprehensible

해석 Edward Gibbon은 『로마 제국의 쇠망사』에서 전쟁은 가장 공정한 형태로도 인간성과 정의에 대한 끊임없는 침해를 의미한다고 썼다.
① 영원한; 끊임없는 ② 명백한 ③ 보편적인 ④ 깊은
어휘 decline 쇠퇴 fall 몰락 empire 제국 imply 암시[의미]하다 violation 침해 humanity 인간성

02 밑줄 친 부분과 의미가 가장 가까운 것은?

The research, with all the controversies and heated debates surrounding its method, was eventually carried out.

① halted 멈추다, 서다, 중단하다[시키다]; 정지, 중단
② approved 찬성하다; 허가하다, 승인하다
③ modified 바꾸다, 수정하다
④ executed 실행하다, 수행하다; 처형하다

carry out 수행하다

수행[실행, 이행]하다
perform
implement
fulfill (① 수행하다 ② 이루다, 성취하다 = accomplish)
execute
carry out

해석 그 연구는 그것의 방법을 둘러싼 모든 논란과 열띤 논쟁에도 불구하고 결국 수행되었다.
① 중단하다 ② 승인하다 ③ 수정하다 ④ 실행하다
어휘 controversy 논란 heated 열띤 surround 둘러싸다 method 방법

03 밑줄 친 부분 중 어법상 옳지 않은 것은?

The tropical fruit known as durian is <u>worth</u> ① mentioning. Unlike other fruits, it emits a very strong smell ② recognizable to many animals. The smell comes mainly from its very thick and spinous outer coat, which is ③ <u>such</u> firm that the coat is difficult for most animals to break. Only[when the fruit ripens]④ does it break open, exposing the fleshy seeds which are then picked up by animals and dispersed across the forest.

① worth 135

(1) 뒤에 동명사가 있는지 확인 (to RV X)
  be worth RVing ~할 가치가 있다

(2) 동명사의 목적어가 주어로 오는 경우, 동명사의 목적어가 없는지 확인 (목적어 중복X)
  ex) This movie is certainly worth watching ~~it~~.

③ 너무 ~해서 …하다

(1) so + 형 + a/an + 명 + that ~ 075
  so + 형/부 + that ~
  (ex) She is so beautiful a dancer that ~
    She is so beautiful that ~
    She danced so beautifully that ~

(2) such (+ a/an) (+ 형) + 명 + that ~ 076
  (ex) such people / such kind people / such a kind person

④ 무조건 도치 〈p.208〉

(1) 부정어
  Only + 부사(구)(절) 170 + V + S

(2) 형용사 + be + S

(3) so 형/부 + V + S that ~

(4) and so
   and neither + V + S
   nor

※ 장소·방향의 부사구 ⟨ S (대명사) + V → 도치 X
  (조건 도치) ⟨ V (1형식 자동사) + S (일반 명사)

해석 두리안으로 알려진 열대 과일은 가들일 가치가 있다. 다른 과일들과 달리 두리안은 많은 동물들이 알아볼 수 있는 매우 강한 냄새를 낸다. 그 냄새는 주로 그것의 매우 두꺼운 가시 같은 외피에서 나는데, 그것은 너무 단단해서 대부분의 동물이 부수기 어렵다. 열매가 익어야만 그 외피가 부서져 열리면서 다육질의 씨앗이 드러나고, 이는 그 이후 동물들에 의해 잡아져 숲 전체로 흩어진다.

어휘 tropical 열대의 mention 언급[거론]하다 emit 내다, 내뿜다 recognizable 알아볼 수 있는 spinous 가시 모양의 outer coat 외피 firm 단단한 ripen 익다 expose 드러내다 fleshy 다육질의 fleshy 다육질의 pick up 잡다 disperse 흩어지다

21

Shimson_lab

회차 07 하프 모의고사

04 우리말을 영어로 잘못 옮긴 것은?

① 아름다움은 그것이 보일 수 있는 한에서만 지속된다.
→ Beauty lasts only/as long as it can be seen.
   1V   동(수동)

② 그 일을 내일까지 미루는 것보다는 지금 시작하는 편이 낫다.
→ You may as well start now as put it off until tomorrow.
   B   A(RV)   B(RV)   A
   B하는 것보다
   A하는 것이 더 낫다

③ 합의된 것은 에너지 수요가 증가할 것이라는 점이다.
→ What is agreed on is[that energy demand is set to increase]
   070   069-2 명사절 접속사 that + 완전

④ 그녀가 계약서에 서명하면 그녀의 이야기들이 출판될 것이다.
→ Her stories will be published when she will sign the contract.
                          signs

⑤ [자동사 + 전치사] 타동사구의 수동태 (p.177)

be referred to (as B) 093   be spoken to 113-2
be thought of (as B) 033-2   be dealt with
be listened to   be agreed on 091-2
be looked at 008-2   be disposed of 092-2
be laughed at

④ when 073-3
시간부사절로 쓰인 경우, 현재시제(미래시제X)인지 확인

---

② 구 조동사 + RV 〈p.182〉

had better RV1 (than RV2) 055 ⌉
would rather RV1 (than RV2) 054 │ (RV2 하는 것보다) RV1 하는 것이 더 낫다
may as well RV1 (as RV2) 130 ⌋

may well RV   RV하는 것은 당연하다
ought to RV 129   RV해야 한다
used to RV 057   RV하곤 했다

영작 문제에서 A와 B를 바꾸는 것에 주의 〈p.207〉

(1) 원급·비교급 표현
(2) 원인·결과 표현 : result in, result from / influence, be influenced by
(3) would rather A than B / not so much A as B
   (B하기보다는 차라리 A하겠다)   (A라기보다는 오히려 B인)
(4) not until A, B / cannot A without B
   Hardly[Scarcely] A when[before] B

until VS by 165
until : 동작이나 상태의 지속 → '계속'이라는 말을 넣어 해석
by : 동작의 완료 시점 → '늦어도'라는 말을 넣어 해석

어휘 last 지속되다 as long as ~하는 한 put off 미루다 put it off demand 수요 publish 출판하다 contract 계약

회차
07 하프 모의고사

05 밑줄 친 부분에 들어갈 말로 가장 적절한 것은?

A: Bred, this is the <u>draft</u> for our science club poster. What do you think?
　　　　　　　초고, 초안
B: I love the colors, but <u>I think there are too many words on it.</u> 포스터에 글자가 너무 많음

A: Hmm, I agree. Then, (how) do you suggest I change it? 어떻게 바꿀지 방법을 물어 봄

B: _____ 글자의 수를 줄이는 방안 제시

① I think you should make the poster smaller. 포스터를 더 작게 만들어야 할 것 같아.

② You could write in detail about our activities. 우리 활동에 대해 자세히 쓸 수 있어.

③ Just use more images and <mark>take out</mark> some text. 그냥 그림을 더 많이 사용하고 글을 좀 빼어 봐.

④ <mark>Why don't you</mark> draw a sketch before you paint? 물감을 칠하기 전에 스케치를 그리는 게 어때?

③ take out 제거하다; 데려가다

④ Why don't you ~? ~하는 게 어때?

해석　A: Bred, 이게 우리 과학 동아리 포스터 초안이야. 어떻게 생각해?
B: 색상은 마음에 드는데, 글자가 너무 많은 것 같아.
A: 음, 나도 그렇게 생각해. 그럼 넌 내가 이걸 어떻게 바꿨으면 좋겠어?
B: <u>그냥 그림을 더 많이 사용하고 글을 좀 빼어 봐.</u>
① 포스터를 더 작게 만드는 게 좋을 것 같아.
② 우리 활동에 대해 자세히 쓸 수도 있지.
③ 그냥 그림을 더 많이 사용하고 글을 좀 빼어 봐.
④ 물감을 칠하기 전에 스케치부터 그리는 게 어때?

어휘　draft 개요, 초안 | in detail 자세히 | take out 빼다, 들어내다

MEMO

08 회차 하프모의고사

01 밑줄 친 부분과 의미가 가장 가까운 것은?

Some argue that while ambiguous endings can work in short stories where the reader is perhaps less emotionally invested, they may not work so well in rich, dense novels.

① unique 유일무이한; 독특한 (= distinctive, peculiar)

② abrupt 갑작스러운 (= sudden): 퉁명스러운 (= blunt)

③ typical 전형적인, 일반적인

④ obscure 불분명한, 모호한; 잘 알려지지 않은; 모호하게 하다

---

ambiguous 애매한, 모호한

애매한, 모호한, 불분명한

vague

obscure

ambiguous

nebulous : 많은 내용내용 대서 뭐라고 하는지 '흐릿한, 모호한'

equivocal : 여러 사람이 목소리(vocal)를 똑같이(equal) 내니까 뭐라고 하든지 '모호한, 불분명한'

blurred / blurry : 사진에 불러(blur) 처리를 하면 '흐릿, 흐릿한, 선명하지 않은'

inarticulate (↔ articulate 분명한, 명료한; 분명하게 발음[설명]하다)

02 밑줄 친 부분에 들어갈 말로 가장 적절한 것은?

If you want a job position that many other applicants are applying for, it's important to _____ and make your presence clearly known.

① pass away 죽다, 돌아가시다

② stand out 두드러지다, 눈에 띄다

③ get by 그럭저럭[겨우] 살아가다

④ give in 굴복하다, 항복하다

굴복하다, 항복하다

surrender (+ 포기하다, 넘겨주다; 항복, 양도)

submit (+ 제출하다)

yield (+ 생산신출하다; 양보양도하다; 생산액, 산출량)

give in (to)

capitulate

succumb

④ 시제 일치의 예외 (p.179)

(1) 항상 현재인 경우 : 불변의 진리/수단/습관
· 지구는 둥글다, 빛은 빠르다, 해는 동쪽에서 뜬다, 정직이 최선의 방책이다
· always, usually, every day

(2) 항상 과거인 경우 : 역사적 사실
· 한국 전쟁, 제1차 세계대전, 콜럼버스의 미국 발견

(3) 시간·조건의 부사절 : 내용상 미래(완료)시제를 현재(완료) 시제로 대신 사용
· 시간 접속사 : when, while, until, after, before, as soon as, by the time
· 조건 접속사 : if, unless, once, in case, as long as

화차 08 하고 포호사

03 어법상 옳지 않은 것은?

① It is time you decided (on your next course of action.)
　　　　　　S 과거V

② Surprised by the sudden rain, they rushed to find shelter.
　(분) (수동: 그들이 놀랐으므로 / 놀라움을 받았으니까)

③ I didn't believe a word (he said) and neither the police did.
　가S ... 진S ... 도치

④ It was discovered long ago [that the Moon orbits around the Earth]
　가S ... It was discovered (동) (단수/수동/과거) ... 달이 지구 주위를 공전한다 → 불변의 진리 (현재시제)

① It is time 가정법 : ~할 시간이다

It is (high/about) time + [S + should(생략 X) + RV / S + 과거 V / to RV]

③ S도 포함 그렇다(긍정 동의)/안 그렇다(부정 동의)
~ , and so/neither V + S
(1) and가 있는지
(2) 긍정(so)인지 부정(neither)인지
(3) V + S의 어순이 맞는지
(4) 대동사[do동사/be동사/조동사]가 제대로 왔는지
(5) and neither = nor

해석 ① 이제 당신이 다음 행동 방침을 정할 때이다.
② 갑작스러운 비에 놀란 그들은 피난처를 찾기 위해 달려갔다.
③ 나는 그가 하는 말을 한마디도 믿지 않았고, 경찰도 마찬가지였다.
④ 달이 지구 주위를 공전한다는 것은 오래전에 밝혀졌다.

어휘 course of action 행동 방침 rush 서두르다, 급히 가다 orbit 궤도를 돌다, 공전하다

08 하프 모의고사

04 우리말을 영어로 잘못 옮긴 것은?

① 그녀는 아무리 추워도 불평한 적이 한 번도 없었다.
→ She didn't complain once **no matter how cold it was.**
(= however)　SC⑩ S　2V

② 승객들은 비행 중에 좌석에 앉아 있어야 한다.
→ Passengers <u>are required</u> to remain seated during the flight.
　⑧(복수/수동)　⑧(수동)　+ 특정 기간

③ 대부분의 학자들은 한국어를 가장 배우기 어려운 언어로 생각한다.
→ Most scholars <u>think</u> Korean the hardest language to learn. ⑩ to RV ✗
　　　　　　　　　O　　　　OC　　　　　O 수동X 목적어 중복 금지

④ 나는 이 모든 것이 고쳐져있다는 것을 의심치 않는다.
　　　　　　　　　　　　　　　　　was
→ I have no doubt that all of this <u>were taken</u> into consideration.
　　　　단수명사 ⑧(단수/수동)

① however (= no matter how) : 아무리 ~해도 [072-1]
　형용사나 부사가 바로 뒤에 있는지 확인

② for vs during ⟨p.204⟩

for + 불특정 기간 (주로 숫자를 포함 / for five years)

during [084] + 특정 기간 (주로 한정사 포함 / during the[his] vacation)

---

③ 간주동사

⎡ regard [102]
| see [023-2]　　　O　　as　　O.C [형/명]
| think of [033-2]
⎣ look upon

⎡ think [033-2]　　O　　✗　　O.C [형/명]
⎣ believe　　　　　　　 (to be)

consider [019-1]　O　(as) O.C [형/명]
　　　　　　　　　　 (to be)

④ '부분명사 of 전체명사'의 수일치 ⟨p.176⟩

부분을 나타내는 부정대명사 : some / any / most / all [145-1]

⎡ 일부 : part / portion / half / the rest ⎤ + of + 복수N + 복수V
부분명사 ⎨ 분수 : one third / two thirds … ⎬
⎣ 백분율 : 30 percent … ⎦ 　　　　　　　 + 단수N + 단수V

회차 08 하프 모의고사

05 밑줄 친 부분에 들어갈 말로 가장 적절한 것은?

상황
파악
- A: Hey, what are you doing with those clothes?
- B: I'm donating them to a homeless shelter. They don't fit me anymore.
- A: That's a good idea. I have a lot of clothes I don't wear, too.

빈칸
주변
중요
- B: _____ A의 옷도 함께 기부해주겠다는 표현 →
- A: You would do that? Thanks. It feels good to contribute.

① Let's go shopping for new clothes, then. 그러면 새 옷을 사러 쇼핑 가자.

② Here's a list of the donations we accept. 여기 우리가 받는 기증품 목록이 있어.

③ Then put them with mine. I'll take them too. 그러면 내 것과 같이 그것들을 둬. 내가 그것들도 가져 갈게.

④ Do you happen to know where the shelter is? 너 혹시 그 쉼터가 어디 있는지 아니?

해석
- A: 야, 너 그 옷들 가지고 뭐해?
- B: 나 이거 노숙자 쉼터에 기부하려고. 나한테는 더 이상 안 맞거든.
- A: 좋은 생각이네. 나도 안 입는 옷 많이 있는데.
- B: 그럼 내 거랑 같이 내가 그것들도 가져갈게.
- A: 그래 줄래? 고마워. 기부하니까 기분이 좋네.

① 그럼 새 옷 사러 쇼핑 가자.
② 여기 저희가 받는 기증품 목록이 있습니다.
③ 그럼 내 거랑 같이 내가 그것들도 가져갈게.
④ 너 혹시 그 쉼터가 어디 있는지 알아?

어휘 donate 기부하다 shelter 쉼터, 보호소 contribute 기부하다 happen to RV 우연히[마침] ~하다

MEMO

회차 09 하프 모의고사

01 밑줄 친 부분에 들어갈 말로 가장 적절한 것은?

I didn't want to go on the family trip since I was so busy, but my mother insisted
and I had to _____ . I decided to go on the condition that I'd be free to do
my work during the trip.
조건, 상황

① confess 고백하다, 자백하다; 인정하다
② decline 거절하다; 감소[하락]하다, 쇠퇴하다; 감소, 쇠퇴
③ exaggerate 과장하다 (= magnify, overstate)
④ compromise 타협하다; 손상시키다; 타협, 절충(안)

거절하다	감소하다
refuse	decrease
reject	decline
decline	diminish
turn down	shrink (+ 오그라들다, 움츠리다)
	dwindle

해석 나는 너무 바빠서 가족 여행을 가고 싶지 않았지만, 어머니께서 고집하셨기에 나는 타협해야 했다. 나는 여행 중에 자유롭게
일을 할 수 있다는 조건으로 가기로 결정했다.
① 고백하다 ② 거절하다 ③ 과장하다 ④ 타협하다

어휘 insist 고집하다 condition 조건

02 밑줄 친 부분과 의미가 가장 가까운 것은?

I lost all my notes, so I have to write the report from scratch.

① with help 도움을 받아
② with difficulty 어렵게
③ from memory 기억에 의지해
④ from nothing 아무것도 없는 상태에서

from scratch 처음부터, 무(無)에서부터

해석 나는 내 필기를 모두 잃어버려서, 보고서를 무에서부터 작성해야 한다.
① 도움을 받아 ② 어렵게 ③ 기억에 의지해 ④ 아무것도 없는 상태에서

어휘 notes 필기

화차 09 하프모의고사

03 어법상 옳은 것은?

① I objected to b̶e̶ treated(as a candidate)(for promotion).
　　　　　　　being

② We had been living in Brazil before we came to Korea.
　　（동）（능동）　　　　　　　　（동）（능동）
　과거완료 진행 시제　　　　　　　과거 시제

③ The document more carefully guarded than they thought.
　　　　　　　　　　　　　　（동）（수동）
　　　　　　　　　　　　　　was

④ Not only he/is a brilliant physicist but also a great leader. 153
　부정어 문두 → 도치

③ more[-er] than 089
(1) 혼용/중복 금지
· more[-er]의 상관어구가 than인지 확인 (as X)
· more과 -er 중 하나만 사용하였는지 확인 (중복 X)

(2) 비교되는 두 대상의 급이 맞는지 확인

④ not only A but also B 153
(1) 주어 자리에 오는 경우,
B에 수일치 (A에 수일치 X) 했는지 확인
ex) Not only you but also he a̶r̶e̶ ~
　　　　　　　　　　　　　　is

(2) 문두에 오는 경우, not only 뒤에 주어와 동사의 도치 확인

무조건 도치 〈p.208〉
(1) 부정어
Only + 부사(구)(절) 170 　+ V + S
(2) 형용사 + be + S
(3) so 형/부 + V + S that ~
(4) and so
　　and neither + V + S
　　nor

※ 장소·방향의 부사구 〈 S (대명사) + V / V (1형식 자동사) + S (일반 명사)〉
（조건 도치）

해석 ① 나는 승진 후보자로 대해지는 것에 반대했다.
② 우리는 한국에 오기 전에는 브라질에서 살고 있었다.
③ 그 문서는 그들이 생각보다 더 신중하게 보호되었다.
④ 그는 뛰어난 물리학자일 뿐만 아니라 훌륭한 리더이기도 하다.

어휘 candidate 후보자 promotion 승진 brilliant 뛰어난 physicist 물리학자

---

① object to 065
(1) 목적어 앞에 전치사 to 생략 X
(2) 전치사 to 뒤에 동명사 (원형부정사 X)

(동명사만을 쓸 수 있는 관용구문) 〈p.186〉

look forward to 064 　～을 고대하다

be [used 057 　to] 　～에 익숙하다
　 [accustomed]

[object 　to] 　～에 반대하다
[be opposed]

contribute to 　～에 기여하다

be [devoted 　to] 　～에 전념하다
　 [dedicated]
　 [committed]

when it comes to 　～에 관해 말하자면
with a view[an eye] to 　～할 목적으로
What do you say to ~? 　～하는 건 어때?

회차 09 하프 모의고사

04 우리말을 영어로 잘못 옮긴 것은?

① 그 응급 키트는 그가 생존하는 데 도움이 되었다.
(to) survive
→ The emergency kit helped him survived.
031   (능동)

② 이 의미 있는 날에 우리가 함께 있으면 좋을 텐데.
→ I wish we were together on this meaningful day.
현재   가정법 과거
(현재 사실의 반대)

③ 그녀는 내일 있는 시험을 위해 공부하느라 바쁘다.
→ She is busy studying for the test, which is tomorrow.
063 be busy (in) RVing   068 주격 관·대 + 불완전

④ 나는 번개를 보자마자 천둥소리를 들었다.
→ No sooner had I seen the lightning than I heard the thunder.
S   p.p.   과거V

② I wish 가정법 : ~라면 좋을 텐데

(1) I wish ┌ + 가정법 과거(과거V/were) 119
현재   │ 현재 사실의 반대
         └ + 가정법 과거완료(had p.p.)
            과거 사실의 반대

(2) I wished ┌ + 가정법 과거
과거   │ 과거 사실의 반대
           └ + 가정법 과거완료
              과거 이전 사실의 반대

어휘 lightning 번개

---

③ 관계사/의문사 ⟨p.191⟩

N + ┌ (1) 관계대명사   ① 그런데 그 명사 ② 불완전 ③ 격 ④ 콤마·전치사 + that X
    └ (2) 관계부사   ① 그런데 그 명사에서(는) ② 완전

M + (3) 의문사   ① 해석 ② 완전/불완전 ③ 격 ④ 간접의문문 어순 (의+S+V)

(4) 복합관계대명사   ① 해석 ② 불완전 ③ 격

(5) 복합관계부사   ① 해석 ② 완전

④ ~하자마자 … 했다 ⟨p.178⟩

(1) Scarcely 042 had + S + p.p.   (when   S + 과거V
(2) Hardly   041   //   before)   //
(3) No sooner 043   //   than   //

회차 **09** **하프 모의고사**

05 밑줄 친 부분에 들어갈 말로 가장 적절한 것은?

상황
파악 {
A: Jenna, can you send me the file I told you about yesterday?

B: Oh my, I completely forgot. When do you need it by?

A: Do you mean you don't have it ready at all? I need it in an hour for the meeting.

빈칸
추론 {
B: I'm so sorry. I'll try my best to get it done as soon as possible.

A: Hmm...   도움의(손)을 제시하는 표현

B: Really? Yes, an extra hand sounds great. Thank you.

A: Yes, I'll ask one of my assistants. Just make sure the file's ready before the meeting.

① No, I'll make the file myself.   아뇨, 제가 직접 파일을 만들게요.

② Did you send the file by email?   파일을 이메일로 보내셨나요?

③ I think I will call off the meeting.   회의를 취소할 것 같아요.

④ Okay, would you like help with it?   알겠어요, 도움을 원하시나요?

해석
A: Jenna, 제가 어제 얘기한 파일 좀 보내줄 수 있어요?
B: 이런, 완전 깜빡했네요. 언제까지 필요하세요?
A: 준비가 전혀 안 됐다는 뜻인가요? 회의 때문에 한 시간 내로 필요해요.
B: 정말 죄송합니다. 최대한 빨리 끝내도록 최선을 다해볼게요.
A: 흠... 알겠어요, 도움을 원하나요?
B: 정말요? 네, 일손이 더 있으면 좋을 거 같아요. 감사합니다.
A: 네, 제 조수 중 한 명한테 물어볼게요. 회의 전에 파일이 준비되어 있게만 해주세요.
① 아뇨, 제가 직접 파일 만들게요.
② 파일을 이메일로 보내요?
③ 회의를 취소할 거 같아요.
④ 알겠어요, 도움을 원하나요?

어휘 hand 일손 assistant 조수, 보조원 call off 취소하다

MEMO

회차 10 하프 모의고사 기본편

01 밑줄 친 부분에 들어갈 말로 가장 적절한 것은?

He was very _____ when it came to his work, paying attention to every
~에 관한 한
detail and leaving no errors.

① capricious 변덕스러운
② meticulous 세심한, 꼼꼼한
③ contagious 전염되는, 전염성이 (= infectious)
④ unanimous 만장일치의

꼼꼼한, 세심한

thorough
meticulous
fastidious (+ 까다로운)
scrupulous (+ 양심적인)

변덕스러운

variable (+ 변하기 쉬운, 가변적인; 변수)
changeable
fickle (+ 변화가 심한)
capricious
volatile (+ 휘발성의)

해석 그는 모든 세부 사항에 주의를 기울이고 오류를 남기지 않는 등 그의 업무에 관한 한 매우 <u>꼼꼼했다</u>.
① 변덕스러운 ② 꼼꼼한 ③ 전염성이 ④ 만장일치의

어휘 when it comes to ~에 관한 한

---

02 밑줄 친 부분과 의미가 가장 가까운 것은?

The participants were asked to <u>come up with</u> a new dish.

① devise 고안하다, 궁리하다
② evaluate 평가하다, 감정하다
③ replace 대신하다, 대체[교체]하다 (= substitute, take the place of)
④ advertise 광고하다

come up with ~을 생각해 내다; 제시하다, 제안하다

생각해내다, 고안하다

devise
conceive (+ 상상하다; 임신하다)
contrive (+ 발명하다; (나쁜 일을) 꾸미다)
come up with

평가하다, 감정하다

assess
evaluate
appraise
gauge (+ 판단하다, 측정하다: 치수, 기준)
estimate (+ 추정하다: 추정)

해석 참가자들은 새로운 요리를 생각해 내도록 요청받았다.
① 고안하다 ② 평가하다 ③ 교체하다 ④ 광고하다

어휘 participant 참가자 dish 요리

회차
10 **하프 모의고사**

03 밑줄 친 부분 중 어법상 옳지 않은 것은?

Rachel sat in the cafe, anxiously ① awaiting her job interview she had been
준(능동)
overwhelming
preparing for a long time. Though the pressure was ② overwhelmed, she
준(능동)
remained composed and focused. ③ While she was sipping the coffee ④ (that
접속사 S V   목적격
                                                              관·대
she had ordered, the interviewer finally walked in.
S   V   V → 불완전

① wait / await 035

(1) wait는 자동사로 뒤에 전치사 for가 있는지 확인 (for 생략 X)

(2) await는 완전타동사임에 유의 (await for X)

③ while 085

(1) 접속사이므로 뒤에 절이 있는지 확인
  : 접속사 뒤 명사(구)만 오는 것은 X

(2) 분사구문으로 쓰인 경우,
  준동사의 능·수동 확인

④ that 069

(1) 앞에 명사가 있는지 확인 (관계대명사 → 뒤에 불완전한 문장)

(2) 앞에 동사가 있는지 확인 (명사절을 이끄는 접속사 → 뒤에 완전한 문장)

(3) 앞에 콤마 또는 전치사가 없는지 확인 (콤마 X, 전치사 X)

04 우리말을 영어로 가장 잘 옮긴 것은?

① 너희는 상황이 나아질 때까지 얌전히 있는 것이 좋겠다.
 → You had better jø behave yourselves until the situation improves.
   + RV   접속사   S   V

② 서울은 여행하기에 가장 안전한 곳 중 하나라고 믿어진다.
                                          현재 사실 ⊜ 현재 시제
 → Seoul is believed to be one of the safest places to travel.
   동(단수/수동) 준(단순시제)   + 복수N

③ 당신은 2년마다 건강검진을 반드시 요구받는다.
 → You are asked to get a medical check-up every two year.
   동(복수/수동)   years

④ 그녀는 직장에 지각하지 않도록 서둘러 준비 했다.
 → She hurried to get ready lest she jø late for work.
                              052 (should) be

① had better 055
  뒤에 원형부정사가 있는지 확인 (to RV X)

구 조동사 + RV (p.182)

had better RV1 (than RV2) 055
would rather RV1 (than RV2) 054   (RV2 하는 것보다) RV1 하는 것이 더 낫다
may as well RV1 (as RV2) 130
may well RV   RV하는 것은 당연하다
ought to RV 129   RV해야 한다
used to RV 057   RV하곤 했다

05 두 사람의 대화 중 가장 어색한 것은?

① A: I will be at Noryangjin station around 5 p.m.
　B: When you arrive, call me on my cell right away.
② A: How far did you make it in the audition?
　B: It took me two hours[to get to the audition] → How long에 대한 답변
　　　　　　　　가능 [사람] [시간] [진도]
③ A: I buy things so impulsively and always regret it.
　B: You could do what I do. I set a weekly budget and stick to it.
④ A: Do you notice that weird smell?
　B: Yeah, but I have no idea where it's coming from.

② make it　해내다; 도착하다
③ stick to　~을 고수하다[지키다]
④ have no idea　전혀 모르다

해석 ① A: 넌 노량진역에 오후 5시쯤 도착할 거야.
　　　 B: 도착하면 바로 내 핸드폰으로 전화 줘.
　　 ② A: 너 오디션에서 어디까지 진출했어?
　　　 B: 넌 오디션에 도착하는 데 2시간 걸렸어.
　　 ③ A: 난 너무 충동적으로 물건을 사고 항상 후회해.
　　　 B: 너도 내가 하는 것처럼 할 수 있어. 난 매주 예산을 정하고 그걸 지켜.
　　 ④ A: 너 이상한 냄새 느껴져?
　　　 B: 응, 근데 그게 어디서 나는 건지 전혀 모르겠어.

어휘 make it 성공하다, 해내다 impulsively 충동적으로 budget 예산 stick to ~을 근거 지키다 weird 이상한

회차 10 하프 모의고사

② one / each / either / neither ┐ 003
　　of + 복수명사 + 단수동사 (p.176)

준동사의 시제 (p.184)
준동사의 시제는 본동사 시제보다 한 시제 빠르면 완료시제를 쓰고, 같으면 단순시제를 쓴다.

준동사의 시제를 따져야 하는 경우
(1) to have p.p. / having p.p. 가 쓰인 경우
(2) be p.p. to RV / seem to RV 가 쓰인 경우
(3) 준동사 뒤에 when young / in her youth / in her childhood와 같은
　　명백한 과거시제 부사구가 나온 경우

③ every 143-2
(1) 뒤에 단수명사 + 단수동사가 왔는지 확인 (복수명사 X, 복수동사 X)
(2) every + 기간명사가 나오는 경우 (~마다, ~에 한 번)
　　기수 + 복수명사 또는 서수 + 단수명사인지 확인
　　ex) 이틀마다/격일로
　　every two days = every second day = every other day
(3) 앞에 not이 있으면 해석이 부분부정인지 확인 (전체부정 X) 〈영작〉
　　ex) Not every man can be a poet.
　　→ 모든 사람이 시인이 될 수 없다. (X)
　　→ 모든 사람이 다 시인이 될 수 있는 것은 아니다. (O)

01 밑줄 친 부분과 의미가 가장 가까운 것은?

Often in the ancient legends, the hero has to make a decision to forsake his greatest treasure in order to save the world.

① bestow 주다, 수여하다 (= confer, endow)

② pursue 추구하다; 뒤쫓다, 추적하다; 계속하다

③ discard 버리다, 폐기하다

④ allocate 할당하다, 배분하다

forsake 버리다

버리다, 포기하다

분배[배분]하다, 할당하다

abandon	distribute
dump (+ 털어 치우다; 쓰레기 더미, 폐기장)	assign (+ 지정하다)
discard	allocate
desert (+ 떠나다; 사막, 황야)	allot
forsake	apportion
waive	portion (+ 부분, 비율; 몫)
renounce	hand out
give up	pass out

해석 흔히 고대 전설에서 영웅은 세상을 구하기 위해 그의 가장 큰 보물을 버리라는 결단을 내려야 한다.
①수여하다 ②추구하다 ③버리다 ④할당하다

어휘 ancient 고대의

02 밑줄 친 부분에 들어갈 말로 가장 적절한 것은?

The economic downturn forced many companies to _____ a significant portion of their workforce, which resulted in widespread unemployment.

① lay off ~을 해고하다 (= fire)

② run for ~에 입후보하다, 출마하다

③ figure out ~을 생각해내다 (= come up with), 알아내다, 이해하다; 계산하다

④ come across ~을 우연히 마주치다 (= run across)

(cf) get across ~을 이해시키다; ~을 가로질러 가다

해석 경기 침체는 많은 기업이 직원 중 상당수를 어쩔 수 없이 해고하게 만들었고, 이는 광범위한 실업을 초래했다.
①해고하다 ②입후보하다 ③알아내다 ④우연히 마주치다

어휘 downturn 하강, 침체 significant 상당한 portion 부분 workforce 노동자, 노동력 widespread 광범위한 unemployment 실업

회차 11 하프 모의고사

03 어법상 옳은 것은?

① Despite the rain, she insisted he goes for a run.
전치사 + 명사   (should) go

② The poor often has difficulty in affording healthcare costs.
   통(복수/능동)   통(능동)
   (→ have)

③ [Whether you accept the offer △rejecting it]is your decision.
  S   S'   V₁   V₂(→ reject) V   SC

④ I am arriving(in Jeju Island)(with a friend of mine)(in 30 minutes)
   통(단수/능동)

① despite 086

   (1) 뒤에 명사(구)가 있는지 확인 (절 X)

   (2) 뒤에 전치사가 없는지 확인 (despite of X)

주요명제총괄 V + that + S + (should) RV ⟨p.183⟩

   (1) 주장 insist 060-1, argue, urge

   (2) 요구 ask, demand, require, request

   (3) 명령 order, command

   (4) 제안 suggest, propose

   (5) 충고 advise, recommend

   (6) 결정 decide

② the + ⓐ 159

   (1) 복수명사(~하는 사람들) → 복수동사 수일치 (단수동사 X)

   (2) the + 형용사
         └→ 명사, 부사 X

     the poor 가난한 사람들
     the rich/wealthy 부자들
     the young 젊은이들
     the old/elderly 노인들
     the injured/wounded 부상자들
     the unemployed 실업자들

③ whether vs if ⟨p.192⟩

	whether	if 053-2
타동사의 목적어	O	O
주어, 보어, 전치사의 목적어, or not, to 부정사	O	X

해석 ① 비가 오는데도 불구하고, 그녀는 그가 달리기를 하러 가기를 하려 고집했다.
② 가난한 사람들은 종종 의료비를 감당하는 데 어려움을 겪는다.
③ 그 제안을 수락할지 거절할지는 당신의 결정이다.
④ 나는 30분 후에 내 친구 한 명과 제주도에 도착할 예정이다.

어휘 afford 감당하다ㅣhealthcare 의료의ㅣreject 거절하다

회차 11 하프 모의고사

04 우리말을 영어로 잘못 옮긴 것은?

① 내 옆에 있는 프린터는 작동 안 해, 그렇지?
→ The printer (beside you) doesn't work, does it?
주어(단수) 동(능동)

② 나를 괴롭히는 것은 부모님이 아니라 그들의 간섭이다.
it ~that 강조구문
→ It is not my parents but their intrusion that bother me. (→ bothers)
S → not A but B (A가 아니라 B) : B에 수일치   동(단수/능동)(→ bothers)   O

③ 그는 마침내 과제를 끝내고 휴식을 취할 시간을 가졌다.
→ He finally had time to relax with the assignment completed.
동(능동)   동(능동) with 분사구문 O   OC 형(수동 : 과제가 완료된 것이므로)
066 주격 관·대 + 불완전

④ 그녀는 회의에 참석한 사람들 중 가장 먼저 왔다.
→ She came the earliest among those (who attended the meeting)
동(능동)   주격 관·대 + 불완전(who attended the meeting)

① **beside** 164

besides와 의미 구별
[beside : [전치사] ~옆에]
[besides : [전치사] ~외에도 / [접속부사] 게다가]

③ **with 분사구문 [부대 상황]**

(1) with + O + [RVing (능동) / p.p. (수동) / 형용사(구) / 전명구]

(2) 해석: O가 ~하면서, ~한 채로, ~하는 동안에

어휘 intrusion 간섭, 참견 bother 괴롭히다 assignment 과제 complete 완료하다, 끝내다

---

05 밑줄 친 부분에 들어갈 말로 가장 적절한 것은?

A: Kevin, is it your yogurt salad in the fridge?
B: Oh, yes. I think so.
A: It's been in there for weeks and gone stale. You keep leaving food in the fridge and forgetting about it. You should remember that the fridge is shared by everyone in the office.
B: I'm sorry, I know I do this a lot. _____
냉장고를 사용하지 않겠다는 표현
A: No, that's not what I mean. You can still use the fridge, but just make sure you get rid of the food before it goes bad.
B: Okay, I'll keep that in mind.

① I won't put anything in the fridge anymore. 더 이상 냉장고에 아무것도 넣지 않을게요.
② But I'm not the one who put the salad in. 하지만 그 샐러드를 넣은 건 제가 아니에요.
③ I'll take the food out before it expires. 음식을 유통기한이 끝나기 전에 꺼낼게요.
④ Do you know who cleans the fridge? 누가 냉장고를 청소하는지 아세요?

keep in mind ~을 기억하다, 명심하다

해석
A: Kevin, 냉장고에 있는 요거트 샐러드가 당신 건가요?
B: 아, 네. 그런 것 같아요.
A: 그거 몇 주째 그 안에 있었고 상했어요. 자꾸 냉장고에 음식을 두고 잊어버리시네요. 냉장고는 사무실에 있는 모두가 공유한다는 걸 기억해야 해요.
B: 죄송합니다, 제가 많이 이러는 거 알아요. 이제는 냉장고에 아무것도 넣지 않을게요.
A: 아뇨, 제 말은 그게 아니라요. 냉장고를 계속 사용하셔도 되지만, 그냥 음식이 상하기 전에 처리하는 것만 확실히 해주세요.
B: 알겠습니다, 명심할게요.
① 이제는 냉장고에 아무것도 넣지 않을게요.
② 근데 그 샐러드를 넣은 건 제가 아니에요.
③ 음식을 (유통) 기한이 끝나기 전에 꺼낼게요.
④ 누가 냉장고를 청소하는지 아시나요?

어휘 fridge 냉장고 stale 상한 get rid of ~을 없애다 assignment 과제 bother 괴롭히다 complete 완료하다, 끝내다 bad 상한 keep sth in mind ~을 명심하다 expire (기간이) 끝나다

회차 12 해포 모의고사

01 밑줄 친 부분과 의미가 가장 가까운 것은?

Controlling the water level of the lake has proved to be <u>detrimental</u> for numerous endemic fish species.

① harmful 해로운

② adequate 충분한, 적당한 (= enough, sufficient)

③ imperative 필수적인; 명령적인, 강제적인

④ controversial 논란의 여지가 있는, 논쟁의

detrimental 해로운

해로운, 치명적인

harmful	
deadly	
fatal	
lethal	

baneful : 베인 풀 = 풀에 베이면 풀독 때문에 해로운

deleterious : 해로운 것들은 지워야 하니까 nox, noc, nic = harmful

detrimental : 뒤틀린 멘탈 = 해로운 것들 때문에 멘탈이 뒤틀린

noxious
nocuous
pernicious

강제적인, 의무적인, 명령적인

imperative	obligatory
mandatory	compulsory

해석 호수의 수위를 조정하는 것은 많은 고유 어종에게 해로운 것으로 밝혀졌다.

① 해로운 ② 적당한 ③ 필수적인 ④ 논란의 여지가 있는

어휘 numerous 많은, 무수한 endemic 고유의

---

02 밑줄 친 부분에 들어갈 말로 가장 적절한 것은?

Social problems arose _____ continuous natural disasters.

① on behalf of ~을 대신[대표]하여

② in the wake of ~의 결과로, ~의 여파로 (= as a result of, in the aftermath of)

③ for the sake of ~을 위하여

④ at the expense of ~을 희생해서 (= at the cost of, at the sacrifice of)

해석 연이은 자연재해의 여파로 사회 문제들이 발생했다.

① ~을 대신하여 ② ~의 여파로 ③ ~을 위해서 ④ ~을 희생하면서

어휘 continuous 연이은 natural disaster 자연재해

회차 12 하프 모의고사

03 밑줄 친 부분 중 어법상 옳지 않은 것은?

Chief(among the new instincts)(developed in mammals)(as they evolved out of
SC ⓐ   S(단수)
reptiles) ① was the instinct(for parental care of the young) Young mammals were
      동(단수)   [068-2]
born into a state ② which parental affection was essential for their survival. This
선행사 in which/where   S   V   SC → 완전
instinct is said ③ have led to the formation of complex social structures and
          동(능동/현재시제)   to 부정사의 시제가 앞섬
behaviors ④ observed in various mammalian species.   (이끈 것이 더 이전)
          동(수동)

- 동(단수)
- S(단수)
- 동(단수)
- 동(능동/등동)
- 관형사: 주절의 시제보다
- to 부정사: 주절의 시제보다

② 관계사/의문사 ⟨p.19⟩

N + { (1) 관계대명사   ① 그런데 그 명사 ② 불완전 ③ 격 ④ 콤마: 전치사 + that X
      (2) 관계부사   ① 그런데 그 명사에서(는) ② 완전
M + { (3) 의문사   ① 해석 ② 완전/불완전 ③ 격 ④ 간접의문문 어순 (의+S+V)
      (4) 복합관계대명사 ① 해석 ② 불완전 ③ 격
      (5) 복합관계부사   ① 해석 ② 완전

해석 포유류가 파충류에서 진화하면서 발달된 새로운 본능 중 가장 중요한 것은 새끼에 대한 부모의 보살핌 본능이었다. 어린 포
유류는 부모의 애정이 그들 생존에 필수적인 상태로 태어났다. 이 본능은 다양한 포유류 종에서 관찰되는 복잡한 사회적 구조
와 행동의 형성으로 이어졌다고 한다.

어휘 chief 가장 중요한, 주된 instinct 본능 mammal 포유류 reptile 파충류 parental 부모의 young 새끼; 어린 affection
애정 essential 필수적인 formation 형성

04 우리말을 영어로 잘못 옮긴 것은?

① 경찰은 범인을 알고 있거나 아직 수사 중이다.
→ The police either know the criminal or are still investigating.
         [161-1] 상관접속사 either A or B
         동(복수/등동)   동(복수/등동)

② 그의 말이 합리적으로 들리기는 했지만 그녀는 불안해했다.
→ Although his words sounded reasonable, she felt anxious.
   [087] 접속사   S'   2V'   SC'ⓐ   S   2V   SCⓐ

③ Anna의 경험 부족은 그녀가 일자리를 얻지 못하게 했다.
→ Anna's lack of experience kept her from getting the job.
                            동(등동)   동(등동)

④ 네가 돌아올 때쯤이면, 난 뉴욕에 간 상태일 것이다.
→ By the time you come back, I will go to New York.
   [118] ~할 때 즘이면   현재   미래완료 (→ will have gone)

② 2형식 관련 주요 문제 ⟨p.17⟩

(1) 오감V   look   [008-1] smell, taste, sound, feel + ⓐ / like + 명사(구)(절)
(2) 판단·입증V   seem, appear, prove, turn out + (to be) ⓐ / to RV
(3) 상태변화V (~되다)   become   [009] get   [030-2] turn, grow, go, come, run, fall + ⓐ
(4) 상태유지V (~이다)   be, remain   [010] stay   [011], keep, hold + ⓐ

③ Keep   [021]

· Keep O from RVing
  : O가 ~하는 것을 막다
  (cf) Keep (on) RVing : 계속해서 ~하다
       keep O RVing : O가 계속 ~하게 하다

어휘 criminal 범인 investigate 조사하다 reasonable 합리적인

39

회차 12 하프 모의고사

① 수일치에 주의해야 할 명사 〈p.198〉

(1) family형 : family / team / staff / class(학급)
　　　　　　　 / committee(위원회) / audience(관객)

→ 의미에 따라 단수 혹은 복수 취급

・구성원 전체를 하나의 집단으로 여길 때 : 단수 취급
・집단의 개별적인 구성원을 강조할 때 : 복수 취급

(2) police형 : the police [157] / the clergy(성직자들)

→ 항상 the, 복수 취급

(3) cattle형 : cattle(소, 소떼) / people

→ 항상 복수 취급

(4) furniture형 :
→ 불가산명사,
항상 단수 취급

장	equipment	증	evidence
가	furniture	날	weather
지	knowledge	숙제	homework
정	information	기타	clothing, machinery
소	news		
충고	advice [156]		

---

05 밑줄 친 부분에 들어갈 말로 가장 적절한 것은?

A: Hey, Lisa. How's your new school?

B: Not good. I really hate not having you guys around.

A: You know you could come visit us anytime. We miss you.

B: So do I. Let's get together soon. How is everyone else doing?

A: Same as usual. Nothing much has happened.

B: _____ ← 소식 알려달라는 표현

A: Of course, I definitely will. I'll give you a call whenever any news comes up.

① I'll get the hang of it.

② Well, keep me posted.

③ Oh, I'm better off here.

④ Will you count me out?

① get the hang of ~에 익숙해지다, ~의 요령을 터득하다

② Keep sb posted[informed] ~에게 계속 소식을 전하다

③ better off 더 나은, 이전보다 부유해진

④ Count me out. 나는 빼 줘.

해석 A: 안녕 Lisa, 새 학교는 어때?

B: 별로야. 너희들이 주위에 없다는 게 정말 싫어.

A: 너는 언제든지 우리를 보러 올 수 있다는 거 알잖아. 우리는 네가 보고 싶어.

B: 나도 그래. 곧 모이자. 다른 애들은 어떻게 지내?

A: 평소와 다름없어. 별다른 일은 없었어.

B: 음, 계속 소식 전해줘.

A: 물론이지, 당연히 그럴게. 새로운 소식이 있을 때마다 전화할게.

① 나는 그것에 익숙해질 거야.

② 음, 계속 소식 전해줘.

③ 난 여기가 더 나아.

④ 나 좀 빼줄래?

어휘 get together 모이다 come up 생기다

회차 13 하프 모의고사

01 밑줄 친 부분과 의미가 가장 가까운 것은?

> It is possible for delicate tropical plants to thrive in a temperate climate.

① mutate 변형되다, 돌연변이가 되다

② subsist 근근이 살아가다; 존속되다

③ flourish 번영하다, 번창하다

④ deteriorate 악화되다, 더 나빠지다; 악화시키다, 저하시키다

thrive 번영하다, 번성하다 (= prosper, flourish)

악화되다, 악화시키다, 저하시키다

worsen

degrade (+ 강등좌천시키다; 비하하다)

debase (+ 떨어뜨리다)

deteriorate

aggravate

exacerbate

degenerate

해석 연약한 열대 식물이 온화한 기후에서 번성하는 것은 가능하다.
① 돌연변이가 되다 ② 근근이 살아가다 ③ 번성하다 ④ 악화되다

어휘 delicate 연약한 tropical 열대의 temperate 온화한

---

02 밑줄 친 부분과 의미가 가장 가까운 것은?

> When I found myself in a tent in the middle of the Arctic, I had no choice but to count on myself.

① trust 신뢰하다; 신뢰, 신탁

② control 지배하다, 규제하다; 통제, 지배

③ escape 도망가다, 달아나다, 피하다; 탈출

④ protect 보호하다

count on ~에 의지하다, 의존하다, 달려있다

의지하다, 의존하다

depend on

rely on

count on

resort to

turn to

look to

bank on

fall back on

be contingent on

해석 북극 한가운데 텐트 안에서 나 자신을 발견했을 때 나는 나 자신을 의지할 수밖에 없었다.
① 믿다, 의지하다 ② 통제하다 ③ 벗어나다 ④ 보호하다

어휘 the Arctic 북극

41

회차 13 형용사 표현

03 어법상 옳지 않은 것은?

① The list tells you [what you should bring(tomorrow)]
   4V IO DO
                    S' V' → 불완전
                    (that)

② Some say [it is difficult to marry someone(you truly love)]
         3V
   (동)(복수/능동) 가(이) ⓐ (준)(능동) O
   [say]

   unnoticed
③ It being crowded in the party, I wanted to leave unnoticing.
                                                   (준)(수동)
   독립분사구문

④ His knowledge of those cultures is as deep as that of a scholar.

① tell 115

(1) '말하다' 동사 중 유일하게 4형식과 5형식 가능

(2) 4형식 동사로 쓰인 경우, 간접목적어 앞에 전치사 to가 없는지 확인 (to X)

② 난이형용사 구문 077

: difficult, hard, tough / easy

(1) 문장의 주어 확인 (to RV의 의미상 주어는 주어 자리에 X)

(2) to RV의 목적어가 문장의 주어로 오는 경우,
    to RV의 목적어가 없는지 확인 (목적어 중복 X)

(3) 진주어 자리에 to RV가 있는지 확인 (that절 X)

---

marry 104

(1) 완전타동사임에 유의

ex) 그녀와 결혼하다 : marry her (O) / marry with her (X)

(2) be married to 형태 가능
    (결혼한 상태)

③ 독립분사구문 : 분사구문의 의미상S가 주절S와 다르면 → 분사구문 앞에 주격으로 표시

· There Being (no) ~, S + V ···
         있어서(없어서)

· It   Raining   ~, S + V ···
       Being fine ~, S + V ···
       날씨

④ more[-er] ~ than / as 088-1 / -est

(1) 혼용 · 중복 금지

   as ~ than
   as -er as   X
   more -er
   the most -est

(2) 비교되는 두 대상의 급 확인

that[those] of 090

· 대응어구의 수일치 확인

회차 13 하프 모의고사

04 우리말을 영어로 잘못 옮긴 것은?

① 나도 나 못지않게 게임을 하는 데 시간을 보낸다.
→ You spend no less time playing games than I do.
[134] 시간 (in) RVing / 대동사 / 동(현재)

② 지난 5년 동안 그 회사는 꾸준히 성장했다.
→ For the last five years, the company grew steadily.
동(현재완료)(→ has grown)

③ 내가 전문가에게 그 논문을 검토받는 것은 중요하다.
→ It is important[that I have the paper reviewed by an expert]
가S 사역V O 준(수동)
OC

④ 학생의 4분의 1이 과학 박람회에 참가하고 있다.
→ A quarter of the students are participating in the science fair.
부분명사 / 동(복수/능동)

② 현재완료 시제와 함께 쓰이는 시간부사구 (p.178)

(1) ~ 이래로 [050] : since + 명사(과거시점), S + 현재완료V
since + 과거V

(2) 지금까지 : up to now / until now / so far

(3) ~ 동안 [049] : for the last 기간 / over / past

어휘 steadily 꾸준히 paper 논문 participate 참가하다 fair 박람회

---

③ 이성적 판단의 형용사 구문 (p.195)

It is + 이성적 판단의 형용사 + that + S + (should) + RV

중요한/필수적인 : important, necessary [128], vital, essential, required, imperative, urgent
당연한/마땅한 : advisable, desirable, natural, right, proper

사역동사
make [027-1], have [028] + O + RV(능동) / p.p.(수동)
let [029] + O + RV(능동) / be p.p.(수동)
p.p. (X)

④ '부분명사 of 전체명사'의 수일치 (p.176)

부분을 나타내는 부정대명사 : some / any / most / all [145-1]
부분명사 일부 : part / portion / half / the rest ···
분수 : one third / two thirds ···
백분율 : 30 percent ···
+ of + 복수N + 복수V
+ 단수N + 단수V

43

회차
13 하프 모의고사

05 밑줄 친 부분에 들어갈 말로 가장 적절한 것은?

A: Claude, where are you going?

B: I'm going for a walk in the park. Would you like to join me?

A: I'd like to, but I'm meeting up with Jim for lunch at Mandy's Kitchen.

점심 식사를 제안하는 표현

B: Oh, thanks for offering but I think I'll pass this time. I already had lunch.

A: That's too bad. I'll see you later then.

① Let's go for a walk another day.   다른 날에 산책하러 가자.

② You can come along if you want.   네가 원하면 함께 가도 돼.

③ Sorry I won't be able to join you.   미안한데 너와 같이 갈 수 없어.

④ You recommended it to me, right?   네가 나에게 거기 추천했지, 그렇지?

해석

A: Claude, 너 어디 가?

B: 나 공원에 산책하러 가고 있어. 나랑 같이 갈래?

A: 가고 싶지만, 나 Mandy's Kitchen에서 Jim이랑 만나서 점심을 먹을 예정이야. 너도 가고 싶으면 같이 가도 돼.

B: 아, 제안해 줘서 고맙지만 이번에는 패스할게. 이미 점심을 먹었거든.

A: 아쉽네. 그럼 다음에 봐.

① 다른 날에 산책하러 가자.

② 너도 가고 싶으면 같이 가도 돼.

③ 나랑 같이 못 가서 미안해.

④ 네가 나한테 거기 추천했어, 그렇지?

어휘 walk 산책 meet up with ~와 만나다 recommend 추천하다

회차 14 하프 모의고사

01 밑줄 친 부분에 들어갈 말로 가장 적절한 것은?

He was always ⟷ _____ , so we knew that something was wrong when we found out he was late to work.

① frank 솔직한
② punctual 시간을 엄수하는, 기한을 잘 지키는 (= on time)
③ abstract 추상적인; 난해한, 심오한; 주출하다; 발췌하다; 주출하다; 요약, 발췌
④ arrogant 거만한, 오만한, 건방진

솔직한, 노골적인	심오한, 난해한	거만한, 오만한, 건방진
frank	deep	arrogant
candid	profound	pretentious
outspoken	abstract (+ 추상적인)	ostentatious
explicit	intricate (복잡한)	pompous
straightforward	abstruse	overbearing
	recondite	supercilious
	incomprehensible	presumptuous
		officious
		patronizing

02 밑줄 친 부분에 들어갈 말로 가장 적절한 것은?

Sleeping on the floor was uncomfortable at first (but) after doing this a few nights, I am now _____ it.

① handing in 제출하다
② falling behind 뒤처지다
③ accounted for 설명하다; 차지하다
④ accustomed to 익숙한

회차 14 하프 모의고사

03 어법상 옳은 것은?

① They were shocked to see the way how the refugees were treated.
　전치사 　+ 명사
　(→ the way 또는 how만)
[071-2]

② Because of his lies, he was made having a talk with his teacher.
　　　　　　　　　　　　　to have
　　4V　IO　DO
[111-2]

③ I can't lend you my car unless you promise to drive carefully.
　　　　　　　　　　　　　　　　　+ to RV
[051]

④ The talks at the forum hardly never made progress.
　　　　　　　　　　　　　　(→ hardly 또는 never만 / 이중부정 금지)
(→ hardly 또는 never만 / 이중부정 금지)

③ 지각동사 · 사역동사 〈p.172〉

(1) 지각동사

watch, see, notice, + O + $\underline{RV \cdot RVing\ (능동)}$
　　　　　　　　　　　　　　　to RV (X)
hear [026], listen to, feel　　　$\underline{p.p.\ (수동)}$

(2) 사역동사

make [027-1], have [028] + O + $\underline{RV(능동) / p.p.(수동)}$

let [029]　　　　　+ O + $\underline{RV(능동) / be\ p.p.(수동)}$
　　　　　　　　　　　　　　　　　p.p. (X)

(3) 지각동사 · 사역동사의 수동태

S + 지각/사역 V + O + RV → O + be p.p. + to RV
　　　　　　　　　　　　　　　　　　　RV (X)

③ to RV만 목적어로 취하는 동사 : 소기계약동결 〈p.185〉

(1) 소망/기대 : want, expect

(2) 계획 : plan

(3) 약속 : promise

(4) 동의 : agree

(5) 결정 : choose, decide, refuse

(6) 기타 : afford, manage, fail

④ 이중부정 금지 표현 〈p.211〉

(1) hardly [041-2] / scarcely / rarely / barely

(2) unless [051-1] / lest [052-1]　　┐
　　　　　　　　　　　　　　　　　├ 뒤에 not / never X
(3) any / either　　　　　　　　　　│
(4) 유사관계대명사 but　　　　　　┘

(5) Under[in] no circumstances [167-2]

해석 ① 그들은 난민들이 대우받는 방식을 보고 충격을 받았다.
② 그의 거짓말 때문에 그는 선생님과 대화를 나누게 되었다.
③ 네가 조심히 운전하겠다고 약속하지 않는 한 나는 내 차를 너에게 빌려줄 수 없다.
④ 포럼에서의 논의는 거의 진전을 이루지 못했다. / 포럼에서의 논의는 전혀 진전을 이루지 못했다.

어휘 refugee 난민 talk 대화, 논의 progress 진전

회차 14 하프 모의고사

04 우리말을 영어로 잘못 옮긴 것은?

① 그 호텔의 서비스는 경쟁사의 서비스보다 훨씬 떨어진다.

→ The hotel's service is much inferior to its competitor's.
080-1
굳이 일치
than X

② 신속히 그 정보를 알리시오, 그렇지 않으면 상황은 악화될 겁니다.

→ Let the information known quickly, or the situation will worsen.
be known O OC
029
명령문 ~, or (그렇지 않으면)
명령문 ~, and (그러면)

③ Jean이 다른 어떤 아이보다 더 많은 관심을 받는 것은 중요하다.

→ [That Jean gets more attention than any other child] is important.
명사절 접속사 that + 완전   + 단수N

④ 네 도움이 아니었더라면, 나는 지금의 내가 될 수 없었을 것이다.

→ But for your help, I would not have become the person [I am now]
123
가정법 과거완료
(과거 사실의 반대)

① superior / inferior

(1) [뒤에 전치사 to가 있는지 확인 (than X) / preferable 뒤에도 to가 나옴
    비교되는 두 대상의 급이 맞는지 확인

(2) (by) far / even / much / still / a lot으로 수식했는지 확인 (very X, more X)

③ 비교급 + than any other + 단수N
081-1

· 뒤에 단수명사가 있는지 확인 (복수명사 X)

· 최상급으로 해석되는지 확인 〈영작〉: 그 어떤 … 보다 가장 ~하다

어휘 inferior 열등한 competitor 경쟁자 worsen 악화되다

---

05 밑줄 친 부분에 들어갈 말로 가장 적절한 것은?

A: Hi, Sophia. It's been a long time.

B: Hey, Tyler. I was off to Canada with a friend for two weeks.

A: Oh, nice. How was the trip?

B: Not that good. I got into a lot of arguments with my friend. It would've been much better if I'd traveled alone.

A: What was the problem?

B: _____여행 스타일이 다르다는 표현_____ I like to always be doing something and want to visit as many tourist sites as possible. ≠

A: Ah, but your friend prefers to stay in one place.

B: Exactly. The trip totally ruined our friendship.

① Our styles are just so different. 우리의 스타일이 그냥 너무 달라.

② It was a great bonding experience. 그것은 유대감을 쌓는 좋은 경험이었어.

③ She can't stand being in one location. 그녀는 한 장소에 있는 것을 못 참아.

④ We have conflicting appetites for food. 우리는 반대되는 음식 취향을 갖고 있어.

해석 A: 안녕, Sophia. 오랜만이네.
B: 안녕, Tyler. 나는 친구랑 2주 동안 캐나다에 가 있었어.
A: 오, 좋네. 여행은 어땠어?
B: 별로였어. 친구랑 많은 말다툼을 했거든. 혼자 갔더라면 훨씬 좋았을 거야.
A: 무슨 문제가 있었어?
B: 우리의 스타일이 그냥 너무 달라. 나는 항상 무언가를 하고 싶고 가능한 한 많은 관광지를 방문하고 싶거든.
A: 아, 근데 네 친구는 한곳에 머무는 것을 선호하는구나.
B: 바로 그거야. 여행이 우리의 우정을 완전히 망쳤어.
① 우리의 스타일이 그냥 너무 달라.
② 그것은 유대감을 쌓는 좋은 경험이었어.
③ 걔는 한 군데에 있는 것을 못 참아.
④ 우리의 음식 취향이 반대야.

어휘 be off to ~로 떠나다 argument 말다툼 tourist site 관광지 ruin 망치다 bond 유대감을 쌓다 stand 참다 conflicting 반대되는

47

회차
15 하프 모의고사

01 밑줄 친 부분에 들어갈 말로 가장 적절한 것은?

He was highly regarded for his actions of _____ as he quietly helped others without seeking recognition and always put them before himself.

① distress 고통 (= agony), 괴로움; 괴롭히다

② ambition 야망, 꿈

③ humility 겸손 (= modesty)

④ contempt 경멸, 멸시; 무시

괴롭히다

bother

distress

torture

torment

afflict

anguish

harass

해석 그는 인정을 바라지 않고 묵묵히 남을 도우며 항상 자신보다 남을 우선시하는 겸손의 행동으로 높이 평가받았다.
어휘 regard 평가하다, 여기다 / recognition 인정

① 고통, 괴로움 ② 야망 ③ 겸손 ④ 경멸

02 밑줄 친 부분과 의미가 가장 가까운 것은?

During the pandemic, many restaurants have closed for good.

① abruptly 갑자기; 퉁명스럽게

② frequently 자주, 흔히

③ permanently 영구히, 영구 불변으로

④ temporarily 일시적으로, 임시로

for good (and all) 영원히

영원한, 영구적인, 끊임없는 ←————→ 일시적인, 순간적인; 임시의

eternal

permanent ——through (내내, 통과하여)

persistent (+ 끈질긴)

perpetual

perennial

ceaseless

unceasing

incessant ——cease (멈추다)

momentary

temporary

tentative

transient

provisional

ephemeral

fleeting

deciduous (+ 낙엽성의)

해석 전염병이 유행하는 동안, 많은 식당들이 영원히 문을 닫았다.
① 갑자기 ② 빈번히 ③ 영원히 ④ 일시적으로
어휘 pandemic 전국적 유행병

회차 15 하프 모의고사

03 밑줄 친 부분 중 어법상 옳지 않은 것은?

We often ① think of science as exploration and experiment. Classrooms(that portray only this view of science,)however, ② fails to capture an essential feature of science — evidence-based explanation. When scientists encounter patterns in the world, they construct theories ③ to explain them. What does it mean to explain something in science? Explanation is more than summarizing the data(that ④ have been collected) Explanations tell why phenomena occur. They involve a leap of imagination.

① think of (통) (복수/능동)
주격 관·대
S
V'
fail ② fails (통) (복수/능동)
O'
V'
③ to explain (통) (능동)
복수N
복수N
주격 관·대
the data(that ④ have been collected) (통) (복수/수동)
복수N

Ⓘ 간주동사

regard [102]
see [023-2]   O   as   O.C [형/명]
think of [033-1]
look upon

think [033-2]   O   a̶s̶   O.C [형/명]
believe   (to be)

consider [019-1]   O   (as)   O.C [형/명]
                              (to be)

해석 우리는 흔히 과학을 탐구와 실험이라고 생각한다. 하지만 과학에 대한 이런 관점만을 나타내는 교실은 교실은 증거에 근거한 설명이라는 과학의 본질적인 특성을 포착하지 못한다. 과학자들은 세상에서 패턴을 마주치면 그것을 설명하기 위해 이론을 만든다. 과학에서 무엇을 설명한다는 것은 무엇을 의미하는가? 설명은 수집된 자료를 요약하는 것 이상이다. 설명은 현상이 발생하는 이유를 알려준다. 그것은 상상의 도약을 수반한다.

어휘 exploration 탐구 portray 나타내다 capture 포착하다 encounter 마주치다 construct 구성하다 summarize 요약하다 phenomenon 현상[pl. phenomena] leap 도약

04 우리말을 영어로 가장 잘 옮긴 것은?

① 그 소음은 복도 건너편까지 들릴 정도로 컸다.
→ The noise was enough loud to be heard across the hall.
통 이디프로 투!   (수동)

② 그는 나에게 그 소식을 조용히 전하며 내 눈을 바라보았다.
→ He looked me in the eye as he quietly said me the news.
S   V   O   접 S' V' O'   to

③ 당신이 당신의 열정을 직업으로 추구하는 것을 고려할 때이다.
considered / should consider (should 생략 X)
→ It is time you consider pursuing your passion as a career.
+ RVing

④ 우리는 교통 체증에 갇혀 회의에 늦을 수도 있다는 것을 깨달았다.
→ Caught in traffic, we realized[we might be late for the meeting]
(수동)   (that)

Ⓘ enough의 어순 [083]

· 부사인 경우 형용사 뒤에 쓰였는지 확인 (형용사 앞 X)
ex) small] enough (to RV)   (~하기에) 충분히 작다
    long]   충분히 긴다/길다
'통 이디프로 투~하고 예시를 입으로 반복해서 외우는 게 편해요

어휘 hall 복도 passion 열정 열심; 열중해 있는 것

49

회차 15 하프 모의고사

② look + O + in the 신체 부위 008-3
　　　　　　　소유격 X

4형식으로 착각하기 쉬운 3형식 동사 ⟨p.172⟩

(1) 제안V : suggest 061-3

(2) 발표V : announce ┐
　　　　　　　　　　　(+ to + 사람) + 명사
(3) 말V : say 114 ┘

(4) 설명V : explain 012

③ It is time 가정법 : ~할 시간이다

It is (high/about) time 121 + ┌ S + should(생략 X) + RV
　　　　　　　　　　　　　　├ S + 과거 V
　　　　　　　　　　　　　　└ to RV

consider 019

(1) 5형식 → 목적격 보어가 (to be / as) 형(명)인지 확인
　　※ O를 O.C 라고 여기다 : consider + O + ┌ O.C
　　　　　　　　　　　　　　　　　　　　　　├ to be O.C
　　　　　　　　　　　　　　　　　　　　　　└ as O.C

(2) 목적어에 동명사가 왔는지 확인 (to RV X)

동명사를 목적어로 취하는 동사 : MEGAPEPACAS ⟨p.185⟩

Mind, Enjoy, Give up, Avoid, Postpone, Escape,
Practice, Finish, Appreciate, Consider, Anticipate, Suggest

---

05 두 사람의 대화 중 가장 자연스러운 것은?

① A: I can't thank you enough.

　B: Oh, it's my pleasure.

② A: What time will you be at the theatre by? → 구체적인 시간을 물어보는 표현

　B: I usually go there once a week. → 빈도수를 답하는 표현

③ A: I can't help but fall asleep constantly.

　B: Me too. I have a lot of trouble going to sleep.

④ A: For how long have you been away from home?

　B: It's about 30 kilometers. → How far에 대한 답변

① I can't thank you enough. 뭐라고 감사의 말씀을 드려야 할지 모르겠어요.

③ cannot help but RV ~하지 않을 수 없다
　have difficulty[trouble] (in) RVing ~하는 데 어려움을 겪다

해석 ① A: 얼마나 너한테 고마운지 몰라.
　　B: 오, 내가 좋아서 한 일인 걸.
　② A: 너 몇 시까지 극장에 올 거야?
　　B: 난 보통 일주일에 한 번씩 가.
　③ A: 자꾸만 잠들지 않을 수가 없어.
　　B: 나도 그래. 난 잠을 자는 게 너무 힘들어.
　④ A: 집을 떠난 지 얼마나 됐어?
　　B: 30킬로미터 정도야.

어휘 pleasure 기쁨 theatre 극장

01 밑줄 친 부분과 의미가 가장 가까운 것은?

> She never divulged to her colleagues that she had been second choice after Jenna who couldn't take the job.

① denied 부인하다, 부정하다
② revealed 드러내다, 밝히다
③ inferred 추론[추측]하다; 암시하다
④ complained 불평하다

divulge 폭로하다

폭로하다, 드러내다
reveal
disclose
expose (+ 노출시키다)
unveil (+ 발표하다)
unfold (+ 펼치다)
divulge
publicize (+ 공표하다, 널리 알리다; 광고홍보하다)

해석 그녀는 그 일을 맡지 못했던 Jenna에 이어 자신이 2순위였었다는 사실을 동료들에게 절대 밝히지 않았다.
① 부인하다 ② 밝히다 ③ 추론하다 ④ 불평하다
어휘 colleague 동료

02 밑줄 친 부분과 의미가 가장 가까운 것은?

> She was excited about the idea of learning to dance but had to get over her fears about the possibility of making a fool of herself.

① recall 다시 부르다, 소환하다; 회상하다; 소환, 회수; 회상
② unveil 밝히다, 폭로하다; 발표하다
③ conquer 정복하다, 이기다
④ contemplate 심사숙고하다, 고려하다

get over 극복하다 (= overcome, surmount); 회복하다

숙고하다, 곰곰이 생각하다
muse
meditate
reflect (+ 반사하다; 반영하다)
ponder
weigh (+ 무게를 달다; 무게가 ~이다)
deliberate (+ 의도적인, 계획적인; 신중한, 심사숙고한)
speculate (+ 사색하다, 추측하다)
contemplate
cogitate
sleep on (하룻밤 자며 생각해보다)

해석 그녀는 춤을 배울 생각에 신이 났지만 스스로를 웃음거리로 만들 가능성에 대한 두려움을 극복해야만 했다.
① 상기하다 ② 밝히다, 발표하다 ③ 극복하다 ④ 숙고하다
어휘 possibility 가능성 make a fool of ~을 웃음거리로 만들다

회차 16 하프 모의고사

03 어법상 옳지 않은 것은?

① She watched her child practice playing the piano.
　　O　　　　OC　　the + 악기
　　　　　　　　능동(RV) + RVing

② Should you have any inquiries, feel free to contact me.
　 124 가정법 미래(도치)　014 3V + O
　　S　　RV　　　　　　　　　　+ RV

③ Angry (with his mother) as he is, he keeps the letter (she wrote it to him)
　형　　　　　　　　　　　　　　　　　　　S+V　　　　　　　　(that) 목적격 관·대 생략
　　　　　　　　　　　　　　　　　　　　　　　　　　　　　목적격 관·대 생략

④ Pete apologized for his remarks so that the relationship could be mended
　　　 동(능동)　　　　　　　　　부사절 접속사(목적/결과)　　　　　　　　　동(수동)

① 지각동사·사역동사 〈p.172〉

(1) 지각동사
　watch, see, 023-1 notice, 　　RV·RVing(능동)
　　　　　　　　　　　　　　　+ O + 　to RV(X)
　hear 026, listen to, feel 　　　 p.p.(수동)

(2) 사역동사
　make 027-1, have 028 + O + RV(능동) / p.p.(수동)
　let 029 　　　　　　 + O + RV(능동) / be p.p.(수동)
　　　　　　　　　　　　　　　　　　　　　p.p. (X)

(3) 지각동사·사역동사의 수동태
　S + 지각/사역 V + O + RV　→　O + be p.p. + to RV
　　　　　　　　　　　　　　　　　　　　　　　RV (X)

동명사를 목적어로 취하는 동사 : MEGAPEPACAS 〈p.185〉
Mind, Enjoy, Give up, Avoid, Postpone, Escape, Practice, Finish, Appreciate, Consider, Anticipate, Suggest

해석 ① 그녀는 자신의 아이가 피아노를 연습하는 것을 지켜보았다.
② 문의 사항이 있다면 언제든지 저에게 연락해 주세요.
③ 그는 비록 어머니에게 화났지만, 그녀가 그에게 쓴 편지를 간직하고 있다.
④ Pete는 관계가 개선될 수 있도록 그의 발언에 대해 사과했다.

어휘 inquiry 문의 (사항) remark 발언 mend 개선하다

---

② 가정법 도치 〈p.180〉

(1) 가정법 과거　　　Were + S ~ , S + 조동사의 과거형 + RV
(2) 가정법 과거완료　Had + S + p.p. ~ , S + 조동사의 과거형 + have p.p.
(3) 가정법 미래　　　Should + S + RV ~ , S + 조동사의 과거형/현재형 + RV
　　　　　　　　　　Were + S + to RV ~ , S + 조동사의 과거형 + RV
(4) 혼합 가정법　　　Had + S + p.p. ~ , S + 조동사의 과거형 + RV + (now/today)

③ 형/부 + as[though] + S + V 양보 도치 구문 088-2

(1) (As) 형 (a + 명) as + S + V
(2) 명사가 문두에 오는 경우에는 반드시 무관사명사 사용
(3) as나 though 대신에 (although)X
　　　　　　　　　　　　　 (as if)
(4) 양보로 해석되는지 확인 (영작) : 비록 ~지만

관계사/의문사 〈p.191〉

N + (1) 관계대명사 　① 그런데 그 명사 ② 불완전 ③ 격 ④ 콤마·전치사 + that X
　　 (2) 관계부사　 ① 그런데 그 명사에서(는) ② 완전
M + (3) 의문사　　 ① 해석 ② 완전/불완전 ③ 격 ④ 간접의문문 어순 (의+S+V)
　　 (4) 복합관계대명사 ① 해석 ② 불완전 ③ 격
　　 (5) 복합관계부사 　① 해석 ② 완전

it/them 목적어 중복 X 〈p.202〉
(1) A + 목적격 관계대명사 + S + V + it/them (X)
(2) A + to RV + it/them (X)
(3) A + be + 난이형용사 + to RV + it/them (X)
(4) A + be + too + 형용사 + to RV + it/them (X)
(5) A + be + worth + 동명사 + it/them (X)

회차 16 하프 모의고사

04 우리말을 영어로 잘못 옮긴 것은?

① 우리는 안전 규칙을 무시하는 것이 얼마나 위험한지 깨달았다.
→ We realized how dangerous it is to ignore safety rules.
071-1   SC ⓐ   가S 2V   진S

② 고객님의 항공편이 취소되었음을 알려 드리게 되어 유감입니다.
→ I regret to inform you[that your flight has been cancelled]
039   IO   DO   명사절 접속사 + 완전   동 (단수/수동)

③ 업무에서 벗어나 휴식을 취하고 하는 것은 어떠신가요?
→ What do you say to taking a break from work and relaxing?
+ RVing1   + RVing2

④ 다락방에는 잊힌 물건들이 있었는데, 그중 일부는 귀중한 것이었다.
→ In the attic there were forgotten items, some of them were valuable.
동(복수)   준(수동)   복수N   which (목적격 관·대)   동(복수)
동(복수)   동(복수)

② to 부정사와 동명사 둘 다 목적어로 취하지만 의미가 다른 동사 (p.185)

[to 부정사 : 미래적 (동작이 아직 X)
동명사 : 과거적 (동작이 일어남)]

· remember to RV   ~하기로 한 것을 기억하다
  RVing   ~한 것을 기억하다

· forget to RV   ~하기로 한 것을 잊다
  RVing   ~한 것을 잊다

· stop to RV   ~하기 위해 멈추다
  RVing   ~하는 것을 그만두다

· regret to RV   ~하게 돼서 유감이다
  RVing   ~한 것을 후회하다

· try to RV   ~하기 위해 노력하다
  RVing   시험 삼아 ~해보다

어휘 flight 항공편 attic 다락방

③ (동)명사만을 쓸 수 있는 관용구문 (p.186)

look forward to 064   ~을 고대하다

be [used 057] to   ~에 익숙하다
   [accustomed]

[object 065] to   ~에 반대하다
[be opposed]

contribute to   ~에 기여하다

be [devoted] to   ~에 전념하다
   [dedicated]
   [committed]

when it comes to   ~에 관해 말하자면
with a view[an eye] to   ~할 목적으로
What do you say to ~?   ~하는 건 어때?

④ ,(콤마) + some of whom[which] 139
목적격 관계대명사 whom[which]이 있는지 확인 (them X)

회차 **16** 하프 모의고사

05 밑줄 친 부분에 들어갈 말로 가장 적절한 것은?

A: This Friday is a holiday, right?

B: Yeah. I was thinking of going camping with our kids since it's a long weekend.

A: That's a great idea. Would we be staying for the whole three days?

B: Hmm. _____ 캠핑을 1박만 하는 것을 제안하는 표현

A: What will we do for the rest of the weekend, then?

B: How about just relaxing and having some family time at home?

A: That works for me. Let's go camping on Friday and come back on Saturday, then.

B: Great!

캠핑 일정을 → 3박에서 1박으로 바꿈

① We have to put off camping trips for now. 우리는 현재로는 캠핑을 미뤄야 해.

② Do you have any place in mind for camping? 캠핑을 위해 생각해 둔 장소가 있니?

③ Camping for the whole weekend sounds good. 주말 내내 캠핑하는 것은 좋은 것 같아.

④ Maybe camping just one night would be better. 아마도 하룻밤만 캠핑하는 것이 더 나을지도 몰라.

① **put off** 연기하다, 미루다 (= delay, postpone)

해석 A: 이번 주 금요일은 휴일이야, 그렇지?
B: 응. 긴 주말 연휴라 나는 우리 아이들이랑 캠핑 갈까 생각 중이었어.
A: 그거 좋은 생각이네. 우리 3일 내내 머무는 거야?
B: 흠. 하룻밤만 캠핑하는 게 더 나을지도 모르겠다.
A: 그러면 우리 남은 주말 동안에는 무엇 할까?
B: 그냥 집에서 쉬면서 가족끼리 시간을 보내는 건 어때?
A: 난 좋아. 그러면 금요일에 캠핑을 갔다가 토요일에 돌아오자.
B: 좋아!

① 우리 일단 캠핑은 미뤄야 해.
② 캠핑을 위해 생각해 둔 장소가 있어?
③ 주말 내내 캠핑하면 좋을 것 같아.
④ 하룻밤만 캠핑하는 게 더 나을지도 모르겠다.

어휘 holiday 휴일 long weekend 긴 주말 연휴 put off 미루다

회차 17 하프 모의고사

01 밑줄 친 부분과 의미가 가장 가까운 것은?

He is a <u>notorious</u> gambler, and those close to him say that he often spends money more quickly than he can earn it.

① reckless 무모한, 무분별한, 신중하지 못한 (= careless, heedless, imprudent)
② affluent 풍족한; 부유한
③ infamous 악명 높은
④ vulnerable 상처 받기 쉬운, 취약한

notorious 악명 높은 (= infamous)

풍부한, 풍족한, 충분한

abundant	luxuriant (+ 호화한, 번창한; 기름진, 다산의)
affluent	exuberant (+ 열광하는)
ample	opulent (+ 호화로운)
copious	prolific (+ 다산의, 다작의; 비옥한)
sufficient	replete (+ 가득한; 포식을 한)

취약한, 연약한, 부서지기 쉬운

weak	delicate (+ 민감한; 섬세한)
fragile	vulnerable
feeble	susceptible (+ 민감한; (병에) 걸리기 쉬운)
flimsy	tenuous (+ 시시한, 보잘것없는)
infirm (+ 병약한; 노쇠한)	

해석 그는 악명 높은 도박꾼이고, 그의 측근들은 그가 종종 벌 수 있는 것보다 더 빨리 돈을 써버린다고 말한다.
① 무모한, 무분별한 ② 부유한 ③ 악명 높은 ④ 취약한

어휘 gambler 도박꾼

02 밑줄 친 부분에 들어갈 말로 가장 적절한 것은?

The concert tickets had been sold out, but we were lucky enough to get tickets from a friend and _____ going to the concert.

① ended up 결국 ~하게 되다
② ruled out 배제하다 (= exclude)
③ called off 취소하다
④ derived from 유래하다 (= originate from, stem from)

취소하다, 철회하다, 폐지하다, 무효화하다

cancel	negate (+ 부인한다, 부정한다)	
withdraw (+ 인출한다)	neutralize	
abolish (+ 없애다)	call off	
abrogate		
annul		
nullify		
revoke		
retract		
repeal		

해석 그 콘서트 티켓은 매진되었지만, 운 좋게도 우리는 친구로부터 티켓을 구해 (결국 콘서트에 갈 수 있게 되었다.
① 결국 ~하게 되다 ② 배제하다 ③ 취소하다 ④ 유래하다

어휘 sold out (표가) 매진된

회차 17 하프 모의고사

03 어법상 옳은 것은?

① What 1V'
[That matters] is not [what you have] but [who you are]
S   V   A   SC   B → not A but B : A가 아니라 B

② The news rose widespread concerns (regarding food safety)
S   raised O

③ She explained us [why she could not help laughing in the middle of class]
to   + RVing

④ Driven (by a deep sense of purpose) the team cleaned up the polluted river.
(수동)   (능동)   (수동)

② rise / arise / raise 034

자동사(rise/arise)인지 VS 타동사(raise)인지 확인

[rise - rose - risen   (자V) 오르다, 일어나다
  arise - arose - arisen   (자V) 생기다, 발생하다
  raise - raised - raised   (타V) 들어 올리다, 일으키다

③ 4형식으로 착각하기 쉬운 3형식 동사 〈p.172〉

(1) 제안V : suggest 061-3
(2) 발표V : announce   (+ to + 사람) + 명사
(3) 말V : say 114
(4) 설명V : explain 012

cannot help RVing 133   ~하지 않을 수 없다
표현K(avoid)
= cannot but RV
제외하고(부사)
= have no choice but to RV
= cannot choose[help] but RV

해석 ① 중요한 것은 당신이 무엇을 가졌느냐가 아니라, 당신이 누구인가이다.
② 그 소식은 식품 안전에 관한 광범위한 우려를 일으켰다.
③ 그녀는 우리에게 그녀가 수업 중에 웃음 수밖에 없던 이유를 설명해 주었다.
④ 그 팀은 깊은 목적의식에 이끌려 오염된 강을 청소했다.

어휘 matter 중요하다 · widespread 광범위한 · concern 우려 · regarding ~에 관하여 · polluted 오염된 · pollute 오염시키다

04 우리말을 영어로 잘못 옮긴 것은?

① 그는 그 재산에 대한 권리를 박탈당했다.
→ He was robbed of his rights to the property.

② 내 여동생은 어젯밤 밖에 나가지 않았고, 나도 마찬가지였다. → 부정 동의
→ My sister didn't go outside last night, and I didn't, too.
과거 V   either
047

③ 비가 오지 않는다면 우리는 내일 하이킹을 갈 계획이다.
116 조건 부사절 접속사: 현재 시제인지 확인
(동) (단수/능동/현재)
→ We plan to go for a hike tomorrow, providing it doesn't rain.
= if

④ 관리자도 세 직원들도 새 정책에 만족하지 않는다.
복수 N
→ Neither the manager nor the employees are satisfied with the new policy.
162-1   A   B에 수일치   (동)(단수/수동: 직원들을 만족시키는 것이므로)
복수 N

① 분리·박탈 / 인지 / 제공 / 금지 동사의 수동태 〈p.177〉

be [robbed, deprived, relieved   ] + of + B
     convinced, informed, reminded, warned, assured, notified
     provided, supplied, presented, equipped   + with + B
     prevented, prohibited, discouraged, stopped, kept, deterred + from + B

② too
문장 끝부분에 있는 경우, 앞 문장이 긍정문인지 부정문인지 확인 (부정문 뒤 X)
※ ~도 포함한 { 긍정문 + too 150-2
                부정문 + either 161-3

어휘 property 재산

05 밑줄 친 부분에 들어갈 말로 가장 적절한 것은?

A: Hello, welcome to Shimson Travels. How may I help you?

B: Hi, I'd like to book a flight to Taipei for this Friday.

A: That's really soon. Let me check if there are any available.

B: Okay, thanks.

A: Let's see... Oh, there's one that leaves at 3 p.m for $500.

B: _____더 빠른 항공편이 있는지 물어보는 표현_____?

A: There's one at 10 a.m, but it's $650.

B: That's pretty expensive, but I'll take it.

① Do you have a lower-priced ticket   더 낮은 가격의 티켓이 있나요

② Is it a one-way ticket or a round one   편도 티켓인가요 왕복 티켓인가요

③ Are there any flights that leave earlier   더 일찍 출발하는 항공편이 있나요

④ Can I cancel my ticket without penalty   위약금 없이 티켓을 취소할 수 있나요

해석   A: 안녕하세요, Shimson Travels에 오신 것을 환영합니다. 무엇을 도와드릴까요?
B: 안녕하세요, 이번 주 금요일에 타이베이로 가는 항공편을 예약하고 싶어서요.
A: 정말 머지않았네요. 예약 가능한 항공편이 있는지 확인해 보겠습니다.
B: 네, 감사합니다.
A: 어디 볼까요... 아, 500달러에 오후 3시에 출발하는 편이 있어요.
B: 더 일찍 출발하는 항공편이 있나요?
A: 오전 10시에 하나 있는데 650달러예요.
B: 꽤 비싸지만, 그걸로 할게요.
① 더 값이 싼 티켓이 있나요
② 편도 티켓인가요 왕복 티켓인가요
③ 더 일찍 출발하는 항공편이 있나요
④ 위약금 없이 티켓을 취소할 수 있나요

어휘   available 구매 가능한 pretty 꽤 one-way 편도의 round 왕복의 penalty 위약금

MEMO

회차 **18** 하프모의고사

01 밑줄 친 부분과 의미가 가장 가까운 것은?

> We must choose the way for our descendants not to <u>condemn</u> us.

① desert 버리다; 떠나다; 사막, 황야
② foster 촉진하다, 육성하다; 양육하다
③ criticize 비판하다, 비난하다
④ resemble 닮다, 비슷하다

condemn 비난하다; (형을) 선고하다

비난하다
blame
criticize
accuse (+ 고발[고소, 기소]하다)
charge (+ 기소[고소]하다; 청구하다)
condemn (+ (형을) 선고하다)
censure

denounce (+ 고발하다)
rebuke
reproach (+ 꾸짖다)
reprehend (+ 꾸짖다)
reprimand (+ 꾸짖다)
call down

버리다, 포기하다
abandon
dump (+ 팔아 치우다; 쓰레기 더미, 폐기장)
discard
desert (+ 떠나다; 사막, 황야)

forsake
waive
renounce
give up

해석 우리는 우리 후손들이 우리를 비난하지 않을 길을 택해야 한다.
① 버리다 ② 양육하다 ③ 비난하다 ④ 닮다
어휘 descendant 후손

02 밑줄 친 부분에 들어갈 말로 가장 적절한 것은?

> Eating disorders are serious, life-threatening mental illnesses that are not to
> be _____.

① off the hook 궁지[곤경]에서 벗어난
② out of order 고장이 난; 부적절한
③ made light of 가볍게 여겨지는
④ filled in for 대신하는 (= replace, substitute, supplant, stand in for)

make light of ~을 가볍게 여기다, 경시하다

fill in for ~을 대신하다, ~대신 일하다

해석 식이 장애는 심각하고 생명을 위협하는, 가볍게 여겨지면 안 될 정신 질환이다.
① 곤경에서 벗어난 ② 고장이 난 ③ 가볍게 여겨지는 ④ 대신하는
어휘 disorder 장애 life-threatening 생명을 위협하는

회차 **18** **하프 모의고사**

03 밑줄 친 부분 중 어법상 옳지 않은 것은?

In some cities, buses and subways are paid for with tokens; small pieces of
metal(that ① looks like coins only used for a bus or subway) But you are
probably used to ② paying for your rides with cards. You can buy one from a
worker or a vending machine and put any ③ amount of money you want on
it. Each time you get on the bus or subway, the cost of the ride ④ is deducted
from the card.

② used to 057 : 3가지 용법에 유의

┌ be used to RV : ~하는 데 사용되다
├ used to RV : ~하곤 했었다
└ be[get] used to RVing : ~하는 데 익숙하다[익숙해지다]

③

⟨p.176⟩	많은	~의 수[양]
가산N	a number of + 복수N + 복수V	the number of + 복수N + 단수V
불가산N	an amount of + 단수N + 단수V	the amount of + 단수N + 단수V

해석 일부 도시에서는 버스나 지하철이 토큰, 즉 버스나 지하철에서만 사용되는 동전처럼 보이는 작은 금속 조각으로 지불된다. 하지만 당신은 아마 카드로 승차 요금을 지불하는 것에 익숙할 것이다. 당신은 직원이나 자판기로부터 하나를 사서 원하는 금액은 얼마든지 거기에 넣을 수 있다. 당신이 버스나 지하철을 탈 때마다 승차 요금이 카드에서 차감된다.

어휘 vending machine 자판기 deduct 빼다, 차감하다

04 우리말을 영어로 잘못 옮긴 것은?

① 어떠한 상황에서도 당신은 방을 떠나서는 안 된다.
→ Under no circumstances should you leave the room.
   조동사   S   RV   동(능동)   O
   167-1 부정어 문두 → 도치

② 그 사건이 그 음식점의 평판을 무너뜨리는 것은 당연하다.
→ The incident may well ruin the restaurant's reputation.
                        + RV

③ 그는 논쟁 중에 팔짱을 낀 채 침착함을 유지했다.
→ He stayed calm(with his arms folded)(during the argument)
   2V   SC @   with   O   준(수동 : 팔이 접힌 것이므로)   + 특정 기간
                    분사구문

④ 작년에 주식 시장은 가장 큰 폭락 중 하나를 겪었다.
→ The stock market has had one of the biggest crashes last year.
                        과거V   + 복수N

① 무조건 도치 ⟨p.208⟩

(1) 부정어
   Only + 부사(구)[절] 170 + V + S

(2) 형용사 + be + S

(3) so 형/부 + V + S that ~

(4) and so
   and neither + V + S
   nor

※ 장소·방향의 부사구 ⟨ S (대명사) + V → 도치 X
   (조건 도치)   ⟨ V (1형식 자동사) + S (일반 명사)

어휘 circumstance 상황 incident 사건, 사고 reputation 평판 argument 논쟁 stock 주식 crash 폭락

59

회차
18 하프 모의고사

REMALIODASC : 자동사 같은 타동사 〈p.171〉

R resemble 015, reach 016

E enter

M marry 104, mention

A accompany 017, affect 105, approach

L leave

I influence 106-2

O obey, oppose

D discuss 013

A answer, attend, address

S survive 018

C consider, contact 014

② 구 조동사 + RV 〈p.182〉

had better RV1 (than RV2) 055
would rather RV1 (than RV2) 054 (RV2 하는 것보다) RV1 하는 것이 더 낫다
may as well RV1 (as RV2) 130

may well RV   RV하는 것은 당연하다

ought to RV 129   RV해야 한다

used to RV 057   RV하곤 했다

③ 2형식 관련 주요 문제 〈p.171〉

(1) 오감V   look 008-1, smell, taste, sound, feel + ⓐ / like + 명사(구)(절)

(2) 판단·입증V   seem, appear, prove, turn out + (to be) ⓐ / to RV

(3) 상태변화V (~되다)   become 009, get 050-2, turn, grow, go, come, run, fall + ⓐ

(4) 상태유지V (~이다)   be, remain 010, stay 011, keep, hold + ⓐ

with 분사구문 [부대 상황]

(1) with + O + ⎡ RVing (능동)
　　　　　　　⎢ p.p. (수동)
　　　　　　　⎢ 형용사(구)
　　　　　　　⎣ 전명구

(2) 해석: O가 ~하면서, ~한 채로, ~하는 동안에

for vs during 〈p.204〉

for + 불특정 기간 (주로 숫자를 포함 / for five years)

during 084 + 특정 기간 (주로 한정사 포함 / during the[his] vacation)

④ ⎡ one 003 ⎤ of + 복수명사 + 단수동사 〈p. 176〉
　 ⎢ each ⎥
　 ⎢ either ⎥
　 ⎣ neither ⎦

회차 **18** 하프 모의고사

05 밑줄 친 부분에 들어갈 말로 가장 적절한 것은?

> A: I have a horrible toothache.
>
> B: Really? What seems to be the problem?
>
> A: I don't know. The gums are swollen, too.
>
> B: Did you see the dentist?
>
> A: ＿＿＿＿＿＿＿＿＿＿＿＿ 치과에 가지 못했음을 알 수 있는 표현
>
> B: That's too bad. You should really see a dentist soon.
>
> A: I know. I'm going to try calling a different dental clinic.

① Maybe one of your teeth is decaying. 너의 치아 중 하나가 썩고 있을지도 몰라.

② I wasn't able to book an appointment. 나는 예약을 할 수 없었어.

③ I feel much better after the treatment. 나는 치료 후에 기분이 훨씬 나아졌어.

④ He's been treating me since I was a child. 내가 어렸을 때 이후로 그는 나를 치료해 왔어.

해석
A: 나 끔찍한 치통이 있어.
B: 정말? 뭐가 문제인 것 같아?
A: 모르겠어. 잇몸도 부어올랐어.
B: 치과에는 가봤어?
A: 예약을 할 수 없었어.
B: 너무 안됐다. 빨리 치과에 가봐야 할 텐데.
A: 맞아. 다른 치과에 전화해 보려고 해.
① 어쩌면 너의 치아 중 하나가 썩고 있을지도 몰라.
② 예약을 할 수 없었어.
③ 치료 후에 기분이 훨씬 나아진 기분이야.
④ 그는 내가 어렸을 때부터 나를 치료해 왔어.

어휘 gum 잇몸 swollen 부어오른 decay 썩다 appointment 예약, 약속 treatment 치료

MEMO

회차
19 하프 모의고사

01 밑줄 친 부분에 들어갈 말로 가장 적절한 것은?

Developing a popular mobile app can be a highly ＿＿＿ project, with revenue streams coming from advertisements, in-app purchases, and subscriptions that could potentially amount to millions of dollars.

① futile 헛된, 소용없는

② exotic 이국적인, 외국의 (= foreign, alien)

③ tedious 지루한

④ lucrative 수익성이 좋은; 유리한

헛된, 소용없는
useless	futile
worthless	ineffective
vain	

지루한, 단조로운, 따분한
dull	mundane (+ 세속적인)
tedious	dreary (+ 쓸쓸한, 황량한)
monotonous	banal (+ 진부한)

이익이 되는, 수익이 좋은, 유리한
advantageous	profitable
beneficial	lucrative

해석 인기 있는 모바일 앱을 개발하는 일은 잠재적으로 수백만 달러에 달할 수 있는 광고, 인앱 구매, 구독에서 오는 수입원과 함께 매우 수익성이 좋은 프로젝트일 수 있다.
① 헛된, 소용없는 ② 이국적인 ③ 지루한 ④ 수익성이 좋은

어휘 highly 매우 revenue stream 수입원 advertisement 광고 purchase 구매 subscription 구독 potentially 잠재적으로 amount to (수치가) ~에 달하다

02 밑줄 친 부분과 의미가 가장 가까운 것은?

A number of people unexpectedly dropped out of the marathon before the race began.

① enrolled in ~에 등록하다

② gathered for ~을 위해 모이다

③ withdrew from ~에서 물러나다

④ interfered with ~을 방해하다 ≒ interfere in ~에 간섭[참견]하다

drop out (of) 이탈하다; 중퇴하다

해석 경주가 시작되기 전에 많은 사람들이 예기치 않게 마라톤에서 이탈했다.
① ~에 등록하다 ② ~을 위해 모이다 ③ ~에서 물러나다 ④ ~을 방해하다

어휘 unexpectedly 예기치 않게

회차 19 | 하프 모의고사

03 어법상 옳은 것은?

① Mrs. Kennedy carefully ~~lied~~ the baby down (on the bed)
　laid　S　　　　　　　　O　　부사

② [Whatever you do] should reflect your values and principles.
　S + 불완전　　　　　　동(능동)　O

③ The bullet ~~was penetrated~~ the vest ([known] to be bullet-proof)
　S　　동(능동)　　　　　　O　　준(수동)

④ He was accused of ~~spread~~ false rumors (about his co-worker)
　　동(단수수동)　준(능동)　준(동)(→ spreading)

① lie / lay 〔036〕

자동사(lie)인지 VS 타동사(lay)인지 확인

- lie - lied - lied　[자V] 거짓말하다
- lie - lay - lain　[자V] 눕다, 놓여 있다
- lay - laid - laid　[타V] ~을 놓다: 알을 낳다

해석 ① Kennedy 씨는 아기를 침대에 조심스럽게 눕혔다.
② 당신이 하는 어떤 일이든 당신의 가치관과 원칙을 반영해야 한다.
③ 그 총알은 방탄이라고 알려진 조끼를 관통했다.
④ 그는 자기 동료에 관한 허위 소문을 퍼뜨린 일로 비난받았다.

어휘 reflect 반영하다 | principle 원칙 | penetrate 관통하다 | bullet-proof 방탄의 | vest 조끼 | bullet-proof 방탄의 | false 가짜의

---

② 복합관계사 (p.190)

(1) 해석

```
                whoever / whomever / whosever  ┌ 명사절 : ~하는 사람이면 누구나
                                               └ 부사절 : ~하는 사람이면 누구든지 간에
복합관계   ┌  whichever  ┌ 명사절 : ~하는 것이면 어느 것이든 (제한된 선택)
대명사     │             └ 부사절 : ~하는 것이면 어느 것이든지 간에
           └  whatever   ┌ 명사절 : ~하는 것이면 무엇이든 (막연한 선택)
                         └ 부사절 : ~하는 것이면 무엇이든지 간에

복합관계   ┌ whenever 부사절 : ~할 때면 언제든지
부사       ├ wherever 부사절 : ~하는 곳이면 어디든
           └ however 부사절 : 아무리 ~해도
```

(2) 완전 vs 불완전

```
┌ 복합관계대명사 + 불완전한 문장
└ 복합관계부사  + 완전한 문장
```

(3) 격

· 복합관계사의 격은 주절에서가 아니라
　복합관계절 내의 격에 의해 결정됨

④ accuse 〔108〕

· 뒤에 A of B가 왔는지 확인
· accuse A of B : A를 B에 대해 비난[기소]하다 (→ A be accused of B)
　　　　　　　　(for X)
· charge A with B : A를 B에 대해 비난[고발]하다 (→ A be charged with B)
　　　　　　　　(for X)

회차 19 화표 모의고사

04 우리말을 영어로 잘못 옮긴 것은?

① Peter는 저축하는 사람이라기보다는 소비하는 사람이다.
→ Peter is not so much a spender as a saver.
　A　　　　　　　　　　　B
　　　　B　　　　　A ← A, B 위치가 바뀜

② 그녀는 내일까지 그 과제를 완료해야 한다.
→ She ought to complete the assignment by tomorrow.
　　　　　　　　　　　　　　　　　　└ 동작의 완료 시점
　　+ RV

③ 그들은 신혼여행지를 결정하는 것이 어렵다고 느꼈다.
→ They found it hard to decide on their honeymoon destination.
　　　　　　　가O OC 진O
　　　　　　　형용사　(준)(능동)

④ 내가 과학자라면, 나는 환경 연구에 전념할 것이다.
→ Were I a scientist, I would dedicate myself to environmental research.
　S　　SC　　　　　　　　　　　S = O
　124 가정법 과거 (도치)　　　　　　　→ 재귀대명사

① 영작 문제에서 A와 B를 바꾸는 것에 주의 〈p.207〉

(1) 원급·비교급 표현

(2) 원인·결과 표현 : result in, result from : 원인 / influence, be influenced by

(3) would rather A than B / not so much A as B
　　(B하기보다는 차라리 A하겠다)　　(A라기보다는 오히려 B인)

(4) not until A, B / cannot A without B
　　Hardly[Scarcely] A when[before] B

---

② 구 조동사 + RV 〈p.182〉

had better RV1 (than RV2)　055
would rather RV1 (than RV2)　054　⎤ (RV2 하는 것보다) RV1 하는 것이 더 낫다
may as well RV1 (as RV2)　130　⎦

may well RV　　RV하는 것은 당연하다
ought to RV　129　RV해야 한다
used to RV　057　RV하곤 했다

until VS by 165
┌ until : 동작이나 상태의 지속 → '계속'이라는 말을 넣어 해석
└ by : 동작의 완료 시점 → '늦어도'라는 말을 넣어 해석

③ find 032
(1) 가목적어-진목적어 구문일 경우,
　· 가목적어 it이 있는지 확인 (it 생략 X)
　· 목적격 보어가 형용사인지 확인 (부사 X)

(2) 목적격 보어에 RVing 또는 p.p.가 있는지 확인 (원형부정사 X)
　ex) I found him sit on a chair.
　　　　　　　　　sitting

회차 19 하프 모의고사

④ 가정법 도치 〈p.180〉

(1) 가정법 과거 Were + S ~, S + 조동사의 과거형 + RV

(2) 가정법 과거완료 Had + S + p.p. ~, S + 조동사의 과거형 + have p.p.

(3) 가정법 미래 Should + S + RV ~, S + 조동사의 과거형/현재형 + RV
　　　　　　　　Were + S + to RV ~, S + 조동사의 과거형 + RV

(4) 혼합 가정법 Had + S + p.p. ~, S + 조동사의 과거형 + RV + (now/today)

```
┌ dedicate ┐
│ devote   │ oneself  to  N/RVing : N/RVing에 전념[헌신]하다
└ commit   ┘
```

```
            ┌ dedicated ┐
= S  be     │ devoted   │ to  N/RVing
            └ committed ┘
```

---

05 밑줄 친 부분에 들어갈 말로 가장 적절한 것은?

> A: Jane, how is your new share house in Seoul?
> B: To be honest, I have no idea how long I'm going to stay there.
> A: Really? What's the problem?
> B: Some of the girls throw a party every day and play loud music late at night. ＿＿＿＿＿, especially when I'm trying to fall asleep.
> 　　　　　　①

① It's no big deal 별일 아니야

② It runs in my family 집안 내력이야

③ It's better than nothing 없는 것보다 낫지

④ It really drives me nuts 그것은 정말 나를 미치게 해 ①

drive와 관련된 추가 기출 표현

drive sb up the wall ~을 짜증나게 하다

drive under the influence 음주운전하다

해석 A: Jane, 서울의 새로운 셰어하우스는 어때?
B: 솔직히 말하면, 내가 거기 얼마나 머물지 모르겠어.
A: 정말? 뭐가 문제야?
B: 몇몇 여자애들이 매일 파티를 열고 밤늦게 시끄러운 음악을 틀어 대거든, 특히 내가 잠들려고 할 때 그것은 정말 나를 미치게 해.
① 별일 아니야
② 집안 내력이야
③ 없는 것보다 낫지
④ 그것은 정말 나를 미치게 해

어휘 throw a party 파티를 열다 fall asleep 잠들다 run in one's family ~의 집안 내력이다 drive sb nuts ~을 미치게 하다

회차
20 하프 모의고사

01 밑줄 친 부분에 들어갈 말로 가장 적절한 것은?

The addictive song kept ＿＿＿＿ in my head, and I found myself singing

along to the rhythm.

① lingering linger 오래 머무르다, 남아 있다, 지속되다

② retaliating retaliate 복수하다, 보복하다 (= revenge, avenge)

③ depreciating depreciate 가치가 떨어지다, 가치를 떨어뜨리다

④ contracting contract 계약하다, 계약(서); 수축하다[시키다]; (병에) 걸리다

02 밑줄 친 부분에 들어갈 말로 가장 적절한 것은?

After the fire, the community worked together to replant trees to ＿＿＿＿

the loss of the forest.

① take after ~을 닮다 (= resemble) (cf) look after ~을 돌보다 (= take care of)

② bring about 야기하다, 초래하다 (= cause, give rise to)

③ hold on to 붙들다, 계속 보유하다, 고수하다 (= keep, stick to)

④ make up for 만회하다, 보상하다 (= compensate for)

03 밑줄 친 부분 중 어법상 옳지 않은 것은?

In a number of ways, women and men communicate differently, and misunderstandings often ① occur Women tend to make more "listening noises," such as "um," "uh huh," and "go on," than most men ② do. If men don't make these noises when ③ communicating with women, the women may think the men aren't listening. Conversely, men are likely to misinterpret the listening noises women make as ④ indicate agreement rather than just interest.

① occur 006

- 능동형으로 썼는지 확인 (수동형 X)

해석 많은 면에서, 여성과 남성은 서로 다르게 의사소통하며 오해가 종종 발생한다. 여성은 남성보다 "음," "그래," "계속해"와 같은 '경청하는 소리'를 더 많이 내는 경향이 있다. 만약 남성이 여성과 소통할 때 이런 소리를 내지 않으면, 그 여성은 그 남성이 경청하지 않는다고 생각할 수 있다. 반대로, 남성은 여성이 내는 경청하는 소리를 단순한 관심보다는 동의를 나타내는 것으로 오해할 가능성이 크다.

어휘 misunderstanding 오해 misinterpret 오해하다 indicate 나타내다

04 우리말을 영어로 가장 잘 옮긴 것은?

① 우리가 통제할 수 없는 일에 대해 걱정해도 소용없다.
→ It is no use to worry about things (we cannot control)

② 그들은 눈이 왔음에도 불구하고 제시간에 공항에 도착했다.
→ They arrived at the airport on time despite of the snow.

③ 모든 선수가 그가 금메달을 딴 것에 감명받았다.
→ Every player was impressed with his winning the gold medal.

④ 노력을 들이지 않은 것에 대해 칭찬받는 것은 이상하게 느껴진다.
→ It feels strangely to be praised for [what you put no effort into].

① it is no use 132

· 뒤에 동명사가 왔는지 확인 (to RV X)

※ ~해도 소용없다
It is no use RVing
= It is of no use to RV

전치사의 목적어 X

어휘 on time 제시간에 praise 칭찬하다 effort 노력

67

회차 20 · 형용사 표현

준동사 관용 표현 〈p.186〉

(1) It is no use[good] RVing : ~해도 소용없다

　＝ It is of no use to RV

(2) There is no RVing : ~하는 것은 불가능하다

(3) be worth RVing : ~할 가치가 있다

(4) be busy (in) RVing : ~하느라 바쁘다

(5) make a point of RVing : ~하는 것을 원칙으로 삼다

　＝ make it a rule to RV

(6) have difficulty[trouble, a hard time] (in) RVing : ~하는 데 어려움을 겪다

(7) On[Upon] RVing : ~하자마자

(8) spend + 시간/돈 + (in) RVing : ~하는 데 시간/돈을 쓰다

(9) come near to RVing : 거의 ~할 뻔하다

② despite 086-2

(1) 뒤에 명사(구)가 있는지 확인 (절 X)

(2) 뒤에 전치사가 없는지 확인 (despite of X)

---

③ every 143-1

(1) 뒤에 단수명사 + 단수동사가 있는지 확인 (복수명사 X, 복수동사 X)

(2) every + 기간명사가 나오는 경우 (~마다, ~에 한 번)

　기수 + 복수명사 또는 서수 + 단수명사인지 확인

　ex) 이틀마다/격일로

　　　every two days = every second day = every other day

(3) 앞에 not이 있으면 해석이 부분부정인지 확인 (전체부정 X) 〈영작〉

　ex) Not every man can be a poet.

　　→ 모든 사람이 시인이 될 수 없다. (X)

　　→ 모든 사람이 다 시인이 될 수 있는 것은 아니다. (O)

④ 2형식 관련 주요 문제 〈p.171〉

(1) 오감V　　　　　look 008-1, smell, taste, sound, feel + ⓐ / like + 명사(구)(절)

(2) 판단·입증V　　　seem, appear, prove, turn out + (to be) ⓐ / to RV

(3) 상태변화V (~되다)　become 009, get 030-2, turn, grow, go, come, run, fall + ⓐ

(4) 상태유지V (~이다)　be, remain 010, stay 011, keep, hold + ⓐ

05 두 사람의 대화 중 가장 어색한 것은?

① A: You look really pale. Is anything wrong?
　 B: I feel so sick. I even threw up.

② A: I never knew you were friends with Hannah.
　 B: I've been hanging out with her for some time.

③ A: I still feel really awkward when I'm with Ben.
　 B: I can see that. You two hit it off right from the start.

④ A: What do you say to getting a birthday gift for our teacher?
　 B: That's a good idea. I'll chip in a few dollars.

① throw up 토하다
② hang out with ~와 어울려 다니다, 시간을 보내다
③ hit it off 죽이 잘 맞다
④ What do you say to N/RVing? ~하는 건 어때?
　 chip in ~을 보태다

해석　① A: 너 정말 창백해 보여. 무슨 문제가 있는 거야?
　　　 B: 나 속이 너무 안 좋아. 심지어 토하기도 했어.
　　② A: 나는 네가 Hannah랑 친구인지 전혀 몰랐어.
　　　 B: 나 한동안 걔랑 어울려 다녔어.
　　③ A: 난 아직도 Ben이랑 있으면 정말 어색해.
　　　 B: 그래 보여. 너희 둘은 처음부터 죽이 잘 맞았잖아.
　　④ A: 선생님께 생일 선물을 사드리는 것에 대해 어떻게 생각해?
　　　 B: 좋은 생각이야. 나도 몇 달러 보탤게.

어휘　pale 창백한 throw up 토하다 hang out with ~와 어울려 다니다 awkward 어색한 hit it off 죽이 잘 맞다 chip in ~을 보태다

MEMO

69

Shimson_lab

2024

심우철
하프
모의고사

심우철 지음

This
is
TRENDY
HALF!

커넥츠 공단기 gong.conects.com
심슨영어연구소 카페 cafe.naver.com/shimson2000

Season 1. 기본편

01	②	02	①	03	①	04	③	05	①
06	③	07	①	08	④	09	④	10	④

01

정답 ②

해설 impediment는 '장애물'이라는 뜻으로, 이와 의미가 가장 가까운 것은 ② 'obstacle(장애물)'이다.
① 보상 ③ 계기 ④ 대체물

해석 종신 재직권은 우리의 가장 중요한 목표를 실현하는 데 있어 고등 교육 기관에 주된 장애물이 되었다.

어휘 tenure 종신 재직권 institution 기관 fulfill 실현하다

02

정답 ①

해설 leave out은 '제외하다'라는 뜻으로, 이와 의미가 가장 가까운 것은 ① 'omit(제외하다)'이다.
② 공유하다 ③ 수정하다 ④ 강조하다

해석 내 동료는 내가 발표에서 개인사에 관한 부분은 제외할 것을 제안했다.

어휘 colleague 동료

03

정답 ①

해설 I wish는 이루지 못한 소망을 표현하는 말로 뒤에 가정법이 와야 한다. when I was young이라는 과거를 나타내는 표현이 있으므로 과거 상황을 반대로 가정하는 가정법 과거완료 had learned는 적절하게 쓰였다.
② (supposed → is supposed) suppose는 '가정하다'라는 뜻으로 쓰이면 to 부정사 목적어를 취하지 않는 동사이다. 여기서는 문맥상 '~하기로 되어 있다'라는 의미가 자연스러우므로 'be supposed to RV'가 쓰여야 한다. 따라서 supposed를 is supposed로 고쳐야 한다.
③ (are → is) '부분명사 + of + 전체명사'가 주어로 쓰이면 of 뒤의 전체명사에 동사를 수일치시킨다. gold는 불가산명사이므로 are를 단수 동사 is로 고쳐야 한다. 참고로 produced in the region은 gold를 수식하는 과거분사구이며, 금이 '수출되는' 것이므로 수동태 is exported로 쓰여야 한다.
④ (efficiently → efficient) '~하면 할수록 더 ~하다'라는 의미의 'the 비교급, the 비교급' 구문이 쓰였다. The more complicated는 is의 보어로 적절히 쓰였으나, 콤마 뒤의 절에서는 be의 보어로 형용사가 와야 하는데 부사 efficiently가 오고 있으므로, efficiently를 형용사 efficient로 고쳐야 한다.

해석 ① 내가 어렸을 때 독일어를 배웠으면 좋았을 텐데.
② 그녀는 그를 중앙 도서관에 데려가기로 되어 있다.
③ 그 지역에서 생산되는 금의 3분의 2는 해외로 수출된다.
④ 설계가 복잡할수록 효율성이 더 떨어질 것이다.

어휘 export 수출하다 abroad 해외로 complicated 복잡한

04

정답 ③

해설 (was used → used) '~하곤 했다'라는 뜻의 구문은 'used to RV'를 사용하므로, was used to를 used to로 고쳐야 한다. '~하는 데 익숙하다'라는 뜻인 'be used to RVing'와의 구분에 유의해야 한다. 참고로 대동사 doesn't의 does는 앞에 나온 일반동사 swim을 대신하여 썼다.
① '너무 ~해서 ~할 수 없다'라는 의미의 'too ~ to RV' 구문이 적절하게 쓰였다. 전치사 in의 목적어가 주어인 This house이므로 in 뒤에 목적어 자리가 비어 있는 것도 적절하다.
② '형용사/부사/무관사명사 + as + S + V'는 '비록 ~이지만'을 의미하는 양보 도치 부사절이다. be동사 is의 보어로 명사 Brave boy가 오면서 관사가 없는 것은 적절하다.
④ 주어 It이 '설계된' 것이므로 수동태 was designed는 적절하게 쓰였다. 또한 an architect를 선행사로 받는 소유격 관계대명사 whose 뒤에 명사 legacy와 함께 완전한 절이 온 것은 적절하며, 유산이 '기려지는' 것이므로 수동태 is celebrated의 쓰임도 적절하다.

어휘 throw a party 파티를 열다 worm 벌레 architect 건축가 legacy 유산 celebrate 기념하다, 기리다

05

정답 ①

해설 독감 예방 주사에 관해 대화하는 상황이다. B가 독감에 걸리는 것보다 그 예방 주사의 부작용이 더 무섭다고 말하자, A는 빈칸 뒤에서 자신도 부작용이 무섭긴 하다며 동조하고 있다. 따라서 빈칸에 들어갈 말로 가장 적절한 것은 ① '네 말에 일리가 있네'이다.
② 근데 그건 미신일 뿐이잖아
③ 그 주사는 권장돼
④ 그 주사를 맞았다니 다행이네

해석 A: 너 독감 주사 맞았어?
B: 아니, 그게 몇 가지 심각한 부작용을 일으킬 수 있다고 들었어.
A: 아, 하지만 그런 건 극히 드물대.
B: 난 위험을 감수하고 싶지 않아.
A: 주사를 맞지 않는 것도 위험하지 않을까?
B: 적어도 무슨 일이 일어날지는 알 거야. 나는 부작용이 독감 자체보다 훨씬 더 무서워.
A: 음, 네 말에 일리가 있네. 나도 부작용이 무섭긴 해.
B: 응, 네가 어떤 위험을 감수할지의 문제라고 생각해.

어휘 flu 독감 shot 주사 side effect 부작용 extremely 극히 myth 미신, 근거 없는 믿음

06

정답 ③

해설 1930년대 도시 재개발 계획의 본래 의도와 그 실패 요인을 서술하는 글이다. 그 계획이 가난과 연관된 경제 및 사회적 문제 등 본질적인 원인을 다루지 못한 채 표면적인 현상만 해결하려 하여 실패했다는 것이 핵심 내용이므로, 글의 주제로 가장 적절한 것은 ③ '도시 재개발 계획이 실패할 수밖에 없던 이유'이다.

① 가난에서 비롯되는 심각한 문제들 → 가난과 관련된 또는 수반되는 문제가 언급되긴 하나, 전부 도시 재개발 계획의 실패 요인을 설명하기 위한 부차적인 소재에 불과하다.

② 가난의 악순환을 끊는 방법 → 가난의 악순환을 끊어야 한다는 논조의 글도 아닐뿐더러, 글의 중심 소재인 '도시 재개발 계획'이 포함되지 않은 선지는 정답이 될 수 없다.

④ 도시 재개발 계획에서 보조금 지급의 중요성 → 보조금 지급은 도시 재개발 계획을 소개하는 과정에서 한 번 언급된 것으로, 그 중요성을 강조하는 글이 아니다.

해석 일찍이 1930년대에, 악화하고 있는 지역을 대규모 고층 공공 저소득층 주택단지로 대체하기 위해 도시 재개발 계획이 구상되었다. 빈민층을 위한 괜찮은 주택이 새로운 건축 기술과 집세 보조금으로 제공될 수 있다는 생각이었다. 이 주택단지들은 전후 시대에 계속 지어졌지만 거의 전부가 엄청난 실패였다. 주택단지 대다수가 그것들의 문제점을 통제할 수 없게 되면서 무너졌다. 무엇이 잘못되었을까? 사회학자들은 계획이 원인이 아닌 가난의 증세에 대처했다고 말한다. 가난과 관련된 경제적 및 사회적 문제들을 다루지 않은 채, 계획은 단순히 빈곤층과 그들의 약물 남용, 범죄, 나쁜 건강을 하나로 모았고 가난에 수반되는 사회적 병폐들을 강조했다.

어휘 urban 도시의 renewal 재개발 conceive (생각·계획 등을) 가지다, 품다 deteriorate 악화되다 high-rise 고층의 housing project 저소득층 주택단지 decent 괜찮은, 적절한 subsidize 보조금을 주다 rent 집세 era 시대 massive 엄청난 demolish 철거하다, 허물다 poverty 가난 address 다루다 accentuate 강조하다 accompany 동반하다 vicious cycle 악순환 be bound to ~하게 되어 있다

07

정답 ①

해설 문제 해결에 관한 한 실험을 소개하는 내용의 글이다. 똑똑하거나 그다지 똑똑하지 않은, 즉 서로 다른 지능을 갖춘 개체들이 모였을 때 똑똑한 개체들만이 모인 경우보다 문제 해결을 더 잘했다는 실험 결과로 미루어 보아, 빈칸에 들어갈 말로 가장 적절한 것은 ① '다양성'이다.

② 창의성 → 창의적인 것에 관해서는 언급된 바가 없다.

③ 공동체 → 단순히 집단을 구성하는 것 자체가 아닌, 어떻게 집단을 구성하는 것이 좋은지에 관한 내용이므로 적절하지 않다.

④ 실용성 → 다양하게 집단을 구성하는 것이 실용적이라는 논조로 읽을 순 있으나, 이는 곧 '실용성'이 아닌 '다양성'의 긍정적인 영향을 이야기하는 것이다.

해석 한 정치학자는 다양성의 긍정적인 영향을 증명할 일련의 실험들을 해왔다. 그 실험들에서, 그는 문제를 해결하도록 설정된 컴퓨터 모의 행위자들을 사용했다. 그는 열 명이나 스무 명의 행위자들로 이루어진 일련의 집단을 구성하여 각각의 행위자들에게 서로 다른 기량을 부여하고 복잡한 문제를 해결하게 했다. 개별적으로 일부 행위자들은 문제를 매우 잘 해결한 반면 다른 행위자들은 덜 유능했다. 하지만 그가 발견한 것은 몇몇 똑똑한 행위자들과 몇몇 그다지 똑똑하지 않은 행위자들로 구성된 집단이 똑똑한 행위자들로만 구성된 집단보다 거의 언제나 더 잘했다는 점이었다. 당신은 무작위로 집단을 선택하고 그 집단이 문제를 해결하게 내버려 둠으로써 똑똑한 행위자를 찾기 위해 열심히 노력하고 나서 오로지 그들만이 문제를 해결하게 두는 것만큼 잘, 혹은 더 잘할 수 있다.

어휘 demonstrate 입증하다 simulate 모의 실험하다 agent 행위자, 대리인 program 설정하다 endow 부여하다 sophisticated 복잡한 individually 개별적으로 made up of ~으로 구성된 randomly 무작위로

08

정답 ④

해설 주어진 문장은 많은 부모가 아기의 피부를 보호하기 위해 선크림을 발라준다는 내용으로, 뒤에는 선크림이 중요하긴 하나 그것만으로는 충분하지 않다는 내용의 (C)가 이어지는 것이 자연스럽다. 그다음으로 아기의 피부 보호를 위한 추가 방법을 소개하는 (B)가 온 뒤, (B)에서 언급된 noon을 this time of the day로 받아 또 다른 피부 보호 방법을 제시하는 (A)가 와야 한다. 따라서 글의 순서로 가장 적절한 것은 ④ '(C) - (B) - (A)'이다.

해석 많은 부모들이 그들의 아기들의 소중한 부드러운 피부를 보호하기 위해 아기들에게 선크림을 바르는 경향이 있다. (C) 물론, 비록 선크림이 필수적이지만, 이것들이 당신의 아기를 햇볕으로부터 안전하게 지키는 데 충분하지 않다는 것을 명심하는 것이 중요하다. (B) 추가적인 보호를 제공하기 위해, 당신은 또한 그들의 피부를 특히 한낮에는 가려야 한다. 밖이 따뜻할 때 아기에게 바지와 긴소매 셔츠를 입히는 것이 약간 이상하게 보일지도 모르지만, 후회하는 것보다 안전한 것이 더 낫다. (A) 아니면 더 낫게는, 태양 광선이 가장 강한 시간일 때이므로 하루 중 이 시간대에는 당신의 아기를 햇볕에 아예 노출시키지 말아라.

어휘 apply 바르다 ray 광선 noon 한낮 long-sleeved 긴 소매의 sorry 후회하는

09

정답 ④

해설 지식이 때로는 창의성을 제한하는 것으로 생각되나, 실제로는 창의적인 생각을 형성하는 재료와 같아 지식 없이는 창의력을 발휘하기가 어렵다는 내용의 글이다. 따라서 글의 흐름상 가장 어색한 문장은 장난감 등의 여러 도구로 아이들의 창의력을 유발할 수 있다는 내용의 ④이다.

해석 지식은 때때로 창의성을 제한하는 것으로 여겨지는데, 아마도 창의성에 중요한 것으로 사전 지식을 탈피하는 것이 강하게 강조되어 왔기 때문이다. 하지만, 아무도 사전 지식이 없는 그 어떤 영역에서도 의미 있고 창의적인 진보를 만들지 못했다는 것이 사실이다. 지식은 창의적인 성취의 핵심적인 구성 요소이다. 심지어 가장 단순한 지식조차 우리에게 창의적인 사고에 필요한 소재의 일부를 제공할 수 있다. (창의성은 퍼즐, 게임, 장난감 같은 다양한 도구들을 통해 어린아이들에게서 유발될 수 있다.) 확실히, 사고를 위한 더 많은 재료가 있을수록, 창의적인 생각들이 더 많이 형성될 수 있다.

어휘 restraint 규제, 제한 break away from ~에서 벗어나다 prior 사전의 advance 발전 domain 영역 building block 구성 요소 raw material 소재, 원료 spark 유발하다

10

정답 ④

해설 마지막 두 문장에서 Leo 10세 교황은 무덤 프로젝트를 지속하는 데 별 관심이 없었으며, 점차 그 규모가 축소되어 계속 수정되었다고 언급된다. 따라서 글의 내용과 일치하지 않는 것은 ④ 'Leo 10세 교황은 무덤에 대한 원래 계획을 완수하기를 희망했다.'이다.
① Julius 2세 교황은 Michelangelo에게 자신의 무덤을 설계해 달라고 요청했다. → 2번째 문장에서 언급된 내용이다.
② 무덤의 초기 설계는 규모 면에서 야심 찼다. → 3번째 문장에서 언급된 내용이다.
③ 무덤 프로젝트는 Julius 2세 교황 사후에 재개되었다. → 5번째 문장에서 언급된 내용이다.

해석 교황 Julius 2세의 무덤을 만드는 프로젝트는 원래 1505년에 Michelangelo에게 주어졌었지만, 무덤은 1545년까지 완성되지 못했다. 그것은 교황의 요청에 따라 Michelangelo가 직접 설계했다. 그 설계는 40개 정도의 동상들을 필요로 했으며, 무덤은 거대한 구조물이 될 예정이었다. 무덤의 초기 작업이 시작되고 일 년이 채 지나지 않았을 때, 그것은 자금 부족의 이유로 중단되었다. 1513년 교황 Julius 2세가 죽었을 때, 그는 그의 무덤의 완공을 위한 돈을 남겼고, 그래서 Michelangelo는 다시 작업을 시작했다. 수년간의 조각 작업 후, 그는 무덤에서 제일 유명한 조각상 중 하나인 'Moses'를 완성했다. 그러나 후임 교황이었던 Leo 10세는 그 프로젝트를 계속하는 것에 관심이 거의 없었다. 시간이 지나면서, 그것의 규모는 축소되었고, 무덤을 짓기 위한 프로젝트는 계속해서 수정되었다.

어휘 tomb 무덤 pope 교황 complete 완성시키다 call for 필요로 하다, 요구하다 statue 조각상 carve 조각하다 revise 변경[수정]하다 ambitious 야심 찬, 어마어마한 resume 재개하다 follow through with ~을 다 끝내다

01	③	02	④	03	④	04	④	05	②
06	②	07	④	08	④	09	②	10	④

01

정답 ③

해설 feasible은 '실현 가능한'이라는 뜻으로, 이와 의미가 가장 가까운 것은 ③ 'achievable(달성 가능한)'이다.
① 도덕적인 ② 관습적인 ④ 힘든

해석 발굴에서 나온 발견물들을 공개 전시하는 것은 일반적으로 실현 가능하지 않다.

어휘 find 발견물 excavation 발굴(지) display 전시

02

정답 ④

해설 since 이하의 직접 요리할 시간도 재료도 없었다는 내용으로 보아 배달 음식을 시킬 수밖에 없는 상황이었음을 알 수 있다. 따라서 빈칸에 들어갈 말로 가장 적절한 것은 ④ 'resort to(~에 의지하다)'이다.
① ~을 다 써버리다 ② ~을 포기하다 ③ ~을 제쳐놓다

해석 나는 직접 요리할 시간도 재료도 없어서 배달 음식 주문에 의지해야 했다.

어휘 ingredient 재료

03

정답 ④

해설 (realizing → realized) 분사구문의 주어가 주절의 주어와 다른 독립분사구문이다. 타동사 realize 뒤에 목적어가 없으며, 의미상 잠재력이 '실현하는' 것이 아닌 '실현되는' 것이므로 능동의 현재분사 realizing을 수동의 과거분사 realized로 고쳐야 한다.
① 대명사 those는 문맥상 앞에 나온 복수 명사 occasions를 지칭하므로 수에 맞게 쓰였다.
② which는 a passionate cause를 선행사로 받고 있으며, '전치사 + 관계대명사' 형태인 in which 뒤에 완전한 절이 온 것은 적절하다. 참고로 여기서 believed는 자동사로 사용되었다.
③ 'remember to RV'는 '~할 것을 기억하다'라는 의미이고, 'remember RVing'는 '~한 것을 기억하다'라는 의미이다. 여기서는 문맥상 '느낀 것을 기억하는' 것이기 때문에 동명사가 쓰여야 한다. 참고로 완료동명사가 쓰인 것은 과거에 느꼈던 사실을 강조하기 위함으로, 단순동명사로 써도 틀린 것은 아니다.

해석 우리 삶에서 우리가 가장 살아 있다고 느꼈던 경우들은 우리의 열정이 정점에 달했을 때였다. 그것들은 열정적인 연애 관계나 우리가 믿은 열정적인 대의와 같은 소중한 순간들을 포함한다. 잘 생각해 보면, 이런 것들은 우리가 목적의식으로 가장 가득 차 있음을 느낀 것으로 기억할, 그리고 우리 자신의 뛰어남의 가장자리를 스친 때이다. 우리의 잠재력이 실현되어, 우리는 진정 삶의 본질로 가득 차 있음을 느꼈다.

어휘 occasion 때, 경우 peak 정점 passionate 열정적인 involvement 관계 cause 대의명분 reflection 숙고 charged 차 있는, 격양된 brush against ~에 스치다 potential 잠재력 realize 실현하다 essence 본질, 정수

04

정답 ④

해설 (he practiced much → much he practiced) '아무리 ~해도'라는 뜻의 복합관계부사 however가 쓰이는 절은 'however + 형용사/부사 + S + V'의 어순을 취한다. 따라서 동사 practiced를 수식하는 부사 much가 However 바로 뒤에 있도록 고쳐야 한다.
① 사람 명사인 Anyone을 선행사로 받는 주격 관계대명사 who가 적절하게 쓰였다. 또한 laugh at은 '~을 비웃다'라는 뜻의 '자동사 + 전치사'인데, '비웃음을 살' 것이라는 주어진 우리말에 맞게 수동태 be laughed at으로 적절히 쓰였다. 참고로 laugh at이 수동태로 쓰일 때도 전치사 at은 생략되지 않는 것에 유의해야 한다.
② '마치 ~인 것처럼'이라는 뜻의 as if 가정법 과거 구문이 적절하게 쓰였다.
③ keep이 5형식 동사로 쓰여 목적격 보어로 분사형 형용사를 취하고 있는데, 목적어인 you가 '정보를 받는' 것이므로 수동의 과거분사 informed가 쓰인 것은 적절하다. 또한 inform은 'inform A of B' 구문을 취하는데, 이를 수동태로 바꾸면 'A be informed of B'가 된다. 따라서 informed 뒤 전치사 of의 쓰임도 적절하다.

어휘 development 진전 (사항), 국면 piece (작품) 한 점

05

정답 ②

해설 B가 레스토랑에서 식사하던 중 샐러드에서 머리카락을 발견하여 항의하고 있다. B가 새 샐러드를 가져오지 않아도 된다고 하며 빈칸 내용을 언급하자, A는 한 번 더 사과하면서 B가 레스토랑에 더 머무르기를 청하고 있다. 따라서 B가 빈칸에서 레스토랑에 더 머물지 않겠다는 취지의 말을 한 것을 추측할 수 있으므로, 빈칸에 들어갈 말로 가장 적절한 것은 ② '더는 여기서 먹고 싶지 않네요.'이다.
① 그렇다면, 다른 샐러드를 먹어봐도 될까요?
③ 그냥 코스 나머지를 먹을게요.
④ 메뉴판을 다시 주시겠어요?

해석 A: 무슨 문제가 있나요, 고객님?
B: 이것 좀 보세요. 내 샐러드에 머리카락이 있잖아요.
A: 이런, 사과드립니다. 고객님을 위해 제가 신선한 새 샐러드를 가져오겠습니다.
B: 그럴 필요 없어요. 더는 여기서 먹고 싶지 않네요.
A: 기분 상하셨다니 정말로 죄송합니다만, 머무는 것을 고려해 주시겠어요, 고객님? 제가 고급 와인 한 병을 무료로 가져다드리겠습니다.
B: 흠. 알겠어요, 하지만 다시는 이런 일이 일어나지 않도록 확실히 해 주세요.

어휘 apology 사과 offend 기분 상하게 하다 on the house 무료로 course 코스 (요리) hand 건네주다

06

정답 ②

해설 블로그에 올리는 정보는 반드시 정확하지 않아도 된다는 점과 블로거의 개인적 의견과 편향적인 시각이 블로그에 반영된다는 점을 토대로 블로그가 믿을 만한 정보의 원천이 될 수 있는지에 대한 의문을 제기하는 내용의 글이다. 따라서 글의 제목으로 가장 적절한 것은 ② '블로그는 정보의 원천으로서 믿을 만한가?'이다.
① 블로그: 전 세계적인 새로운 플랫폼 → 블로그가 새로운 플랫폼으로 등장했다는 내용은 언급되지 않았다.
③ 블로그 포스팅: 자유로운 의견 표현의 방법 → 블로그의 특징으로 자유로운 의견 제시가 언급되긴 하나, 이는 글의 주제인 블로그의 비신뢰성을 위한 근거에 불과하다.
④ 블로그는 믿을 만한 정보의 원천을 어떻게 얻을까? → 오히려 신뢰할 수 없는 정보 출처일지도 모른다는 내용이므로 적절하지 않다.

해석 오늘날 모든 다양한 정보원이 온라인으로 이용 가능하기 때문에, 많은 사람들은 뉴스와 정보의 주된 출처로 블로그를 선호한다. 최근 몇 년 동안, 블로그는 최신의 뉴스로 명성을 얻어 왔다. 이것은 주로 블로그가 그것이 담고 있는 내용의 정확성에 대해 검열되지 않기 때문이다. 그러나 이 장점은 사실이 때때로 왜곡될 수 있다는 점에서 블로그에 또한 불리하게 작용할 수 있다. 어떠한 유형의 규제도 마련되지 않은 채, 블로그 포스팅은 때때로 작성자의 의견을 더 많이 반영하는 경향이 있다. 규제되지 않은 블로그 플랫폼은 작성자의 개인적인 의견이나 관점에 크게 치우친 정보나 뉴스를 쉽게 제시할 수 있다. 지나친 주관성은 전달되는 정보를 쉽게 왜곡할 수 있으며, 이는 블로그를 신뢰할 수 있는 정보 출처로 볼 수 있는지에 대한 의문으로 이어질 수 있다.

어휘 favor 선호하다 primary 주된 reputation 명성 late-breaking 최신의 censor 검열하다 accuracy 정확성 work against ~에 불리하게 작용하다 distort 왜곡시키다 in place 마련되어 있는 lean towards ~쪽으로 기울다 perspective 관점 subjectivity 주관성 reliable 믿을 만한 trustworthy 신뢰할 만한

07

정답 ④

해설 동물의 경우에는 동물이 보내는 신호와 전달하고자 하는 메시지 사이에 분명한 관계가 있지만, 인간의 언어에는 신호와 메시지 사이에 아무런 논리적 관계가 없는 것처럼 보인다는 내용의 글이다. '물'이라는 동일한 대상을 두고 문화마다 다른 말로 부르는 것처럼, 인간이 사용하는 상징, 즉 신호는 일관적이지 않다는 것을 알 수 있다. 따라서 빈칸에 들어갈 말로 가장 적절한 것은 ④ '일관적이지 않은'이다.
① 비슷한 → 문화마다 사용하는 상징이 각기 다르다는 글의 내용과 반대되므로 적절하지 않다.
② 객관적인 → 인간 상징의 객관성을 따지는 내용이 아닐뿐더러, 같은 메시지도 각기 다른 상징으로 전달한다는 내용으로 보아 오히려 객관적이지 않다고 할 수 있으므로 적절하지 않다.
③ 편리한

해석 동물의 경우 신호와 동물이 전달하고 싶은 메시지 사이에는 분명한 연관성이 있는 것으로 보인다. 예를 들어, 상대방에게 경고하고 싶은 동물은 공격적인 태도를 흉내 낼 것이다. 고양이는 등을 동그랗게 구부리고 성난 소리를 내며 덤빌 준비가 된 것처럼 보일 것이다. 대조적으로, 인간의 언어를 분석하면 의성어나 의성표현의 경우를 제외하고는 신호와 메시지 사이에 논리적 관계가 없는 것처럼 보인다는 것을 알 수 있다. 따라서 인간이 사용하는 상징은 일관적이지 않다고 말할 수 있다. 'water'라는 단어의 예를 들어 보자. 'water'라는 단어와 그것이 상징하는 것 사이에는 아무런 관계가 없다. 만약 어떤 관계가 있었다면, 왜 같은 것을 힌디어로는 'pani'라고 부르고 아랍어로는 'mooya'라고 부르겠는가?

어휘 convey 전달하다 opponent 상대방 simulate 흉내 내다, 가장하다 arch 동그랗게 구부리다 spit (동물이 짧게 성난 소리를) 내다 pounce 덤비다 contrastingly 대조적으로 logical 논리적인 symbol 상징 symbolize 상징화하다

08

정답 ④

해설 주어진 문장은 However로 시작하여, 그러나 그러한 전환이 필요한 경우에는 그에 대한 이유를 선수들에게 설명하는 것이 현명하다고 말하고 있다. 그러므로 주어진 문장 이전에는 '그러한 전환', 즉 such a transition이 가리키는 대상이 나와야 하며 이후에는 주어진 문장에 관한 부연이 이어지는 것이 자연스럽다. ④ 앞에서 코치가 연습 일정을 갑작스럽게 변경하지 말아야 한다고 권고하고 있기 때문에 주어진 문장의 However로 이 내용을 반전시켜, 그러나 필요한 경우에는 그 이유를 설명해야 한다고 말하는 흐름은 자연스러우며, 이때 such a transition이 ④ 앞의 a sudden transition을 가리키는 것을 알 수 있다. 또한 ④ 뒤에서 주어진 문장을 부연하는 예시를 소개하므로, 주어진 문장이 들어갈 위치로 가장 적절한 곳은 ④이다.

해석 코치가 그의 마음을 바꾼 듯이 갑자기 한 활동에서 다른 활동으로 전환하면 부정적인 무언가가 발생한다. 예를 들어, 체조 코치가 그의 선수들에게 화요일이 평균대 및 평행봉 연습 날이라고 말하고서는, 그의 선수들이 평균대 및 평행봉을 연습할 준비를 하고 화요일에 도착하면 그들이 마루와 도마를 연습할 것이라고 말한다. 이러한 전환은 연습 활동의 흐름을 방해할 뿐만 아니라 코치가 무엇을 해야 할지 확신치 못하고 있다는 것을 선수들에게 전달한다. 그러므로 코치들은 훈련생들을 위해 갑작스러운 전환을 하는 것을 피하는 것이 중요하다. <u>하지만 이러한 전환이 필요하다면, 선수들에게 전환이 발생하는 이유를 설명하는 것이 현명하다.</u> 예를 들어, 그 체조 코치는 간단한 회의를 위해 그의 선수들을 모으고, "오늘 평균대와 평행봉을 연습할 거라고 어제 말했던 것을 나도 알지만, 오늘 우리가 평행봉을 사용할 수 없으므로 마루 루틴을 연습할 거다."라고 말할 수 있다.

어휘 transition 전환 athlete 운동선수 occur 일어나다, 발생하다 gymnastics 체조 beam 평균대 vault 도마 convey 전달하다 trainee 훈련생 gather 모으다 brief 간단한

09

정답 ②

해설 교육 기술이 새로 도입된 경우에 그 효과가 나타나는 데 시간이 걸린다는 내용의 글이다. (A) 앞은 새로운 기술이 도입되면 상당한 효과가 즉각적으로 나타날 것이라는 믿음에 관한 내용이고, (A) 뒤는 교육 기술의 경우에 그 영향이 보통 늦게 나타난다는 내용으로, 앞 내용과 상반됨을 알 수 있다. 따라서 (A)에 들어갈 연결사로 가장 적절한 것은 However이다. 또한 (B) 앞은 많은 기술이 상당한 지원 자원이 존재하는 경우에만 효과적으로 통합된다는 내용이며, (B) 뒤는 그에 대한 예시로 맞춤형 학습에 필요한 자원들을 언급하고 있으므로, (B)에 들어갈 연결사로 적절한 것은 For example이다.

해석 새로운 기술이 도입되면 그것의 효과가 즉각적이고 상당할 것이라고 믿는 것은 솔깃한 일이다. 하지만 교육 기술에 있어서, 그것이 교육 및 학습에 미치는 영향은 일반적으로 지연된다. 그 이유는 교사와 학생이 새로운 기술을 효과적으로 활용하는 방법을 배우는, 즉 새로운 기술을 일상적인 교육 및 학습 활동의 필수적인 부분으로 만드는 데 필요한 시간을 포함한다. 또한 많은 기술은 상당한 지원 자원들이 있을 때만 효과적으로 통합된다. 예를 들어, 개인 맞춤형 학습 기술이 유용하기 위해서는 다양한 학습 대상과 도구 및 많은 학생이 사용하는 플랫폼이 필요하다.

어휘 tempting 솔깃한 immediate 즉각적인 significant 상당한 delay 지연시키다 integral 필수적인 integrate 통합하다 substantial 상당한 personalized 개인 맞춤형의

10

정답 ④

해설 마지막 3번째 문장에서 곤충 개체 수를 억제한 것은 몽구스가 잡아먹은 대상인 토종 동물들이라는 것을 알 수 있다. 또한 마지막 두 문장에서 이 토종 동물들이 사라짐으로 인해 오히려 곤충 개체 수가 늘어나 사탕수수밭에 큰 피해가 갔다는 것을 알 수 있으므로, 글의 내용과 일치하지 않는 것은 ④ '몽구스는 곤충 개체 수를 억제하여 사탕수수밭 피해를 줄였다.'이다.

① 사탕수수 재배에 있어 쥐는 큰 골칫거리였다. → 첫 문장에서 언급된 내용이다.
② 앤틸리스 제도는 몽구스를 죽이는 것을 금지했다. → 3번째 문장에서 언급된 내용이다.
③ 몽구스는 쥐뿐만 아니라 다른 토종 동물들도 잡아먹었다. → 6번째 문장에서 언급된 내용이다.

해석 사탕수수는 1870년대 앤틸리스 제도의 주요 작물이었으나, 쥐가 사탕수수에 둥지를 틀면서 막대한 피해를 일으켰다. 동인도의 포유류인 몽구스는 뛰어난 쥐 사냥꾼으로 알려져 있었다. 1872년에 앤틸리스 제도에 몇 마리가 수입되었고, 그것들을 죽이는 것을 금지하기 위한 법이 제정되었다. 10년 후에 그것들은 많이 증식하여 쥐 개체 수를 크게 줄였다. 그 결과, 사탕수수밭의 피해도 크게 줄었다. 그러나 몽구스는 토종 새, 뱀, 도마뱀, 거북이를 먹잇감으로 삼는 법을 배웠다. 그런데 이 지역 곤충 개체 수를 억제하는 것이 바로 이 동물들이었다. 하지만 이 동물들이 사라지면서 곤충 개체 수가 증가하기 시작했다. 그 곤충들을 억제할 자연 포식자가 없는 상황에서, 그것들은 사탕수수밭에 점점 더 많은 피해를 주기 시작했다.

어휘 nest 둥지를 틀다 mammal 포유류 forbid 금지하다 multiply 증식하다 population 개체 수 consequently 결과적으로 keep sth in check ~을 억제하다

01	①	02	②	03	①	04	②	05	③
06	③	07	①	08	①	09	④	10	④

01

정답 ①

해설 advocate는 '지지하다'라는 뜻으로, 이와 의미가 가장 가까운 것은 ① 'uphold(지지하다)'이다.

② 의심하다 ③ 반대하다 ④ 이해하다

해석 나는 경제 활동과 발전 가능한 농업이 고지대를 보존할 가장 좋은 방법이라는 관점을 전적으로 지지한다.

어휘 viable 발전 가능한 conserve 보존하다 upland 고지대

02

정답 ②

해설 fed up with는 '~에 진저리가 난'이라는 뜻으로, 이와 의미가 가장 가까운 것은 ② 'tired of(~에 싫증 난)'이다.

① ~에 서툰 ③ ~에 의해 고립된 ④ ~와 관련 있는

해석 그녀는 점점 더 그녀 주위에서 일어나고 있는 모든 일에 진저리가 났고, 자신을 위해 잠시 휴식을 취할 필요가 있었다.

어휘 take time off 휴식을 취하다

03

정답 ①

해설 '~배만큼 ~한[하게]'이란 의미를 갖는 배수사 비교 구문은 '배수사 + as + 형용사·부사 + as'로 쓰므로, twice as much as는 적절하게 쓰였다. 참고로 대동사 did는 앞에 나온 일반동사 cost를 대신하여 쓰였다.

② (took → (should) take) recommend와 같은 주장·요구·명령·제안·충고·결정의 동사가 당위의 의미를 지니는 that절을 목적어로 취할 때, that절 내의 동사는 '(should) + RV'로 표현한다. 따라서 took을 (should) take로 고쳐야 한다.

③ (whom → who) 선행사인 the man을 수식하는 관계사절에 I believe가 삽입절로 들어간 구조이다. 관계대명사가 is의 주어 역할을 해야 하므로, 목적격 관계대명사 whom을 주격 관계대명사 who로 고쳐야 한다.

④ (lived → living) 부사절 접속사 while 뒤에 주어가 생략된 것으로 보아 분사구문으로 사용되었음을 알 수 있다. 분사구문의 의미상 주어가 주절의 주어인 She이고, 그녀가 해외에서 '사는' 것이므로 수동의 과거분사 lived를 능동의 현재분사 living으로 고쳐야 한다.

해석 ① 버스 요금이 작년보다 두 배 비싸다.

② 그녀의 주치의는 그녀에게 수영 강습을 받으라고 권했다.

③ 나는 내가 생각하기에 당신의 지인인 그 남자를 만나고 싶다.

④ 그녀는 수년간 해외에 살면서 언어 능력을 향상했다.

어휘 fare 요금 acquaintance 지인 abroad 해외에

04

정답 ②

해설 (see → be seen) 5형식 동사로 쓰인 make는 to 부정사를 목적어로 취할 때 'make + 가목적어 it + 목적격 보어 + to RV'의 구조를 취한다. 그런데 여기서 to 부정사의 의미상 주어인 they가 '눈에 띄기' 어렵게 하는 것이므로, to 부정사는 수동형이 되어야 한다. 따라서 to see를 to be seen으로 고쳐야 한다. 참고로 주어와 목적어가 동일한 대상이므로 재귀대명사 themselves의 쓰임은 적절하다.

① 'must have p.p.'는 과거 일에 대한 강한 추측을 나타내는 '~했음이 틀림없다'라는 의미로, 주어진 우리말에 맞게 쓰였다. '~해야 했는데 (안 했다)'라는 의미인 'should have p.p.'와의 구분에 유의해야 한다.

③ a few는 '조금 있는'이란 뜻으로 긍정의 의미를 갖는 반면, few는 '거의 없는'이란 뜻으로 부정의 의미를 갖는다. 따라서 few는 우리말에 맞게 적절히 쓰였다. 또한 few 뒤에는 복수 명사가 와야 하는데, 여기서 statistics가 '통계 자료'라는 의미로 쓰였으므로 복수 취급되며, 그에 따라 복수 동사 are가 쓰인 것도 적절하다.

④ 주어인 The result가 '알려지는' 것이므로 수동태 will be known은 적절히 쓰였으며, before가 이끄는 시간 부사절에서는 현재시제가 미래시제를 대신하므로 begins의 쓰임도 적절하다.

어휘 hide 숨기다 reliable 믿을 만한 conference 회의, 학회

05

정답 ③

해설 B가 가스를 잠갔는지 기억이 안 나 걱정하는 상황이다. 이에 A가 빈칸 내용을 언급하자 B는 그게 좋겠다고 말하며 주말을 걱정하면서 보내고 싶지 않다고 하고 있다. 따라서 A가 빈칸에서 가스 잠금을 확인해 보자는 취지의 내용을 언급했음을 알 수 있으므로, 빈칸에 들어갈 말로 가장 적절한 것은 ③ '우리 집으로 돌아가서 확인해 볼까?'이다.

① 당신은 보통 그걸 잠근 채로 둬?

② 그 생각이 계속 날 신경 쓰이게 해.

④ 나도 당신이 그걸 잠근 기억이 없어.

해석 A: 무슨 일이야? 당신 걱정스러워 보여.

B: 내가 가스를 잠갔는지 안 잠갔는지 기억이 안 나.

A: 어차피 그게 열려 있다고 해도 그렇게 큰일은 아닐 거야, 그렇지?

B: 글쎄, 우리는 주말 내내 떠나 있잖아. 그리고 무슨 일이 일어날지 누가 알겠어?

A: 우리 집으로 돌아가서 확인해 볼까?

B: 그래, 그게 좋겠어. 난 주말을 걱정하면서 보내고 싶지 않아.

어휘 turn off 끄다, 잠그다 big deal 큰일 bother 신경 쓰이게 하다, 괴롭히다

06

정답 ③

해설 조건을 가하여 상황을 통제했을 때 그러지 않았을 때보다 더 효율적인 결과를 얻을 수 있다는 것을 쌀과 차량을 이용한 실험을 통해 설명하는 글이다. 따라서 글의 요지로 가장 적절한 것은 ③ '적당한 통제는 효율성을 높인다.'이다.
① 인간의 본성은 속도를 추구한다.
② 자유는 편리함을 가져온다. → 이 글의 중심 소재는 '자유'가 아닌 '통제'다.
④ 측정 방법에 따라 결과가 달라질 수 있다. → 제약이 없는 상황과 제약을 가한 상황을 동일한 방법으로 측정한 것이므로, 실험 결과는 측정 방법이 아닌 제약의 유무에 따라 달라진 것이다.

해석 쌀 1리터를 가지고 깔때기를 통해 빈 비커 안으로 한꺼번에 부어라. 그것이 얼마나 걸리는지 살펴보라. 다음으로, 같은 쌀을 꺼내서 한꺼번이 아닌 부드러운 조절된 흐름으로 붓고, 그 과정이 얼마나 걸리는지 측정하라. 어느 쪽의 쌀 1리터가 더 빨리 통과하는가? 두 번째 방법이 시간이 거의 3분의 1 덜 걸린다. 더 느린 것처럼 보이는 것이 실제로는 더 빠르다. 마찬가지로, 교통 체증이 있는 터널에서 실시된 연구는 차량이 아무런 제한 없이 평소대로 터널에 진입하도록 허용했을 때, 2차선 터널은 시간당 1,176대의 차량을 처리할 수 있음을 보여주었다. 하지만 실험에서, 터널 당국은 2분마다 터널에 진입할 수 있는 차량 수를 44대로 제한했다. 결과는? 그 터널은 이제 시간당 1,320대의 차량을 처리했다.

어휘 pour 붓다 all at once 한꺼번에 funnel 깔때기 note 주목하다, 살펴보다 smooth 부드러운 measure 측정하다 get through 통과하다 conduct 수행하다 jammed 교통 체증이 있는 restriction 제한, 규제 handle 다루다, 처리하다 authorities 당국 modest 적당한 vary 차이를 주다

07

정답 ①

해설 시간을 항상 철저하게 지키는 사람이 어쩌다 한 번 시간을 지키지 않는 경우에 그의 가족이 불안해하는 것처럼, 안정이 오래 지속되면 경제에 오히려 좋지 않다는 내용의 글이다. 이렇듯 장기간 안정적이기만 한 상황을 위험한 것으로 보고 있으므로, 기복이 없을 때 숨겨진 위험이 늘어날 것으로 추측할 수 있다. 따라서 빈칸에 들어갈 말로 가장 적절한 것은 ① '부재'이다.
② 가능성 → 안정적이기만 하지 않은 것, 즉 기복이 있는 것이 유익하다는 글의 내용과 반대되므로 적절하지 않다.
③ 불규칙성 → 불규칙성은 기복의 성질일 뿐이며, 이 성질이 없을 때 오히려 숨은 위험이 늘어난다는 내용이므로 적절하지 않다.
④ 기대

해석 사실, 사람들을 조금 혼란스럽게 하는 것은 유익한데, 그것은 당신에게도 좋고 그들에게도 좋다. 예를 들어, 15년 동안 매일 정확히 6시에 집에 오는 극도로 시간을 잘 지키는 사람을 상상해 보라. 당신은 시계를 맞추기 위해 그의 도착을 이용할 수 있다. 그 사람은 단 몇 분만 늦더라도 그의 가족을 걱정스럽게 만들 것이다. 가령 30분 편차로 약간 더 예측할 수 없는 일정을 가진 사람은 그러지 않을 것이다. 비슷한 이유로, 장기간의 안정은 경제에 좋지 않다. 기업들은 실패 없이 꾸준한 성공을 거두는 오랜 시간 동안 사실상 매우 약해지고, 숨겨진 취약점이 표면 아래에서 조용히 늘어나므로 위기를 지연시키는 것은 별로 좋은 생각이 아니다. 마찬가지로, 시장에서 '기복'의 부재는 숨겨진 위험이 조용히 늘어나게 한다. 시장 충격 없이 더 오래갈수록, 진짜 위기가 발생했을 때 피해는 더 심하다.

어휘 beneficial 이로운 punctual 시간을 잘 지키는 unpredictable 예측할 수 없는 variation 편차, 차이 prolonged 장기적인 stability 안정성 steady 꾸준한 vulnerability 취약점 accumulate 쌓이다 occur 발생하다

08

정답 ①

해설 주어진 글은 대부분의 일상적인 선택들이 의식적으로 인지되지 않은 채 유지되는 습관들에 기초한다는 내용으로, 이 습관들을 these habits로 받아 이를 형성하고 유지하는 데 사회적 규범이 큰 역할을 한다는 내용의 (B)가 이어져야 한다. 그다음으로, 규범에 대한 인식이 바뀌면 습관도 바뀐다는 (B)의 마지막 문장 뒤에는, 습관 변화의 한 예시로 안전벨트를 매는 경향이 확연히 바뀐 미국의 사례를 소개하며 부연하는 (A)가 와야 한다. 마지막으로, 이 변화를 this complete reversal of habit으로 지칭하면서 그에 대한 이유를 사회적 규범 측면에서 설명하는 (C)가 오는 것이 자연스럽다. 따라서 글의 순서로 가장 적절한 것은 ① '(B) - (A) - (C)'이다.

해석 인간은 습관의 동물이다. 대부분의 일상적인 결정은 의식적으로 알아차려지지 않고 지속되는 습관에 기반을 둔다. (B) 이러한 습관을 형성하고 유지하는 데 있어 사회적 규범이 강력한 역할을 한다. 우리의 사회적 환경을 지배하는 규범에 대한 인식이 바뀔 때, 이러한 인식에 기반을 둔 습관도 바뀐다. (A) 예를 들어, 1984년에는, 86%의 미국인들이 규칙적으로 안전벨트를 매지 않았다. 2010년에는, 85%의 미국인들이 규칙적으로 안전벨트를 맸다. (C) 이러한 습관의 완전한 전환의 이유는 개인 교통안전에 관한 사회의 규범이 바뀌었기 때문이다. 이러한 변화는 일부 주들의 더 엄격한 법 집행과 안전 캠페인의 지원을 받았다.

어휘 sustain 지속하다 consciously 의식적으로 buckle up 벨트를 채우다 on a regular basis 정기적으로 norm 규범 perception 인식, 이해 govern 지배하다 reversal 전환 societal 사회의 aid 원조하다, 도움을 주다 enforcement 집행 legislation 입법

09

정답 ④

해설 이 글은 종이에 쓰인 텍스트를 읽는 것의 장점을 설명하면서 동시에 디지털 화면에서 텍스트를 읽는 것의 단점을 지적하고 있다. 따라서 글의 흐름상 가장 어색한 문장은 정보와 재미를 위해 디지털 텍스트를 읽는 것이 흔해져 사람들이 디지털 기기를 선호한다는 내용의 ④이다.

해석 점점 더 사용자 친화적이고 인기 있는 모든 기술에도 불구하고, 1990년대 초부터 발표된 대부분의 연구들은 이전의 결론, 즉 종이가 읽기 매체로서 여전히 화면에 비해 장점을 가지고 있다는 점을 분명히 해 준다. 일제히, 연구실 실험, 여론 조사, 소비자 보고서는 디지털 기기가 독해를 억제하면서 사람들이 긴 텍스트를 효율적으로 처리하는 것을 방해한다고 시사한다. 종이에 비해, 화면은 또한 우리가 읽는 동안에 우리의 정신력을 더 많이 소모시키고 다 읽었을 때 우리가 읽은 것을 기억해 내는 걸 조금 더 어렵게 만들 수 있다. 사람들은 깨닫든지 깨닫지 못하든지 간에, 흔히 종이를 대하는 마음가짐보다 학습에 덜 도움이 되는 마음가짐으로 컴퓨터와 태블릿 PC에 접근한다. (사실과 재미를 위해 디지털 텍스트를 읽는 것이 점점 더 보편화되면서 사람들은 이제 디지털 기기를 선호한다.) 또한 전자책 단말기는 종이로 읽는 것의 특정한 촉각적 경험을 재현하는 데 실패하는데, 그것의 결여는 일부 사람들을 불안하게 한다.

어휘 publish 발표하다 confirm 확실히 하다 medium 매체, 도구 navigate 처리하다 inhibit 억제하다 drain 소모시키다 e-reader 전자책 단말기 tactile 촉각의 absence 부재 unsettling 불안하게 하는

10

정답 ④

해설 마지막 문장에서 식물을 옮겨 심을 때 절대 뿌리가 마르게 해서는 안 된다고 경고하며 가능한 한 기존 흙을 뿌리에 많이 남겨 두라고 언급하고 있으므로, 글의 내용과 일치하는 것은 ④ '옮겨심기 중에는 수분 공급을 위해 뿌리가 흙으로 덮여야 한다.'이다.

① 식물을 옮기는 데 성공하는 것은 봄철에 한정된다. → 첫 문장에서 신중히만 한다면 식물을 옮겨 심는 것은 일 년 중 언제든 가능하다고 언급되므로 옳지 않다.

② 외래 식물이 옮겨질 때 생존 가능성이 더 크다. → 2번째 문장에서 외래 식물보다 토종 식물의 성공 가능성이 더 크다고 언급되므로 옳지 않다.

③ 야생 숲의 나무들이 옮겨심기에 더 적합한 뿌리들을 가지고 있다. → 3번째 문장에서 잘 관리된 정원의 나무들이 숲에서 자란 나무들보다 옮겨심기에 더 적합한 뿌리 갈래를 가지고 있다고 언급되므로 옳지 않다.

해석 비록 신중을 기하면 일 년 내내 가능할지라도 꽃봉오리가 열리기 전 봄은 대체로 식물을 한 자리에서 다른 자리로 옮기는 기술인 옮겨심기에 가장 좋은 시기이다. 식목이 행해지는 지역에 토종인 나무들은 외래종보다 보통 성공 가능성이 더 크고, 일반적으로 비용이 덜 든다. 잘 관리된 정원의 나무들은 그들의 뿌리 갈래가 옮겨심기를 위해 더 잘 준비됐기 때문에 숲에서 자란 나무들보다 더 좋다. 옮겨심기는 아무리 잘해도 강제적인 작업이라 뿌리의 손상은 그 크기가 작더라도 거의 피할 수 없다. 옮겨심기 기간에는 절대로 뿌리가 마르지 않게 하고, 가능한 한 많이 원래의 흙을 뿌리에 남겨 두라.

어휘 bud 싹, 꽃봉오리 as a rule 대체로 transplanting (식물) 옮겨심기 all the year round 한해 내내 native 토종의 promise 가능성 exotic 외래종 preferable 더 좋은 forcible 강제적인 operation 작업 unavoidable 피할 수 없는 relocate 새 장소에 두다, 옮기다

01	④	02	④	03	④	04	②	05	④
06	④	07	③	08	④	09	③	10	③

01

정답 ④

해설 사고가 일어났다는 것으로 보아, 빈칸 뒤의 the safety regulations(안전 규정)를 지키지 않았을 것을 추측할 수 있다. 따라서 빈칸에 들어갈 말로 가장 적절한 것은 ④ 'violation(위반)'이다.

① 준수 ② 시행 ③ 폭로

해석 그 사고는 안전 규정 위반 때문에 발생했다.

어휘 regulation 규정

02

정답 ④

해설 go over는 '검토하다'라는 뜻으로, 이와 의미가 가장 가까운 것은 ④ 'examine(검토하다)'이다.

① 수정하다 ② 제안하다 ③ 다양화하다

해석 그 금융 분석가는 성과, 위험 허용 범위, 잠재적 조정에 대해 논의하면서 투자 포트폴리오를 검토하기 위해 고객과의 회의 일정을 잡았다.

어휘 financial 금융의 analyst 분석가 tolerance 허용 범위 adjustment 조정

03

정답 ④

해설 since가 이끄는 부사절에 과거시제가 사용되면서 주절에 현재완료시제 hasn't walked가 적절하게 쓰였다.

① (animals → that of animals) 문맥상 비교급 less than의 비교 대상은 '식물의 다양성'과 '동물의 다양성'이므로, than 이하의 animals를 The diversity of plants의 급에 맞추어 that of animals로 고쳐야 한다. 참고로 much는 비교급 강조 부사로 적절히 쓰였다.

② (attends → attend) 'B뿐만 아니라 A도'라는 의미의 상관접속사 'A as well as B'가 주어로 나오면 동사의 수는 A에 맞춰야 한다. 따라서 The students에 수일치하여 attends를 attend로 고쳐야 한다.

③ (convinced → was convinced) convince는 '확신시키다'라는 의미로 'convince + O + that절'의 구조를 취할 수 있는데, 이를 수동태로 바꾸면 '~을 확신하다'라는 의미인 'S + be convinced + that절'의 구조가 된다. 여기서는 주어인 I가 '확신한' 것이므로, convinced를 was convinced로 고쳐야 한다.

해석 ① 식물의 다양성은 동물의 다양성보다 훨씬 덜하다.

② 선생님뿐만 아니라 학생들도 회의에 참석한다.

③ 나는 그와 대화를 나눈 후 그가 옳다고 확신했다.

④ 그는 그 사고를 당한 이후 목발 없이는 걷지 못한다.

어휘 diversity 다양성 crutch 목발

04

정답 ②

해설 (did he enter → had he entered) 'Hardly + had + S + p.p. ~ when + S + 과거동사'는 '~하자마자 ~했다'라는 뜻의 구문이다. Hardly가 이끄는 절에는 과거완료시제가 와야 하므로 did he enter를 had he entered로 고쳐야 한다.
① not all은 '모두 ~하지는 않다'라는 부분 부정 표현이므로 주어진 우리말에 맞게 쓰였으며, all 뒤에 복수 명사 consequences가 쓰였으므로 복수 동사 were의 쓰임도 적절하다.
③ one of 뒤에는 '복수 명사 + 단수 동사'가 와야 하므로 the joys와 lies의 쓰임은 적절하다. 또한 lie in은 '~에 있다'라는 뜻의 '자동사 + 전치사'로 적절히 쓰였다.
④ 주어인 The sense of purpose가 그 팀에 '가져와진' 것이므로 수동태 was brought는 적절하게 쓰였다.

어휘 consequence 결과 revolution 혁명

05

정답 ④

해설 B가 새로운 카드를 발급받는 상황이다. B가 언제 새 카드를 받을 수 있는지 물었으므로, 빈칸에는 카드를 발급받는 데 걸리는 시간이 언급되어야 한다. 따라서 빈칸에 들어갈 말로 가장 적절한 것은 ④ '보통 영업일 기준 3일이 소요됩니다'이다.
① 여기 고객님의 새 카드입니다
② 저는 약 10분 후에 근무가 끝날 거예요
③ 고객님은 온라인으로 카드를 발급하실 수도 있어요

해석 A: 오늘 무엇을 도와드릴까요?
B: 제 카드로 현금을 인출하려고 했는데 안 됐어요. 이 카드 좀 봐주실 수 있나요?
A: 물론이죠. 아, 이 카드의 마그네틱 띠가 손상됐네요.
B: 그럼 어떻게 해야 할까요?
A: 제가 새 카드를 발급해 드리겠습니다. 이 양식을 작성해 주시겠어요?
B: 알겠습니다. 새 카드는 언제 받을 수 있을까요?
A: 보통 영업일 기준 3일이 소요됩니다. 카드를 고객님의 직장으로 배송해 드릴까요?
B: 네, 그게 좋겠네요. 도와주셔서 감사합니다.

어휘 withdraw 인출하다 strip 띠, 선 issue 발급[발행]하다 fill out 작성하다 be off 근무가 끝나다 business day 영업일, 평일

06

정답 ④

해설 예전에 인간은 야생동물을 자원으로 보는 인간 중심적인 가치관을 가졌으나 근래에 이르러서는 야생동물의 근본적인 가치를 인정하는 생태 중심적 가치관을 가지게 되었다는 내용의 글이다. 따라서 글의 제목으로 가장 적절한 것은 ④ '야생동물에 대한 인간 관점의 근본적인 변화'이다.
① 인간: 자연에서 가장 취약한 존재
② 인간과 야생동물의 불안정한 공존 → 인간이 야생동물을 보는 방식을 인간과 야생동물의 공존 방식으로 보더라도, 그 불안정성을 논하고 있지는 않으므로 적절하지 않다.
③ 인간에 의한 잔인하고 무자비한 야생동물 착취 → 인간이 야생동물을 자원으로 여기는 것을 착취라고 보더라도 그것의 잔혹성을 강조하는 내용이 아니며, 글의 중심 소재 중 하나인 인간의 생태 중심적 관점을 포함하지 않은 선지이므로 정답이 될 수 없다.

해석 인간은 항상 동물과 밀접한 관계를 맺어왔으며, 야생동물에 대한 우리의 전반적인 이해는 인간의 삶이 그들 주변에 살던 동물들과 연결되었던 시대로 거슬러 올라간다. 야생동물은 인간과 공존하지만 일반적으로 인간에 의해 자원으로 간주되어 왔다. 야생동물 보호에 대한 전통적인 접근법은 '인간 중심적' 관점으로 명명된, 인류에 대한 그들의 용도에 중점을 두어왔다. 그러나 최근 들어, 그들의 (그들이 주는) 자원이 아닌 오로지 그들의 특성에 관한 야생동물에 대한 이해가 인간이 생물 다양성을 지구 생명체의 필수 요소로 인식하는 것이 유용하다고 믿는 '생태 중심적' 관점의 등장으로 이어졌다. 인간에 대한 그들의 잠재적 또는 실제적 이용과 관계없이, 모든 형태의 생명체의 고유한 가치에 대한 근본적인 인식은 야생동물과의 관계에 새로운 측면을 가져온다.

어휘 overall 전반[전체]적인 appreciation 이해, 평가 date back to ~로 거슬러 올라가다 link with ~와 연결시키다 co-exist 공존하다 approach 접근법 conservation 보호, 보존 anthropocentric 인간 중심의 attribute 속성, 특성 emergence 등장 ecocentric 생태 중심의 underlying 근본적인 intrinsic 고유한 aspect 측면 vulnerable 취약한 unstable 불안정한 merciless 무자비한 exploitation 착취 fundamental 근본적인

07

정답 ③

해설 운전 중에 휴대전화를 사용하면 반응 속도가 느려지고 신호 및 주변 사물들을 제대로 보지 못해 사고를 일으킨다는 내용의 글이다. 즉, 이러한 운전자들은 휴대전화로 통화하는 행위로 주의가 산만해져 많은 사고를 내는 것이기 때문에, 빈칸에 들어갈 말로 가장 적절한 것은 ③ '주의 산만한'이다.
① 졸린 → 운전 중 휴대전화로 통화하는 행위는 졸음과 관계없다.
② 고립된
④ 공격적인 → 운전자의 공격성에 관해서는 언급조차 되지 않았다.

해석 위험에 대해 알기 위해서 우리는 디지털 세상과 관련된 사실과 심리적 원리에 대한 기본적인 이해를 가질 필요가 있다. 그러한 사실 중 하나는 운전 중 휴대전화 사용으로 인한 잠재적인 피해에 관한 것이다. 휴대전화로 통화 중인 20세의 반응 시간은 그것을 지니고 있지 않은 70세의 반응 시간으로까지 늦춰진다. 라디오를 듣는 것은 운전에 지장을 주지 않지만, 휴대전화로 누군가와 대화하는 운전자들은 신호등 및 다른 물체들을 심지어 응시하고 있음에도 이를 '보지' 못하고 추돌 사고를 더 많이 일으켜, 결국 혈중알코올농도 0.08%인 음주 운전자만큼 혹은 그보다 더 많은 사고를 내게 된다. 이는 손으로 든 휴대전화나 핸즈프리 휴대전화 모두에 해당한다. 결과적으로, 미국에서는 약 2,600명의 사람들이 매년 사망하고, 약 330,000명이 주의 산만한 운전자들이 내는 사고로 다친다.

어휘 risk-literate 위험에 대한 지식이 있는 psychological 심리적인 principle 원리, 원칙 relevant 관련된 potential 잠재적인 impair 손상시키다, 해치다 gaze 응시하다 rear-end collision 추돌 사고 end up with 결국 ~하게 되다 handheld 손에 들고 쓰는 estimated 약, 추정상 injure 부상을 입히다

08

정답 ④

해설 주어진 문장은 이제 음식을 조리하는 것이 음식을 연하게 만들어서 먹는 일에 더 이상 온종일이 걸리지 않게 되었다는 내용이다. 이때 Now에 유의하여, 주어진 문장 앞에는 그 이전의 상황이 제시되어야 하며 그 뒤에는 주어진 문장, 즉 새로운 상황에 대한 부연이 오는 것이 자연스럽다. ④ 앞에서 음식을 씹는 데 온종일을 소모했던 이전 선조들의 상황이 나왔으며 ④ 뒤에서는 남는 시간으로 인간다운 활동을 할 수 있게 되었다고 하면서 주어진 문장에서 제시된 새로운 상황에 따른 결과를 언급하였다. 따라서 주어진 문장이 들어갈 위치로 가장 적절한 곳은 ④이다.

해석 불의 발견은 인류 진화에 있어 가장 중요한 사건 중 하나이다. 불은 포식자로부터 인간을 보호했을 뿐만 아니라 우리 선조들이 음식을 조리할 수 있게 해주었다. 이것이 왜 중요한가? 하버드의 영장류학자 Richard Wrangham은 인간의 불 발견을 인간 뇌 크기의 급격한 증가와 연관 짓는다. 조리는 양질의 단백질, 특히 육류를 더 쉽게 소화할 수 있도록 해주었으며, 따라서 불의 출현과 인간의 두뇌 발달 사이에 연관성이 존재한다. 또한, 불의 발견 전 우리의 선조들은 다른 많은 동물들과 마찬가지로 (식물을) 삼킬 수 있을 만큼 작아질 때까지 오랜 시간 씹는 과정을 통해 질긴 식물을 잘게 만드는 데 하루의 대부분 시간을 보냈다. 이제 조리는 음식을 연하게 만들었고, 따라서 먹는 일은 더 이상 온종일 걸리는 활동이 아니었다. 이 '여분' 시간은 사냥하고 탐험하고 건축하는 것, 즉 간단히 말해 인간다워지는 데 쓰일 수 있었다.

어휘 tender 연한 evolution 진보, 진화 predator 포식자 ancestor 선조, 조상 primatologist 영장류학자 dramatic 급격한, 극적인 digest 소화하다 protein 단백질 advent 도래, 출현 grind 잘게 갈다[으깨다] tough 질긴 chew 씹다 swallow 삼키다 simply put 간단히 말해서

09

정답 ③

해설 스포츠에서 상황에 따라 폭력이 어떻게 다르게 받아들여지는지에 관한 내용의 글이다. (A) 앞은 심판을 때리는 행위는 불법이며 처벌 대상이라는 내용이고, 뒤는 미식축구 선수가 상대 선수에게 부상을 입히는 경우는 다르다며 (A) 앞과 상반되는 상황을 제시했으므로 (A)에 들어갈 연결사로 가장 적절한 것은 However이다. 또한, (B) 앞은 그의 폭력은 가치 있는 목표를 달성하기 위한 것이므로 처벌받지 않는다는 내용이고, 뒤는 그가 폭력을 가하거나 상대한테 폭력을 당했을 때 버티는 능력은 선수로서의 정체성을 확인시켜 준다는 내용이다. 이때 (B) 뒤의 내용은 앞 내용과 같은 맥락에서의 추가적인 서술임을 알 수 있다. 따라서 (B)에 들어갈 연결사로 적절한 것은 Furthermore이다.

해석 스포츠의 경우, 자신에게 페널티를 주는 심판을 주먹으로 때리는 것은 규범에 대한 거부를 수반하는 폭력이다. 설령 심판이 크게 다치지 않더라도 이것은 불법으로 규정되고 팀과 스포츠 단체에 의해 처벌된다. 그러나 미식축구 선수가 태클을 가해 상대 선수의 갈비뼈를 부러뜨리거나 무릎을 날려버리는 경우는 다르다. 미식축구 문화에서 그러한 폭력은 규범에 대한 순응을 수반하며, 오락적인 것으로 여겨지고 영상 다시 보기로 각광받으며 지위의 표식으로 동료 및 다른 선수들에 의해 사용된다. 그 선수는 심지어 해가 되는 결과에도 불구하고 폭력적인 것에 (자신이) 정당하다고 느낄 수도 있으며, 다시 폭력적이 되는 데 주저하지 않을 것이다. 그의 폭력은 가치 있는 목표를 달성하기 위한 목적으로 타인을 위협하고 통제하며 지배하는 효과적인 방법이기에 처벌되지 않는다. 게다가, 폭력을 행사하는 능력과 타인에 의해 (폭력이) 가해졌을 때 그것을 견디는 능력은 한 운동선수 그리고 미식축구 선수로서의 자신의 정체성을 확인하는 데 이용된다.

어휘 referee 심판 penalize 페널티[벌칙]를 주다 norm 표준, 기준 punish 벌을 주다 organization 조직, 단체 rib 갈비뼈 conformity 따름, 순응 righteous 옳은, 정당한 hesitate 망설이다 intimidate 위협하다 perpetrate (악행을) 저지르다 affirm 확인하다

10

정답 ③

해설 4번째 문장에서 기존 백신 생산 방법이 너무 위험해서 안전한 백신을 개발하기 위해 GM 효모를 이용했다는 내용이 언급되므로, GM 효모를 이용한 백신은 안전하다는 것을 알 수 있다. 따라서 글의 내용과 일치하지 않는 것은 ③ 'GM 효모를 이용하는 백신은 매우 위험하다고 여겨졌다.'이다.
① B형 간염 백신을 만들기 위해 유전자 공학이 이용되었다. → 첫 문장에서 언급된 내용이다.
② 초창기에는 B형 간염 백신을 환자의 혈액에서 얻었다. → 3번째 문장에서 언급된 내용이다.
④ 선진국의 모든 사람이 B형 간염 백신을 이용할 수 있는 것은 아니다. → 마지막 문장에서 언급된 내용이다.

해석 유전자 공학에 의한 성공적인 인간의 백신 생산의 최초의 기록 중 하나는 B형 간염에 관한 것이었다. B형 간염은 간의 급성 및 만성 질환을 유발하며 간암과 관련 있다. 1970년대에 생산된 최초의 B형 간염 백신은 그 질병에 걸린 사람들의 혈액에서 추출한 단백질이었다. 그러나 이 관행이 너무 위험하다고 여겨지자, 안전한 백신을 생산하기 위해 그 단백질을 암호화한 유전자가 GM(유전자 조작) 효모로 조작되었다. 그 이후로 이러한 방식으로 백신이 만들어졌으며 그 백신은 매우 효과적이다. 안타깝게도, 그것은 많은 개발도상국이 감당하기에 너무 비싸고, 심지어 일부 선진국에서도 그 백신은 오직 그 병에 걸릴 위험이 특히 큰 것으로 간주되는 사람들에게만 제공된다.

어휘 genetic engineering 유전자 공학 Hepatitis B B형 간염 acute 급성의 chronic 만성의 associated with ~와 관련된 protein 단백질 extract 추출하다 infect 감염시키다 encode 암호화하다 engineer 유전자를 조작하다 genetically modified 유전자가 조작된 yeast 효모(균) contract (병에) 걸리다

| 01 | ③ | 02 | ③ | 03 | ④ | 04 | ② | 05 | ④ |
| 06 | ① | 07 | ④ | 08 | ③ | 09 | ② | 10 | ④ |

01

정답 ③

해설 빈칸에는 체중과 관련된 표현이 와야 하므로 fluctuate(변동하다) 또는 accumulate(축적하다)를 고려할 수 있는데, 이때 빈칸 뒤에 up or down이라는 표현이 있으므로, accumulate는 정답이 될 수 없다. 따라서 빈칸에 들어갈 말로 가장 적절한 것은 ③ 'fluctuate(변동하다)'이다.
① 망설이다 ② 이주하다 ④ 축적하다

해석 당신의 체중이 며칠에 걸쳐, 혹은 심지어 하루 만에 1~2킬로그램씩 위아래로 변동하는 것은 지극히 정상이다.

02

정답 ③

해설 치아 세정을 받는 것을 빈칸에 관한 효과적인 방법 중 하나로 언급하는 것으로 보아, 빈칸에는 구취를 없애는 것과 관련된 표현이 와야 한다. 따라서 빈칸에 들어갈 말로 가장 적절한 것은 ③ 'get rid of(제거하다)'이다.
① 유발하다 ② 요구하다 ④ 존경하다

해석 구취를 제거하는 방법에는 여러 가지가 있지만, 가장 효과적인 방법 중 하나는 전문적인 치아 세정을 받는 것이다.

어휘 bad breath 구취

03

정답 ④

해설 does는 문맥상 앞에 나온 일반동사 reports를 대신하는 대동사로 적절하게 쓰였다.
① (measure it → measure) that절 이하의 난이형용사 구문에서 to RV의 목적어가 주어로 왔으므로, to measure 뒤에 목적어 자리는 중복을 피해 비어있어야 한다. 따라서 it을 삭제해야 한다.
② (different → differently) 문맥상 사람들이 고통을 '서로 다르게' 경험하는 것이므로, 형용사 different를 동사 experience를 수식하는 부사 differently로 고쳐야 한다.
③ (is → are) 문장의 주어는 복수 명사인 Some scientists이므로 단수 동사 is를 복수 동사 are로 고쳐야 한다. 참고로 working with Taylor는 Some scientists를 수식하는 현재분사구로 쓰였다.

해석 과학자들은 사람들이 저마다 다르게 통증을 경험하기 때문에 통증의 강도를 측정하기가 어렵다는 것을 오랫동안 알고 있었다. 17세인 Sarah Taylor의 경우, 의사들은 소아 관절염과 섬유근육통으로 인한 그녀의 통증 수준을 이해하고자 애썼다. Taylor를 연구하는 일부 과학자들은 현재 통증을 측정하는 객관적인 방법을 개발하고자 노력하고 있다. 그 과학자들은 Taylor가 통증을 알릴 때와 그러지 않을 때 그녀의 눈 속에서 일어나는 반응을 측정하고 있다.

어휘 intensity 강도 measure 측정하다 struggle 애쓰다 arthritis 관절염 fibromyalgia 섬유근육통 objective 객관적인

04

정답 ②

해설 'deprive A of B'는 'A에게서 B를 박탈하다'라는 뜻의 구문으로, 수동태로 바꾸면 'A be deprived of B'가 된다. 여기서는 분사구문으로 쓰인 Once deprived of oxygen의 의미상 주어인 cells가 산소를 '박탈당하는' 것이므로 수동의 과거분사 deprived는 적절히 쓰였으며, 전치사 of가 생략되지 않은 것도 적절하다.
① (staying → stay) 'would rather A than B'는 'B하기보다는 차라리 A하는 것이 낫다'라는 뜻으로 A와 B에는 동사원형이 온다. 따라서 staying을 stay로 고쳐야 한다.
③ (have recognized → have been recognized) 주어인 Her contributions가 '인정받은' 것이므로 have recognized를 수동태 have been recognized로 고쳐야 한다.
④ (took → had taken) 시간 부사(구) now와 last year를 통해 if절은 과거 사실의 반대, 주절은 현재 사실의 반대를 나타내는 혼합 가정법이 사용되었음을 알 수 있다. 주절은 가정법 과거 would be가 적절히 쓰였으나, if절은 가정법 과거완료를 사용해야 하므로 took을 had taken으로 고쳐야 한다.

어휘 oxygen 산소 cell 세포 contribution 공헌

05

정답 ④

해설 상대에게 그녀와 지금 통화할 수 없다는 뉘앙스로 양해를 구하는 A에게 B가 도리어 메시지를 남길 의향이 있는지 물어보는 것은 모순된다. 따라서 대화 중 가장 어색한 것은 ④이다.

해석 ① A: 아, 저 딱 10분만 더 놀 수 있을까요?
B: 그만하면 됐어. 네 숙제부터 먼저 끝내렴.
② A: 지불 기한이 언제인가요?
B: 예약 후 10일 이내입니다.
③ A: 너희 어디 가는 거야?
B: 아, 우리 영화 보러 가.
④ A: 죄송하지만, 그녀는 통화 중인 것 같습니다.
B: 메시지를 남기시겠어요?

어휘 due (지불) 기일이 된 booking 예약 head 가다, 향하다 be off 가다 line 전화선

06

정답 ①

해설 너무 많은 것을 생각하고 걱정하는 것이 우유부단함으로 이어진다는 내용의 글이다. 오히려 더 똑똑할수록 많은 요소들을 고려하기 때문에 우유부단해지는 것이며, 사소한 것에 대해서까지 깊이 생각하기에 결정을 내리는 것이 어려워지는 것이라고 말하며 우유부단함의 원인을 설명하고 있다. 따라서 글의 주제로 가장 적절한 것은 ① '우유부단함을 유발하는' 것이다.
② 신중히 생각하는 것의 이점 → 신중한 생각의 장점에 관한 내용은 없으며, 오히려 과하게 신중한 생각을 문제 삼고 있으므로 적절하지 않다.
③ 결단력 있는 사람의 특징 → 결단력 있는 사람과 반대되는, 우유부단한 사람에 관한 글이다.
④ 심오한 지식으로부터 오는 자신감

해석 당신이 우유부단하고 그것에 관해 무언가를 하고자 한다면, 당신은 우유부단함이 반드시 무지와 느린 사고에 의한 것은 아니라는 사실에서 즉각적인 위안을 얻어도 된다. 반대로, 종종 너무 많은 것을 생각하고 너무 많은 의심을 고려하는 것이 단순한 결정에 도달하고 그것에 따라 행동하는 것의 어려움으로 이어지는 것이다. 당신이 똑똑할수록, 당신은 결정을 내리기 전에 많은 요소를 빠르게 고려하는 경향이 있을 수 있다. 만약 당신이 머리가 둔하다면, 당신은 여러 가능한 결과들을 생각해 낼 수 없을 것이기에 어려움을 거의 또는 전혀 겪지 않을 것이다. 당신의 어려움은 당신이 중대한 일에 하는 진지한 숙고를 중요하지 않은 많은 일에도 똑같이 하는 습관을 들인 것일지도 모른다.

어휘 indecisive 우유부단한 immediate 즉각적인 ignorance 무지 intelligent 똑똑한 be inclined to ~하는 경향이 있다 slow-witted 이해가 느린, 머리가 둔한 acquire 얻다 a multitude of 다수의 vital 중대한 characteristic 특징 profound 깊은, 심오한

07

정답 ④

해설 결혼한 사람보다 결혼한 적이 없거나 이혼한 사람들이 정신 질환을 더 많이 겪고, 부모나 또래로부터 소외되면서 자란 아이들의 정신병 비율이 더 높다는 연구 결과를 제시하는 글이다. 따라서 빈칸에 들어갈 말로 가장 적절한 것은 ④ '소속되다'이다.
① 돕다
② 헤어지다 → 이혼이나 왕따처럼 타인으로부터 떨어져 지내는 것의 위험성을 제기하는 글의 내용과 반대된다.
③ 배우다

해석 한 연구팀은 정신 병원 입원 패턴을 바탕으로 정신 질환이 기혼자보다 이혼한 사람들 사이에서 적어도 3배, 어쩌면 20배까지나 더 많다고 결론지었다. 그들의 보고서는, 발표된 모든 연구가 미혼자 집단 내에서 정신 질환 비율이 더 높다는 점을 발견했으며, 실제로도 일관된 패턴은 이혼하고 별거 중인 사람들의 정신 질환 비율이 가장 높고, 미혼자들은 중간이며, 현재 기혼인 사람들이 가장 낮다는 것이었다고 말했다. 다른 연구 결과에서는, 부모로부터 방치되거나 또래로부터 거부당한 채 자라는 아이들의 정신병 비율이 더 높다. 소속될 필요성은 말 그대로 삶과 죽음, 건강, 복지, 온전한 정신에 관한 중대한 문제이다.

어휘 admission 입원 conclude 결론을 내리다 divorced 이혼한 observe 말하다 consistent 지속적인 intermediate 중간의, 중급의 currently 현재 finding (연구) 결과 neglect 방치하다 reject 거부하다 peer 또래 psychopathology 정신병 literally 말 그대로 welfare 복지 sanity 온전한 정신

08

정답 ③

해설 텔레비전이 아이들에게 악영향을 끼친다는 내용의 글이다. 주어진 글은 Michael이 학교에서 돌아오자마자 텔레비전을 켠다는 내용으로, 그다음에는 Michael의 일과를 a normal routine으로 받아 많은 아이들이 Michael과 같은 일상을 보낸다는 내용의 (C)가 이어져야 한다. 그다음으로, 이 내용을 However로 반전시키며 이에 관한 문제를 제기하는 내용의 (A)가 와야 한다. 마지막으로, 텔레비전을 너무 많이 보는 것이 아이들에게 좋지 않다는 전문가의 의견이 언급된 (A)의 마지막 문장에 이어, 그 전문가들을 They로 받아 그들은 일리가 있다고 하면서 텔레비전의 악영향을 나열하는 (B)가 오는 것이 자연스럽다. 따라서 글의 순서로 가장 적절한 것은 ③ '(C) - (A) - (B)'이다.

해석 Michael은 학교에서 피곤한 하루를 마치고 방금 집에 왔다. 그가 책가방과 신발을 벗은 후 가장 먼저 하는 일은 소파에 털썩 주저앉아 텔레비전을 켜는 것이다. (C) 이것이 일상적인 일처럼 들리는가? 그것은 Michael의 행동이 전 세계 수백만 명의 아이들에 의해 반복되기 때문일 것이다. 그들은 휴식을 취하고 일상의 문제들을 잊기 위해 텔레비전을 이용한다. (A) 그러나, 수십 년 전 흥미롭고 새로운 유형의 오락거리로 시작했던 것이 현재는 특히 아이들에게 끼치는 문제들로 비난받고 있다. 많은 연구자들이 이제는 텔레비전을 너무 많이 보는 것은 아이들에게 좋지 않다고 주장한다. (B) 그들의 말은 일리가 있다. 아이들은 게으름, 현실 감각 저하, 폭력에의 노출, 심지어 비만이나 심장 질환과 같은 질병을 수반하는 TV의 부정적인 영향을 받기가 매우 쉽다.

어휘 plop down 털썩 주저앉다 couch 소파 decade 10년 blame 탓하다 have a point 일리 있다 prone to ~을 하기[당하기] 쉬운 laziness 게으름 exposure 노출 violence 폭력 obesity 비만 condition 질환

09

정답 ②

해설 몇몇 스포츠에 있어 외적인 부분이 하나의 평가 요소로 작용하여 선수들이 체중 감량 등을 통해 특정한 체형을 유지해야 하는 압박을 느끼고, 이것이 건강 문제로 이어질 수 있다는 내용의 글이다. 따라서 글의 흐름상 가장 어색한 문장은 체중과 근력을 늘리기 위한 방법으로 무거운 도구를 사용하는 것을 제시하는 ②이다.

해석 체조나 피겨 스케이팅과 같은 일부 스포츠는 외적인 모습과 관련된 미관(예술성)에 부분적으로 점수가 매겨진다. 외적인 모습을 강조하는 것의 문제점은 운동선수들이 매력에 대한 좁은 정의에 순응하도록 압박을 주며 종종 체중 감량을 요구한다는 것이다. (많은 운동선수들이 비시즌 동안 체중과 근력을 늘릴 필요가 있는데, 이를 위한 가장 좋은 방법은 무거운 도구들로 운동하는 것이다.) 이런 경우에는, 운동능력의 우수성을 향한 그 동기부여가 건강에 이롭지 않은 행동들로 곧장 이어질 수 있다. 특히 체조는 특정한 체형을 요구하기에 여러 건강 문제를 일으킬 수 있다. 엘리트(프로) 수준에서 이러한 체형을 유지하는 것은 단기적이며 골다공증과 같은 장기적인 건강 문제와 관련이 있다.

어휘 gymnastics 체조 aesthetics 미학, 미관 appearance 외모, 외관 emphasis 강조 athlete 운동선수 conform 순응[부합]하다 definition 정의 attractiveness 매력(도) motivation 동기부여, 욕구 behaviour 행동 elite 엘리트, 선발된 사람 associate 관련시키다 osteoporosis 골다공증

10

정답 ④

해설 마지막 문장에서 주로 제과 제품으로 카다멈을 소비하는 곳은 북유럽 국가들이고, 아랍 국가들은 카다멈을 커피에 사용하는 것을 알 수 있으므로, 글의 내용과 일치하지 않는 것은 ④ '아랍인들은 카다멈을 주로 제과 재료로 소비한다.'이다.
① 카다멈은 예전에는 오직 인도에서만 자랐던 향신료이다. → 2번째 문장에서 언급된 내용이다.
② 과테말라는 카다멈 수출의 가장 큰 비중을 차지한다. → 3번째 문장에서 언급된 내용이다.
③ 카다멈은 중세가 시작된 이후 유럽으로 전파되었다. → 4번째 문장에서 언급된 내용이다.

해석 카다멈은 사프란과 바닐라 다음으로 세계에서 세 번째로 비싼 향신료이다. 이것은 인도 남서부 산악지대가 원산지인 식물의 씨앗이며 1900년까지는 오직 그곳에서만 재배되었다. 그 후로 독일 이민자들이 그것을 현재 카다멈의 최대 생산국이자 수출국인 과테말라로 가져갔다. 카다멈은 구약 성서에서 시나몬과 함께 언급되지만, 중세가 시작되기까지 유럽에 전파되지 않았다. 오늘날 북유럽 국가들이 주로 제과 제품을 중심으로 세계 카다멈 무역의 10%를 소비하는 반면, 아랍 국가들은 그들의 카다멈 커피로 80%를 취한다.

어휘 spice 향신료 immigrant 이민자 alongside ~와 함께[동시에] Old Testament 구약 성서 Nordic 북유럽의 account for 차지하다 ingredient 재료

01	③	02	③	03	④	04	③	05	③
06	①	07	①	08	④	09	①	10	④

01

정답 ③

해설 facilitate는 '촉진하다'라는 뜻으로, 이와 의미가 가장 가까운 것은 ③ 'promote(촉진하다)'이다.
① 방해하다 ② 개정하다 ④ 완화하다

해석 토론 중에 상대편은 세금 감면이 경제 성장을 촉진할 수 있다고 계속해서 강조했다.

어휘 opponent 상대 emphasize 강조하다 tax cut 세금 감면

02

정답 ③

해설 문맥상 새 보안 시스템에 의해 범죄자들이 물건을 훔치기 더 어려워졌거나 범죄가 더 쉽게 발각되게 되었음을 유추할 수 있다. 따라서 빈칸에 들어갈 말로 가장 적절한 것은 ③ 'get away with((처벌을) 모면하다)'이다.
① ~을 어기다 ② ~에게 아부하다 ④ ~을 견디다

해석 이 새로운 보안 시스템 덕분에 범죄자들이 전자 기기를 훔치고도 모면하는 것이 어려워졌다.

어휘 security 보안

03

정답 ④

해설 사역동사 have는 목적어와 목적격 보어의 관계가 능동이면 RV를, 수동이면 p.p.를 목적격 보어로 취한다. 여기서는 그녀의 보고서가 '수정된' 것이므로, 목적격 보어에 과거분사 revised가 쓰인 것은 적절하다. 또한 before 이하의 분사구문에서 의미상 주어인 She가 it(보고서)을 '제출하는' 것이므로 능동의 현재분사 submitting도 적절하게 쓰였다.
① (The → A) the number of는 '~의 수'라는 의미이고, a number of는 '많은'이라는 의미이다. 여기서는 맥락상 '많은' 근로자가 불평한다는 내용이 되어야 하므로 The number of를 A number of로 고쳐야 한다. 참고로 a number of 뒤에는 '복수 명사 + 복수 동사'가 나와야 하므로 workers와 complain은 적절하게 쓰였다.
② (hiring → being hired) 전치사 of 뒤에 동명사가 오는 것은 옳으나, 타동사 hire 뒤에 목적어가 없고 의미상 직원으로 '채용될' 가능성이므로, hiring을 수동형 being hired로 고쳐야 한다.
③ (which → where 또는 in which) 관계대명사 which 뒤에는 불완전한 문장이 와야 하는데 여기서는 완전한 문장이 오고 있다. 따라서 which를 장소 명사 the forest를 선행사로 받으면서 완전한 문장을 이끌 수 있는 관계부사 where로 고치거나, which 앞에 전치사 in을 더해 '전치사 + 관계대명사'로 만들어야 한다.

해석 ① 많은 근로자들이 그 새로운 법에 대해 불평한다.
② 그는 자신이 직원으로 채용될 가능성이 없다고 느꼈다.
③ 우리는 우리가 숨겨진 오솔길을 발견한 숲을 탐험했다.
④ 그녀는 보고서를 제출하기 전에 그것을 여러 번 수정했다.

어휘 complain 불평하다 chance 가능성 hire 채용하다 employee 직원 trail 오솔길 revise 수정하다 submit 제출하다

04

정답 ③

해설 (packing → packed) 부대 상황을 나타내는 'with + O + OC'의 분사구문이 사용되었는데, 여행 가방이 '싼' 것이 아닌 '싸진' 것이므로 능동의 현재분사 packing을 수동의 과거분사 packed로 고쳐야 한다.

① resemble은 완전타동사로 전치사 없이 목적어를 바로 취하므로 적절하게 쓰였다.

② kind와 같은 사람의 인성을 나타내는 형용사의 의미상 주어는 'of + 목적격'으로 표현하므로 적절하게 쓰였다.

④ 'upon RVing'는 '~하자마자'라는 의미의 관용표현이며, 동명사의 의미상 주어는 소유격으로 표현하므로 your turning은 적절하게 쓰였다.

어휘 resemble 닮다 suitcase 여행 가방 pack 싸다, 꾸리다 realize 깨닫다

05

정답 ③

해설 B가 A에게 자신의 팔에 붙은 개미를 떼어내 달라고 하는 상황이다. 빈칸 뒤에서 모두가 자신들을 보고 있다는 점을 언급한 것으로 보아, A가 다른 사람들의 시선을 의식하고 있다는 것을 알 수 있다. 따라서 빈칸에 들어갈 말로 가장 적절한 것은 ③ '소란을 피우다'이다.

① 바로 본론을 말하다

② 버티다

④ 그것을 하룻밤 자며 생각해 보다

해석 A: 저기, 네 팔에 개미가 있어.

B: 세상에! 어디? 떼어 내봐!

A: 그냥 팔을 흔들어 봐. 별일 아니야.

B: 글쎄, 안 떼어지잖아. 악! 그냥 나한테서 떼어 내줘!

A: 알았어, 알았어, 근데 소란 좀 피우지 마. 모두가 우리를 보고 있잖아!

B: 너는 나보다 다른 사람들을 더 신경 쓰는 것 같네.

A: 아, 그런 말 하지 마.

어휘 get off 떼다, 제거하다 come off 떨어지다

06

정답 ①

해설 모두에게 시간은 똑같이 흘러가지만, 어떻게 생활하느냐에 따라 자신의 신체 시계를 빠르게 혹은 느리게 가도록 할 수 있다는 내용의 글이다. 따라서 글의 제목으로 가장 적절한 것은 ① '당신의 건강: 당신의 결정들의 결과'이다.

② 건강한 마음: 건강한 몸의 반영 → 이 글의 중심 소재는 '정신'이 아닌 '신체'의 건강으로, 정신에 관한 내용은 언급조차 되지 않았다.

③ 운동 없이 건강한 식습관은 있을 수 없다 → 좋은 식습관과 적당한 신체 활동은 신체 나이에 영향을 주는 생활 방식의 예로 언급되고 있을 뿐으로, 운동의 중요성을 강조하는 글이 아니다.

④ 정신도 몸만큼이나 운동이 필요하다

해석 당신이 시계든 달력이든 모래시계든 봐도, 시간은 멈추지 않는다. 시간은 매일, 매분, 매초 같은 속도로 똑딱거린다. 모든 사람은 매년 생일과 함께 같은 속도로 나이를 먹는데, 그것이 바로 당신의 달력 나이이다. 하지만 당신은 생활 방식의 선택, 특히 당신의 몸으로 무엇을 하고 몸에 무엇을 넣는지에 따라 당신의 시계를 더 빠르게 혹은 더 느리게 돌릴 힘이 있다. 예를 들어, 폐를 니코틴으로 적시고 베이컨과 소시지로 배를 가득 채우는 50세는 실제로 그녀가 하고 있는 파멸적인 행동으로 인해 65세의 몸을 가지고 있을지도 모르지만, 잘 먹고 독소를 멀리하며 적당한 신체 활동으로 몸을 관리하는 50세는 36세의 몸과 건강을 가질 수도 있다.

어휘 hourglass 모래시계 pace 속도 particularly 특히 douse ~에 넣다, 적시다 lung 폐 stuff (가득) 채우다 destruction 파괴, 파멸 stay away from ~을 멀리하다 toxin 독소 take care of ~을 돌보다 moderate 적당한

07

정답 ①

해설 파도를 볼 때 물이 먼 거리를 이동한 것처럼 생각할 수 있지만, 물은 원래 위치에서 크게 벗어나지 않은 채 위아래 방향으로 움직이며, 단지 전진 운동이 옆으로 전달될 뿐이라는 내용의 글이다. 따라서 물 자체는 거의 이동하지 않으므로, 빈칸에 들어갈 말로 가장 적절한 것은 ① '매우 짧은 거리를 간다'이다.

② 훨씬 더 먼 거리를 굴러간다 → 물 자체는 원위치에서 거의 이동하지 않는다는 글의 내용과 반대된다.

③ 다른 상태로 전환된다 → 물의 상태 전환에 관해서는 언급되지 않았다.

④ 전진 운동을 막는다 → 오히려 위아래로 움직이며 전진 운동을 일으킨다고 언급되므로 적절하지 않다.

해석 바다에서 파도가 일고 내리는 모습을 본 적이 있는가? 아마도 당신은 각 파도의 물이 수 마일을 이동했다고 생각해 왔을 것이다. 실제로 각 파도의 물은 그것의 원래 위치에서 멀리 이동하는 경우가 거의 없으며, 바다의 어떤 특정 부분에서도 물은 거의 변하지 않는다. 바닷물의 움직임은 대부분 위아래 방향이다. 물 한 방울의 전진 운동이 다음 방울에 전달되고 이 방울에서 그다음 방울로 전달된다. 그러므로 파도는 먼 거리를 이동하지만, 물 자체는 매우 짧은 거리를 간다.

어휘 motion 움직임 distance 거리 convert 전환되다 state 상태 block 막다

08

정답 ④

해설 질병의 풍토 수준에 관한 정의 및 풍토병의 추세를 설명하는 내용의 글이다. 주어진 문장은 However로 시작하여 풍토병의 추세는 상향적일 수도 있다는 내용으로, 그 앞에는 상향적 추세와 상반되는 내용이 나와야 하며 그 뒤에는 상향적 추세인 풍토병에 관한 내용이 부연되는 것이 자연스럽다. ④ 앞에서 여러 질병의 퇴치 가능성이 언급되었고 뒤에서 such a rising trend, 즉 주어진 문장에서 언급된 상승세에 해당하는 질병들이 나왔다. 따라서 주어진 문장이 들어갈 위치로 가장 적절한 곳은 ④이다.

해석 한 질병의 풍토 수준은 특정 기간 특정 지역사회에서 발생할 것으로 예상되는 사례의 수를 가리킨다. 이 수준은 일반 감기의 경우처럼 장기간에 걸쳐 비교적 일정하게 유지될 수도 있고, 미국의 결핵과 소아마비의 경우처럼 하향 추세를 보일 수도 있다. 심지어 백신에 의한 천연두의 퇴치처럼 전 세계적으로 어떤 질병을 완전히 퇴치하는 것 또한 가능한 것처럼 보인다. 21세기에는 소아마비와 홍역을 포함한 여러 질병이 퇴치 가능성이 큰 후보가 되면서 이러한 성공 사례가 더 많이 나올 것으로 예상된다. 그러나 풍토병의 추세는 또한 상향적일 수 있어서, 추가적인 예방 조치의 필요성을 알린다. 1990년대 카리브해와 남아시아의 뎅기열은 그런 상승 추세의 한 예이다.

어휘 endemic 풍토(병)의 upward 올라가는, 증가하는 additional 추가적인 preventive 예방의 measure 조치 refer to 지칭하다 relatively 상대적으로 constant 일정한 cold 감기 tuberculosis (폐)결핵 polio 소아마비 apparently 보아하니 eradicate 근절하다 smallpox 천연두 bring about ~을 초래하다 measles 홍역 candidate 후보 Dengue fever 뎅기열

09

정답 ①

해설 기업 마케팅에 있어 페이스북이 가지는 막대한 영향력에 관해 서술하는 내용의 글이다. (A) 앞은 페이스북을 디지털 마케팅 플랫폼으로 사용하는 브랜드들이 많이 증가했다는 내용이고, 뒤는 페이스북이 21억 9천만 명 이상에 달하는 사용자를 보유하고 있어 현재 기업들은 이를 무시할 수 없다는 내용이다. 따라서 (A) 뒤의 내용은 앞 내용을 실제 통계 자료를 인용하며 부연하는 것을 알 수 있으므로, (A)에 들어갈 연결사로 적절한 것은 Indeed이다. 또한, (B) 앞은 소셜 미디어 마케팅의 유용성을 설명하는 내용이고, 뒤는 소셜 미디어가 점점 더 중요한 역할을 차지한다는 내용으로, 뒤의 내용은 앞 내용에 대한 결과임을 알 수 있다. 따라서 (B)에 들어갈 연결사로 적절한 것은 Thus이다.

해석 페이스북은 사람들이 친구, 가족, 지인들과 연결될 수 있게 하는 하나의 플랫폼으로 시작되었다. 페이스북 사용자의 수가 빠르게 증가함에 따라, 한때 개인적이었던 이 소셜 미디어 사이트는 크게 발전했고, 그것을 디지털 마케팅 플랫폼으로 사용하는 브랜드가 많이 증가하는 것을 목격했다. 실제로, 브랜드들은 그것이 월 21억 9천만 명의 사용자를 보유한 현재 시장에서 그 영향력을 무시할 수 없다. 페이스북 사용자의 절반 이상이 매일 여러 차례 사이트를 방문하기에, 페이스북의 소셜 커머스 잠재력은 엄청나다. 소셜 미디어 마케팅은 브랜드들이 디자인 과정에 소비자를 포함시키고, 그들의 상품과 서비스에 대한 뉴스와 정보를 공유하며, 신제품 출시를 발표하는 데 이용될 수 있다. 따라서, 소셜 미디어가 산업에서 점점 더 중요한 역할을 함에 따라, 성공이나 실패는 소비자의 피드백 및 이러한 플랫폼에서의 참여로 결정될 수 있다.

어휘 originate 유래[비롯]하다 acquaintance 지인 rapidly 신속히 evolve 진화하다 significantly 상당히 witness 목격하다 potential 잠재력 immense 엄청난 announce 발표하다 launch 착수, 개시 determine 결정하다 engagement 참여, 개입

10

정답 ④

해설 마지막 두 문장에서 얼굴 인식 시스템이 사생활에 대한 우려를 제기해 왔다며 비평가들이 시민 얼굴 인식 데이터베이스가 다른 목적으로 이용될 수 있다는 점을 지적했다고 언급되므로, 글의 내용과 일치하는 것은 ④ '일부 사람들은 얼굴 인식 시스템을 사생활에 대한 위협으로 간주한다.'이다.
① Hartsfield-Jackson 공항은 미국에서 얼굴 인식을 이용하는 유일한 공항이다. → 2번째 문장에서 이 기술을 현재 미국 대부분의 공항에서 이용할 수 있다고 언급되므로 옳지 않다.
② 얼굴 인식 기술의 이용은 국내 여행만으로 제한된다. → 2번째 문장에서 이 기술은 특수 터미널을 통해 여행하는 국제 여객에 의해 이용될 수 있다고 언급되므로 옳지 않다.
③ 얼굴 인식 시스템의 주요 목적은 안전성을 제공하는 것이다. → 3번째 문장에서 이 시스템의 목적은 서류 제시 과정을 간소화하고 속도를 높이는 데 있다고 언급되므로 옳지 않다.

해석 2022년 승객 수 기준으로 세계에서 가장 분주한 공항으로 선정된 Hartsfield-Jackson 국제공항은 승객이 얼굴 인식 기술을 이용하여 항공편에 탑승할 수 있도록 한 최초의 미국 공항이다. 현재 미국 대부분의 공항에서 이용할 수 있는 이 기술은, 특수 터미널을 통해 여행하는 국제 여객에 의해 이용될 수 있다. 이 시스템의 목표는 항공편에 탑승하기 위해 서류를 제시하는 과정을 간소화하고 속도를 높이는 것이다. 터미널 운영을 담당하는 항공사인 Delta는 이 시스템을 통해 여행자가 일반적인 체크인 과정에서 최대 네 차례나 여권을 제시할 필요를 방지한다고 말한다. 그러나 이 시스템은 사생활에 대한 우려를 제기해 왔다. 비평가들은 정부의 시민 얼굴 인식 데이터베이스가 개인의 허락 없이 다른 목적으로 이용될 수 있다고 말한다.

어휘 rank (순위를) 매기다 passenger 탑승객 recognition 인식 simplify 단순화하다 operate 운영하다, 작동시키다 permission 허락 domestic 국내의 objective 목적 threat 위협

01	①	02	④	03	③	04	④	05	③
06	③	07	③	08	④	09	④	10	④

01

정답 ①

해설 perpetual은 '끊임없는'이라는 뜻으로, 이와 의미가 가장 가까운 것은 ① 'eternal(영원한, 끊임없는)'이다.

② 명백한 ③ 보편적인 ④ 깊은

해석 Edward Gibbon은 『로마 제국의 쇠망사』에서 전쟁은 가장 공정한 형태로도 인간성과 정의에 대한 끊임없는 침해를 의미한다고 썼다.

어휘 decline 쇠퇴 fall 몰락 empire 제국 imply 암시[의미]하다 violation 침해 humanity 인간성

02

정답 ④

해설 carry out은 '수행하다'라는 뜻으로, 이와 의미가 가장 가까운 것은 ④ 'executed(실행하다)'이다.

① 중단하다 ② 승인하다 ③ 수정하다

해석 그 연구는 그것의 방법을 둘러싼 모든 논란과 열띤 논쟁에도 불구하고 결국 수행되었다.

어휘 controversy 논란 heated 열띤 surround 둘러싸다 method 방법

03

정답 ③

해설 (such → so) such는 명사를 수식하는 형용사로 형용사를 수식할 수 없다. 따라서 such를 형용사 firm을 수식할 수 있는 부사 so로 고쳐야 한다.

① 'be worth RVing'는 '~할 가치가 있다'라는 뜻의 동명사 관용표현이다. 이때 worth 뒤에 나온 동명사는 수동의 의미로 해석하지만 능동의 형태로 써야 하므로, mentioning은 적절하게 썼다. 참고로 동명사의 목적어가 주어로 와서 목적어 자리가 비어있는 것은 적절하다.

② a very strong smell을 선행사로 받는 주격 관계대명사 that과 be동사가 생략된 구조이므로, a very strong smell을 수식하는 형용사 recognizable의 쓰임은 적절하다.

④ 'only + 부사절'이 문두에 나올 경우 주어와 동사는 반드시 의문문의 어순으로 도치되므로 적절하며 주어가 it이므로 does의 수일치 역시 적절하다.

해석 두리안으로 알려진 열대 과일은 거론할 가치가 있다. 다른 과일들과 달리 두리안은 많은 동물들이 알아볼 수 있는 매우 강한 냄새를 낸다. 그 냄새는 주로 그것의 매우 두꺼운 가시 같은 외피에서 나는데, 그것은 너무 단단해서 대부분의 동물이 부수기 어렵다. 열매가 익어야만 그 외피가 부서져 열리면서 다육질의 씨앗이 드러나고, 이는 그 이후 동물들에 의해 집어져 숲 전체로 흩어진다.

어휘 tropical 열대의 mention 언급[거론]하다 emit 내다, 내뿜다 recognizable 알아볼 수 있는 spinous 가시 모양의 outer coat 외피 firm 단단한 ripen 익다 expose 드러내다 fleshy 다육질의 pick up 집다 disperse 흩어지다; 흩다

04

정답 ④

해설 (will sign → signs) when 시간 부사절 내에서는 현재시제가 미래시제를 대신하므로 will sign을 signs로 고쳐야 한다. 참고로 그녀의 이야기가 '출판되는' 것이므로 수동태 be published는 옳게 쓰였다.

① last는 1형식 완전자동사로 적절하게 쓰였고, 그것이 '보이는' 것이므로 수동태 'be seen' 또한 적절하다.

② 'may as well A as B'는 'B하는 것보다 A하는 것이 더 낫다'라는 표현으로, A와 B에는 동사원형이 들어간다. 따라서 우리말과 뜻이 같도록 적절하게 표현되었다. 참고로 '~하는 것도 당연하다'라는 뜻의 'may well RV'와의 구별에 유의해야 한다.

③ '자동사 + 전치사'는 하나의 타동사구로 사용되어 수동태가 가능하고, 이때 전치사를 생략해서는 안 된다. 따라서 is agreed on의 쓰임은 적절하다. 참고로 'be set to RV'는 '~하기로 예정되어 있다'라는 의미의 표현이다.

어휘 last 지속되다 as long as ~하는 한 put off 미루다 demand 수요 publish 출판하다 contract 계약

05

정답 ③

해설 과학 동아리 포스터에 관해 대화를 나누고 있는 상황이다. B가 포스터에 글이 너무 많다고 지적하자, A가 동의하며 어떻게 바꾸는 게 좋을지 조언을 구하고 있다. 따라서 빈칸에 들어갈 말로 가장 적절한 것은 ③ '그냥 그림을 더 많이 사용하고 글을 좀 빼 봐.'이다.

① 포스터를 더 작게 만드는 게 좋을 것 같아.

② 우리 활동에 대해 자세히 쓸 수도 있지.

④ 물감을 칠하기 전에 스케치부터 그리는 게 어때?

해석 A: Bred, 이게 우리 과학 동아리 포스터 초안이야. 어떻게 생각해?

B: 색상은 마음에 드는데, 글자가 너무 많은 것 같아.

A: 음, 나도 그렇게 생각해. 그럼 넌 내가 이걸 어떻게 바꿨으면 좋겠어?

B: 그냥 그림을 더 많이 사용하고 글을 좀 빼 봐.

어휘 draft 개요, 초안 in detail 자세히 take out 빼다, 들어내다

06

정답 ③

해설 세계 체스 챔피언이 전 세계를 상대로 겨룬 한 체스 경기의 결과에 관한 글이다. 경기 전에는 체스 챔피언이 쉽게 이길 것으로 모두가 예측했지만, 예상외로 접전이 펼쳐졌음을 서술하고 있다. 이는 일반인 개개인은 당연히 체스 챔피언에 상대가 안 되지만, 개개인들이 모여 집단 지성을 이루면 그에 못지않은 실력을 갖출 수 있음을 시사한다. 따라서 글의 요지로 가장 적절한 것은 ③ '일반 대중이 합쳐지면 전문가 못지않게 똑똑하다.'이다.

① 체스는 기술을 배우는 것보다 타고난 재능과 더 관련 있다. → 후천적 학습과 선천적 재능을 비교하는 내용은 언급되지 않았다.

② 다음 수에 대해 지나치게 고민하는 것은 종종 잘못된 수로 이어진다.

④ 챔피언 자리를 유지하는 것이 챔피언이 되는 것보다 훨씬 더 어렵다. → 체스 챔피언이 다수와 겨루는 데 제일 큰 노력을 기울였다는 언급이 있으나, 이는 챔피언 지위 보전의 고충이 아닌 집단 지성의 힘을 설명하기 위한 것이므로 적절하지 않다.

해석 1999년, 세계 체스 챔피언 Garry Kasparov는 전 세계와 대결하는 데 동의했다. 이 경기는 인터넷에서 진행되었으며, 전 세계의 결정은 다수결의 결과로 이루어졌다. 확장된 사고를 조장하기 위해 이틀마다 하나의 수가 허용되도록 수를 두는 속도를 늦췄다. 경기가 시작되기 전까지는 Kasparov가 쉽게 이길 것이라는 예상이 지배적이었다. Kasparov의 수준에 근접한 자가 거의 없는 세계 참가자들의 다수 견해가 어떻게 세계 챔피언과 겨루기를 바랄 수 있겠는가? 하지만 경기는 매우 박빙인 것으로 드러났다. 매우 힘든 4개월이 지난 후에, Kasparov가 결국 승리했다. 그러나 그는 자신의 인생에서 그토록 많은 노력을 기울인 경기는 없었다는 것을 인정했다.

어휘 majority vote 다수결 promote 조장하다 move (체스 등에서) 두기[둘 차례], 수 slow down 속도를 늦추다 turn out ~으로 밝혀지다, 판명 나다 exceptionally 특별히, 매우 close 막상막하의 grueling 매우 힘든 ultimately 궁극적으로 acknowledge 인정하다 overthink 지나치게 생각하다 intelligent 똑똑한

07

정답 ③

해설 통계 수치가 목적에 따라 다르게 해석될 수도 있다는 내용의 글이다. 예시에 따르면 5%라는 실업률을 95%라는 높은 취업률을 의미하는 긍정적인 현상으로 해석할 수도 있지만, 다른 한편으로는 미국 인구 전체의 5%, 즉 수백만 명의 사람들이 일당을 벌지 못하는 암울한 상황으로 볼 수도 있다. 따라서 동일한 통계임에도 완전히 다르게 해석될 수 있다는 것이 글의 핵심이므로, 빈칸에 들어갈 말로 가장 적절한 것은 ③ '매우 다른 인상을 줄'이다.

① 데이터 수집 방법에 영향을 받을 → 데이터 수집 방식에 관한 언급은 없으며, 통계의 '해석' 방식에 관한 글이므로 적절하지 않다.

② 해석 없이 제시될 → 통계가 의도에 따라 다르게 해석되는 예시가 나오고 있으므로, 해석이 없다는 전제는 성립될 수 없다.

④ 별개의 출처에서 나올 → 통계의 출처에 관해서는 언급된 바가 없다.

해석 비록 숫자들이 정확할지라도 그것들로 거짓말하는 것이 가능한데, 왜냐하면 숫자들은 좀처럼 스스로 말하지 않기 때문이다. 그것들은 글쓴이에 의해 해석되어야 한다. 그리고 글쓴이는 거의 언제나 그 해석을 구현하는 의도를 가진다. 예를 들어 당신은 미국의 실업률이 5%를 아주 조금 넘긴 상태에 있다는 희소식을 알리고 싶어 할 수 있다. 이는 대부분의 다른 산업 국가들보다 훨씬 더 높은 취업률인 95%의 미국인이 일자리를 가지고 있다는 것을 의미한다. 그러나 그 수치를 또 다른 방식으로 제시해 보자. 미국만큼 인구가 많은 나라에서 5%의 실업률은 수백만 명의 미국인들이 일당을 벌지 않는다는 것을 의미한다. 실제로 일자리를 원하는 성인 20명 중 한 명은 그것을 찾을 수 없다. 그것은 암울한 숫자다. 보다시피, 같은 통계가 매우 다른 인상을 줄 수 있다.

어휘 accurate 정확한 rarely 드물게, 거의 ~않다 interpret 해석[통역]하다 announce 알리다, 공표하다 unemployment 실업률 populous 인구가 많은 wage 임금 depressing 암울한 statistic 통계 (자료) collection 수집 impression 인상 separate 별개의

08

정답 ④

해설 학습에 있어 강사와 학생들 사이에 존재하는 입장 차에 관해 서술하는 내용의 글이다. 주어진 문장은 학생들이 수업에 많은 시간을 할애해야 한다고 믿는 강사의 생각에 관한 내용으로, 이 생각을 This assumption으로 받아 그에 관한 설명을 덧붙이는 내용의 (C)가 이어져야 한다. 그다음으로, though를 통해 강사의 생각과 대비되는 학생들의 현실을 소개하는 내용의 (B)가 와야 한다. 마지막으로, 이 입장 차를 Such different outlooks로 받아, 그로 인한 결과를 서술하는 (A)로 글을 마무리하는 것이 자연스럽다. 따라서 글의 순서로 가장 적절한 것은 ④ '(C) - (B) - (A)'이다.

해석 강사가 학생들이 그들의 일상 대부분을 그 강사의 강좌와 학습 자료에 바쳐야 한다고 믿는 것은 드문 일이 아니다. (C) 이러한 가정은 특정 강사가 해당 과목에 푹 빠져있어 모든 학생들이 똑같기를 기대할 때 생겨난다. (B) 그러나 실상은 학생들에게는 다양한 관심사와 의무가 있고, 일부 학생들은 단지 그 강좌가 필수라는 이유로 등록한 것일 수도 있다는 점이다. (A) 과목의 가치에 대한 이렇게 서로 다른 견해는 강사와 학생들 사이에 심각한 오해를 일으킬 수 있고, 심지어 학생들이 그 과목에 대해 흥미를 잃는 결과를 낳을 수도 있다.

어휘 uncommon 흔하지 않은 instructor 강사 majority 다수, 대부분 course 강의 material 자료 outlook 견해 subject 과목 misunderstanding 오해 obligation 의무 enroll 등록하다 required (학과가) 필수의 assumption 가정, 상정 particular 특정한

09

정답 ④

해설 기업은 이윤을 창출하기 위해 소비자들이 구매하길 원하는 상품을 생산하며, 이 과정에서 소비자 선호를 알아내려 한다는 내용의 글이다. 따라서 글의 흐름상 가장 어색한 문장은 생산자가 소비자 수요와 관계없이 상품 가격을 결정한다는 반대 내용의 ④이다.

해석 많은 사람들은 경제적 결과물에 대한 대부분의 권한이 기업, 특히 대기업의 손에 있다고 느낄지도 모른다. 그러나 만일 소비자가 제품을 구매하지 않는다면, 그것을 생산하는 것은 이익이 되지 않는다. 아무도 구매하길 원하지 않는 물건을 만든다면 그 어떤 기업도 오래 살아남을 수 없다. 만약 어떤 기업이 충족되지 않은 필요를 충족시킬 기회를 발견한다면, 그 기업은 이 틈새를 메울 제품을 개발할 것이다. 설령 어떤 필요가 이미 일부 제품에 의해 충족되더라도, 기업들은 동일한 필요를 더 잘 충족시키거나 더 싼 값에 충족시킬 제품을 개발할 동기가 있다. (생산 자체가 기업에 의해 이루어지기 때문에, 소비자 수요와 관계없이 상품의 가격을 결정하는 것은 생산자이다.) 이런 기업들은 이윤에 의해 움직이기 때문에 소비자들의 선호에 응답하고 이를 예측하려고 노력하는데, 이 선호가 시장에서 소비자들의 구매에 반영되기 때문이다.

어휘 economic 경제의 outcome 결과 firm 기업 consumer 소비자 pay 이익이 되다 unsatisfied 만족스럽지 않은 incentive 장려책 regardless of ~와 상관없이 demand 요구, 수요 profit 이윤 anticipate 예상하다 preference 선호 purchase 구매 marketplace 시장

10

정답 ④

해설 마지막 문장에서 코펜하겐 해석은 오늘날 대부분의 물리학자들에 의해 받아들여지고 있다고 언급되므로, 글의 내용과 일치하지 않는 것은 ④ '코펜하겐 해석은 대부분의 물리학자들을 설득하지 못했다.'이다.

① 그는 Sommerfeld 밑에서 공부하는 동안에 Bohr를 알게 되었다. → 첫 문장에서 언급된 내용이다.

② 그는 심각한 건강 문제로 Helgoland 섬을 방문했다. → 3번째 문장에서 언급된 내용이다.

③ 양자론에 대한 그의 통찰력은 자연에서 영감을 받았다. → 4번째 문장에서 언급된 내용이다.

해석 Werner Heisenberg는 독일 이론 물리학자 Arnold Sommerfeld의 학생이었을 당시 덴마크 물리학자 Niels Bohr를 1920년대 초에 처음 만났다. 곧, 그들은 몇 달 동안 양자 이론에 대한 집중적인 이론적 연구에 뛰어들었지만 거듭되는 좌절을 겪었다. 그 이후 건초열의 심한 발병으로 고통받던 그는 Helgoland 섬에 은거했다. 안정을 취하고 수영을 하며 며칠을 보낸 후 Heisenberg는 갑자기 자연의 심장부를 내려다보는 듯한 감각을 경험했고, 양자론의 토대를 생각해냈다. 그는 이 이론을 코펜하겐에 있는 Bohr에게 가져갔고, 그다음 몇 주 동안 그들은 그것의 함의를 논하고 조사했다. 이 논의의 결과는 '코펜하겐 해석'으로 알려지게 되었으며 오늘날 대부분의 물리학자들에게 받아들여지고 있다.

어휘 theoretical 이론의 physicist 물리학자 plunge into ~에 뛰어들다 intensive 집중적인 quantum 양자 meet with ~을 겪다 continual 거듭되는 frustration 좌절 hay fever 건초열 retreat 도피[은거]하다 sensation 감각 conceive 착상하다, 생각해 내다 probe 캐다, 조사하다 implication 함의 interpretation 해석 insight 통찰력 convince 설득하다

01	④	02	②	03	③	04	④	05	③
06	②	07	④	08	④	09	②	10	③

01

정답 ④

해설 ambiguous는 '모호한'이라는 뜻으로, 이와 의미가 가장 가까운 것은 ④ 'obscure(모호한)'이다.

① 독특한 ② 갑작스러운 ③ 전형적인

해석 일부 사람들은 모호한 결말이 독자가 아마 감정을 덜 쏟을 단편 소설에서는 효과가 있을 수 있지만, 풍부하고 밀도 있는 소설에서는 그다지 효과가 있지 않을 수 있다고 주장한다.

어휘 work (원하는) 효과가 나다 invest (시간·노력 등을) 쏟다 dense 밀도 높은, 난해한

02

정답 ②

해설 빈칸은 같은 직책을 원하는 지원자들이 많은 경우 무엇이 중요한지에 관한 것으로, 빈칸 뒤 내용을 참고하면 자신의 존재를 분명히 알리는 것과 관련된 표현이 와야 함을 알 수 있다. 따라서 빈칸에 들어갈 말로 가장 적절한 것은 ② 'stand out(눈에 띄다)'이다.

① 사망하다 ③ 그럭저럭 살아가다 ④ 굴복하다

해석 당신이 다른 많은 지원자들이 지원하고 있는 직책을 원한다면 눈에 띄어 자신의 존재를 분명히 알리는 것이 중요하다.

어휘 applicant 지원자 presence 존재

03

정답 ③

해설 (the police did → did the police) 부정 동의를 나타낼 때는 'and neither + V + S'의 형태로 도치가 일어나므로 did the police가 되어야 한다. 참고로 여기서 neither는 접속사가 아닌 부사이므로 대등접속사 and와 같이 쓰는 것이다.

① '~할 시간이다'를 의미하는 It is time 가정법은 'It is time + S + 과거동사' 또는 'It is time + S + should + RV'의 형태로 쓰이므로 decided는 적절하게 쓰였다.

② 분사구문의 의미상 주어인 they가 비 때문에 '놀란' 것이므로, 수동의 과거분사 Surprised로 쓴 것은 적절하다.

④ 가주어 It과 함께 진주어 that절이 쓰였고, 명사절 접속사 that 뒤에 완전한 문장이 온 것은 적절하다. 또한 that절의 내용이 불변의 진리를 나타내고 있으므로 시제 일치를 벗어나 현재시제 orbits로 적절하게 쓰였다.

해석 ① 이제 당신이 다음 행동 방침을 정할 때이다.

② 갑작스러운 비에 놀란 그들은 피신처를 찾기 위해 달려갔다.

③ 나는 그가 하는 말을 한마디도 믿지 않았고, 경찰도 마찬가지였다.

④ 달이 지구 주위를 공전한다는 것은 오래전에 발견되었다.

어휘 course of action 행동 방침 rush 서두르다, 급히 가다 orbit 궤도를 돌다, 공전하다

04

정답 ④

해설 (were → was) '부분명사 of 전체명사'가 주어로 오는 경우 of 뒤의 명사에 동사를 수일치시키는데, 여기서는 단수 명사 this가 오고 있으므로 동사도 그에 맞춰 단수인 was로 써야 한다. 참고로 이 모든 것이 '고려되는' 것이므로 수동태로 쓰인 것은 적절하다.

① no matter how는 '아무리 ~해도'라는 뜻의 복합관계부사로 우리말에 맞게 쓰였으며, how 바로 뒤에 was의 보어인 형용사 cold가 온 것 또한 적절하다. 참고로 complain은 '불평하다'라는 의미의 자동사로 쓰였다.

② 승객들이 '요구받는' 것이므로 수동태로 쓴 are required는 적절하다. 또한 2형식 동사 remain의 보어로 분사형 형용사가 오고 있는데, seat은 '~을 앉히다'라는 뜻의 타동사이고 여기서 승객이 '앉아 있는' 것이므로 seated가 쓰인 것도 적절하다.

③ think는 5형식 동사로 쓰여 'think + O + (to be) + 형용사/명사' 구조를 취할 수 있는데, 여기서는 목적격 보어 자리에 명사가 왔다. 또한 to learn은 language를 수식하는 to 부정사의 형용사적 용법으로 쓰였는데, 수식 대상과 learn의 목적어가 동일하므로 중복을 피해 뒤에 목적어 자리가 비어있는 것도 적절하다.

어휘 scholar 학자 take into consideration 고려하다

05

정답 ③

해설 B가 노숙자 쉼터에 안 입는 옷을 기부하려고 하는 상황이다. A가 빈칸 앞에서는 본인도 안 입는 옷이 많다고 하고, 뒤에서는 B에게 고마워하며 기부하니 기분 좋다고 하는 것으로 보아, B가 빈칸에서 A의 옷도 함께 기부해 주겠다는 식의 말을 했을 것으로 추측할 수 있다. 따라서 빈칸에 들어갈 말로 가장 적절한 것은 ③ '그럼 내 거랑 같이 둬. 내가 그것들도 가져갈게.'이다.

① 그럼 새 옷 사러 쇼핑 가자.

② 여기 저희가 받는 기증품 목록이 있습니다.

④ 너 혹시 그 쉼터가 어디 있는지 알아?

해석 A: 야, 너 그 옷들 가지고 뭐해?
B: 나 이거 노숙자 쉼터에 기부하려고. 나한테는 더 이상 안 맞거든.
A: 좋은 생각이네. 나도 안 입는 옷 많이 있는데.
B: 그럼 내 거랑 같이 둬. 내가 그것들도 가져갈게.
A: 그래 줄래? 고마워. 기부하니까 기분이 좋네.

어휘 donate 기부하다 shelter 쉼터, 보호소 contribute 기부하다 happen to RV 우연히[마침] ~하다

06

정답 ②

해설 정치의 상업화에 관한 글이다. 정치는 이제 회사처럼 홍보와 마케팅으로 운영되며, 이러한 관점에서 투표는 유권자가 정치 '상품'을 고르는 행위로 이해할 수 있다는 내용이다. 따라서 글의 제목으로 가장 적절한 것은 ② '소비재로서의 정치'이다.

① 정치인들은 신뢰받을 수 있는가? → 진실하진 않아도 설득력 있는 정치인이 지지될 것이라는 언급이 있으나, 이는 정치인의 신뢰도를 논하기 위함이 아니라 그가 상품화된 현상을 설명하기 위함이다.

③ 복잡한 정치 과정들 → 정치 과정의 변질에 관한 내용이지 복잡성에 관한 내용이 아니다.

④ 선거는 정당이 아닌 유권자를 섬긴다 → 선거에 있어 정당과 유권자의 우열을 비교하는 내용은 언급되지 않았으며, 글의 주제는 '선거의 의의'가 아닌 '정치의 상업화'이다.

해석 정치가 이제 홍보를 통해 이루어지고 캠페인이 마케팅 원칙에 따라 시행된다는 사실은, 그것들 또한 이제는 철저하게 상업화되었다는 결론으로 이어진다. 가치관은 들먹여지고, 정치인은 선전되고, 이슈는 포장된다. 이 관점에서, 투표는 다양한 상품 사이 소비자 선택의 문제가 된다. 정당은, 말하자면, 자동차 회사의 이미지처럼 판매되는 상품이 된다. 어떤 사람들은 이것이 정치 과정의 변질을 나타낸다고 주장할 것이다. 이 관점에서, 유권자들은 반드시 유능하거나 진실하지는 않은, 설득력 있는 정치인을 지지할 것이다. 그들은 반드시 사회 전체에 가장 좋은 정책은 아닌, 그들의 생활 방식에 가장 적합하다고 설득된 정책을 지지할 것이다.

어휘 conduct 시행하다 public relations 홍보 principle 원칙, 법칙 thoroughly 철저하게, 완전히 commercialize 상업화[상품화]하다 invoke 들먹이다, 언급하다 position (상품 등을) 선전하다 party 정당 commodity 상품 corruption 변질, 부패 go for 지지하다 convincing 설득력 있는 able 능력 있는 sincere 진실한 persuade 설득하다 at large 전체적인 serve 섬기다

07

정답 ④

해설 인공지능 챗봇과의 대화와 사람과의 대화 사이 유사성을 설명하는 글이다. 자신의 감정과 생각을 밖으로 표출하기만 해도 그것이 공유되는 느낌을 받아 감정이 완화되기 때문에 두 대화는 서로 비슷한 효과를 불러일으킨다고 말한다. 따라서 나쁜 감정이 덜 해가 되도록 하기 위해선 그 감정을 밖으로 꺼내야 함을 알 수 있으므로, 빈칸에 들어갈 말로 가장 적절한 것은 ④ '방출하다'이다.

① 불러일으키다 → 나쁜 감정을 일으키는 것이 아닌 밖으로 내보내야 한다는 내용이며, 애초에 나쁜 감정을 유발하면 덜 해로워진다는 말 자체가 이치에 맞지 않는다.

② 무시하다 → 감정을 외부에 털어놓는 행위는 그것이 없는 것처럼 여기는 것과는 거리가 멀다.

③ 받아들이다 → 나쁜 감정을 그대로 수용하는 내용은 언급되지 않았다.

해석 오늘날, 인공지능 챗봇과 온라인 대화를 나누는 것은 흔한 일이다. 이 서비스를, 특히 그들이 겪고 있는 몇몇 삶의 문제들을 털어놓기 위해 사용하는 사람들과 이야기를 나눌 때, 나는 같은 말들을 듣는다. "그건 해가 되지 않아요." "사람들은 외롭잖아요. 이건 그들에게 의지할 곳을 줘요." "그건 가슴에 쌓인 것을 털어내는 데 도움이 되죠." 겉으로 보기에는, 사람과 대화하는 것과 당신이 무엇을 겪고 있는지 전혀 모를 수도 있는 기계와 대화하는 것 사이에는 중대한 차이가 있다. 그러나 두 상황이 비슷한 반응을 불러일으킨다는 점은 그것들의 유사성을 시사한다. 누군가와 대화하는 것과 로봇과 대화하는 것 모두 무언가를 '밖으로' 내보내는 것을 강조한다. 각각의 행위는, 나쁜 감정은 방출하면 덜 해로워진다는 동일한 주장을 한다. 이는 사람을 직접 상대하지 않고도 감정을 다룰 수 있다는 생각을 전제로 삼는다. 감정을 터뜨리는 것은 그것을 공유하는 것처럼 느껴지게 되고, 이는 그것의 완화로 이어진다.

어휘 confess 고백하다, 털어놓다 turn (to) 의지하다 on the face of it 겉으로 보기에는 crucial 중대한 go through ~을 겪다 context 상황, 맥락 provoke 불러일으키다 point 시사하다, 가리키다 similarity 유사점 emphasize 강조하다 claim 주장 toxic 유독한 premise 전제 notion 개념, 생각 vent (감정을) 터뜨리다 alleviation 경감, 완화

08

정답 ④

해설 질병으로 이어지는 심리적인 전조들을 깨닫지 못하는 이유가 그 인과 관계를 파악하기 어렵기 때문임을 설명하는 글이다. 주어진 문장은 우리가 감기에 걸린 상황을 가정한 후, 그것이 감기에 걸리기 직전의 일들과는 아무런 관계가 없을 것이라고 말한다. ③ 이전까지는 어떤 사건이 발생할 때 우리는 그 직전의 상황에서 원인을 찾는다고 하였으므로 주어진 문장의 내용과 상반되는 것을 알 수 있다. 그런데 ④ 앞에서 However로 내용을 반전시키며 우리의 신체에 관해 언급하고 있으므로 주어진 문장이 이 뒤에 이어져야 자연스럽다. 또한, ④ 뒤의 설명은 감기로 이어진 심리적 전조와 연관된다. 따라서 주어진 문장이 들어갈 위치로 가장 적절한 곳은 ④이다.

해석 왜 우리는 질병의 여러 심리적 전조들을 보지 못하는가? 한 문제점은 인과 관계를 인지하는 우리의 능력에 있다. 우리는 어떤 일이 일어나는 것을 보면, 자연스럽게 그 사건보다 불과 몇 초, 많아야 몇 시간 먼저 일어난 무언가를 찾는다. 만약 우리 차가 방전된 배터리 때문에 시동이 걸리지 않는다면, 우리는 그것을 어젯밤의 추운 날씨나 전조등을 끄지 못한 탓으로 돌릴지도 모른다. 우리가 2주 전에 차를 운전했던 방식을 돌이켜 보는 것은 이치에 맞지 않는다. 그러나 우리 신체는 다른 이야기이다. <u>만약 우리가 감기에 걸린다면, 그것은 아마 어젯밤의 날씨나 우리가 아침 식사로 먹은 것과는 관계가 없을 것이다.</u> 그것은 1~2주 전에 끝난 연인 관계로 인해 우리 면역 체계가 위태로워졌기 때문일 수 있다.

어휘 develop (병에) 걸리다 have nothing to do with ~와 관계가 없다 be blind to ~을 못 보다 precursor 전조 perceive 인지하다 precede 앞서다, 선행하다 no more than ~에 지나지 않는 at most 많아야 immune 면역의 compromise 위태롭게 하다 breakup 이별

09

정답 ②

해설 건강한 양육이 부모의 건강한 의식과 행동에 달려있다는 내용의 글이다. (A) 앞은 아이들이 부모의 의식과 행동에 따라 세상에 관해, 그리고 그들 자신의 현실에 관해 배운다는 내용이고, 뒤는 그들이 부모의 행동을 본받는다는 내용이므로 같은 맥락임을 알 수 있다. 따라서 (A)에 들어갈 연결사로 가장 적절한 것은 In other words이다. 또한, (B) 앞은 마치 음식이 몸의 일부를 형성하는 것과 같이 부모의 신념과 행동이 아이들의 개인적 현실과 행동을 형성한다는 내용이고, 뒤는 부모가 건강한 의식과 생활을 선보여야 한다는 취지의 내용이므로 앞 내용에 따른 결론임을 알 수 있다. 따라서 (B)에 들어갈 연결사로 적절한 것은 Consequently이다.

해석 건강한 관계는 개인의 건강한 삶을 기반으로 한다. 마찬가지로, 건강한 양육은 건강한 부모에게 달려있다. 아이들은 그들 부모의 의식과 행동에 따라 세상이 돌아가는 법과 그들 개인의 현실을 전개해 가는 방법의 기초를 배운다. <u>다시 말해</u>, 그들이 부모가 하는 행동의 많은 부분을 본받고 무의식적으로 수용하여, 그것은 그들 자신의 것이 된다. 그러므로 부모의 신념과 행동은 음식이 신체에 기능하는 것과 거의 똑같이 기능하는 심리적 및 사회적 정보를 아이들에게 제공하는데, 이 경우 그 정보는 그들 개인의 현실을 구축하고 그들의 행동을 형성하는 것을 돕는다. <u>결과적으로</u>, 부모에 의해 제공되는 신체적 식단뿐만 아니라 심리적 및 사회적 식단까지 모두 건강해야 하며, 그렇지 않으면 아이들은 그들 부모의 건강하지 않은 (삶의) 패턴을 반복하는 것을 배우게 된다.

어휘 found 세우다 parenting 양육 foundation 기초 relative to ~에 호응하는 consciousness 의식 model 본받다 subconsciously 무의식적으로 embrace 수용하다 psychological 심리적인 function 기능하다 diet 식단

10

정답 ③

해설 5번째 문장에서 빙하기의 길이는 수천만 년에서 수억 년에 이른다고 언급되므로, 글의 내용과 일치하지 않는 것은 ③ '빙하기는 매번 거의 동일한 기간만큼 지속된다.'이다.

① 빙하기가 아닐 때는 극지방에도 빙상이 없다. → 2번째 문장에서 언급된 내용이다.

② 과거 지구에 적어도 네 차례 빙하기가 있었다. → 3번째 문장에서 언급된 내용이다.

④ 우리는 현재 빙하기 중 따뜻한 시기에 살고 있다. → 마지막 문장에서 언급된 내용이다.

해석 지구는 전 세계 기후가 더 춥고 더 건조했던 빙하기를 거쳐 왔다. 빙하기 사이에는 지구가 더 따뜻하며 심지어 극지방에도 빙상이 없다. 과학자들은 지구의 과거에 있었던 최소 네 번의 빙하기 흔적을 발견했다. 한 번은 25억 년 전에 발생했지만, 확인된 나머지 세 번은 모두 지난 10억 년 내에 발생했다. 빙하기의 길이는 수천만 년에서 수억 년에 이른다. 가장 최근의 빙하기는 겨우 약 300만 년 전에 시작되었고 사실은 여전히 진행 중이다. 한 빙하기 내에는 빙하가 녹는 온난기와 빙하가 확산되는 나머지 시기가 있다. 당신은 현재 약 12,000년 전에 시작된 온난기 중 한 시기에 살고 있다.

어휘 ice age 빙하기 ice sheet 빙상 pole 극(지방) occur 발생하다 identify 확인하다 length 길이 range 범위를 이루다 in fact 사실은 within ~내에 period 시기 glacier 빙하 melt 녹다 spread 퍼지다

01	④	02	④	03	②	04	①	05	④
06	②	07	③	08	②	09	④	10	②

01

정답 ④

해설 바쁜 관계로 가족 여행을 가고 싶지 않았지만, 가서도 일을 할 수 있다는 조건에 가기로 했다는 빈칸 뒤 내용으로 보아 절충안을 찾은 것을 알 수 있다. 따라서 빈칸에 들어갈 말로 가장 적절한 것은 ④ 'compromise(타협하다)'이다.
① 고백하다 ② 거절하다 ③ 과장하다

해석 나는 너무 바빠서 가족 여행을 가고 싶지 않았지만, 어머니께서 고집하셨기에 나는 타협해야 했다. 나는 여행 중에 자유롭게 일을 할 수 있다는 조건으로 가기로 결정했다.

어휘 insist 고집하다 condition 조건

02

정답 ④

해설 from scratch는 '맨 처음부터, 무(無)에서부터'라는 뜻으로, 이와 의미가 가장 가까운 것은 ④ 'from nothing(아무것도 없는 상태에서)'이다.
① 도움을 받아 ② 어렵게 ③ 기억에 의지해

해석 나는 내 필기를 모두 잃어버려서, 보고서를 무에서부터 작성해야 한다.

어휘 notes 필기

03

정답 ②

해설 브라질에서 살았던 시점이 한국에 온 시점(과거)보다 더 이전이므로 과거완료진행시제 had been living은 적절하게 쓰였다.
① (be → being) object to는 '~에 반대하다'라는 뜻을 갖는 동사구인데, 이때 to는 전치사이므로 뒤에 동명사 being이 쓰여야 한다. 참고로 '나'가 후보자로 '대해지는' 것이므로 수동 표현으로 쓰인 것은 적절하다.
③ (document → document was) '보호하다'라는 뜻의 타동사 guard 뒤에 목적어가 없고 문맥상 문서가 '보호되는' 것이므로, 수동태인 was guarded로 쓰여야 한다. 참고로 비교급을 나타내는 more가 쓰였으므로 상관어구 than은 적절하게 쓰였다.
④ (he is → is he) 문두에 부정어인 not only가 나왔으므로 주어와 동사는 반드시 도치되어야 한다. 따라서 he is를 is he로 고쳐야 한다.

해석 ① 나는 승진 후보자로 대해지는 것에 반대했다.
② 우리는 한국에 오기 전에는 브라질에서 살고 있었다.
③ 그 문서는 그들의 생각보다 더 신중하게 보호되었다.
④ 그는 뛰어난 물리학자일 뿐만 아니라 훌륭한 리더이기도 하다.

어휘 candidate 후보 promotion 승진 brilliant 뛰어난 physicist 물리학자

04

정답 ①

해설 (survived → (to) survive) 준사역동사 help는 '(to) RV'를 목적격 보어로 취하므로, survived를 (to) survive로 고쳐야 한다.
② 주어진 우리말과 this meaningful day라는 현재를 나타내는 표현으로 보았을 때, 현재 상황을 반대로 가정하는 가정법 과거를 써야 한다. 따라서 were의 쓰임은 적절하다.
③ 관계대명사 which는 ,(콤마) 다음에 계속적 용법으로 쓸 수 있으므로 적절하게 쓰였다. 또한 'be busy (in) RVing'는 '~하느라 바쁘다'라는 뜻의 동명사 관용 표현이므로 studying도 옳게 쓰였다.
④ '~하자마자 ~했다'라는 의미의 'No sooner + had + S + p.p. ~ than + S + 과거동사' 구문이 적절하게 쓰였다.

어휘 lightning 번개

05

정답 ④

해설 B가 파일을 준비하는 것을 잊어버려 서둘러 만들어야 하는 상황이다. A가 빈칸 내용을 언급하자 B가 이에 동의하면서 일손이 더 있으면 좋을 것 같다고 말하고 감사를 전한다. 따라서 A가 빈칸에서 도움이 필요한지 물어봤음을 추측할 수 있으므로, 빈칸에 들어갈 말로 가장 적절한 것은 ④ '알겠어요, 도움을 원하나요?'이다.
① 아뇨, 제가 직접 파일 만들게요.
② 파일을 이메일로 보냈어요?
③ 회의를 취소할 거 같아요.

해석 A: Jenna, 제가 어제 얘기한 파일 좀 보내줄 수 있어요?
B: 이런, 완전 깜빡했네요. 언제까지 필요하세요?
A: 준비가 전혀 안 됐다는 뜻인가요? 회의 때문에 한 시간 내로 필요해요.
B: 정말 죄송합니다. 최대한 빨리 끝내도록 최선을 다해볼게요.
A: 흠... 알겠어요, 도움을 원하나요?
B: 정말요? 네, 일손이 더 있으면 좋을 것 같아요. 감사합니다.
A: 네, 제 조수 중 한 명한테 물어볼게요. 회의 전에 파일이 준비되어 있게만 해주세요.

어휘 hand 일손 assistant 조수, 보조원 call off 취소하다

06

정답 ②

해설 언어를 통해 이루어질 수 있는 것들을 예시로 나열하면서 언어가 지니는 힘에 관해 서술하는 글이다. 따라서 글의 주제로 가장 적절한 것은 ② '무언가를 해내기 위해 언어를 사용하는 것'이다.

① 말보다 행동의 중요성 → 말과 행동을 비교하는 내용도 아닐뿐더러, 오히려 말의 중요성을 강조하고 있으므로 적절하지 않다.

③ 타인을 치유해 주는 말의 힘 → 언어의 힘 중 특정 능력을 구체적으로 다루고 있지 않으며, 치유는 언급조차 되지 않았다.

④ 의사소통에서의 언어의 한계 → 언어의 '한계'가 아닌 '힘'에 관한 내용이다.

해석 일상에서 사람들은 종종 '말만 하는 것'과 '무언가를 성취하는 것'을 대조하지만, 우리에게 일어나는, 또는 우리가 일어나게 하는 가장 중대한 일 중 일부는 언어라는 도구를 사용함으로써 이루어진다. 말로 나온 것 또는 글로 쓰인 것 때문에 전쟁이 끝났고, 경력이 망가졌으며, 마음이 상처받기도 했다. 어떤 사람들은 말로 무언가를 할 수 있도록 사회로부터 특별한 특정 권한을 부여받는다. 결혼, 작명, 취임, 사형 선고와 같은 공적 문화 행위들은 언어 사용을 통해 이루어진다. '나는 이제 당신들을 남편과 아내로 선언합니다'라는 말을 분명히 함으로써, 적절한 자격을 갖춘 사람이 그렇게 되게 한다. 우리는 모두 언어 사용을 통해 어느 정도 그러한 힘을 가지고 있다.

어휘 contrast 대조하다 accomplish 달성하다 crucial 중요한, 결정적인 employ 사용하다 inaugurate 취임시키다 condemn 선고를 내리다 state 분명히 말하다 pronounce 선언하다 to some extent 어느 정도까지, 다소

07

정답 ③

해설 마을 주민들의 에너지 사용량에 관한 예시를 들며 사회적 기준을 아는 것의 영향을 서술하는 글이다. 평균 사용량보다 에너지를 더 많이 쓴 것을 알게 된 주민들은 에너지 사용을 줄였고, 그보다 적게 쓴 것을 알게 된 주민들은 오히려 사용을 늘렸다고 말한다. 즉, 후자의 경우에는 자신이 이미 사회적 기준을 상회한다고 생각하여 오히려 사회적으로 바람직하지 않은 행위를 하게 된 것이다. 빈칸은 사회적으로 바람직한 행위를 유도하기 위해 사람들이 알지 말아야 할 것을 묻고 있는데, 이는 사회적 기준에 대한 그들의 우세함이라는 것을 추론할 수 있다. 따라서 빈칸에 들어갈 말로 가장 적절한 것은 ③ '사회적 기준보다 더 낫다'이다.

① 재정적 비용이 든다 → 글에 나온 예시에서 행동이 바뀐 사람들에게 제시된 정보가 비용이 아닌 비교 대상으로 삼을 평균, 즉 기준이었으며, 비용에 관해서는 언급조차 없다.

② 사회적 규범을 바꿀 수 없다 → '규범'을 '기준'으로 본다고 하더라도, 글에서 언급되는 변화의 대상은 그것에 따른 사람의 행동이지 기준 그 자체가 아니므로 적절하지 않다.

④ 다른 사람들에게 악영향을 끼칠 수 있다 → 예시에서 실험 대상에게 주어진 정보가 아닐뿐더러, 사람이 자신이 타인에게 악영향을 준다는 사실을 알게 되면 사회적으로 바람직한 행동을 하지 않게 된다는 말 자체부터 이치에 맞지 않는다.

해석 캘리포니아의 San Marcos에 있는 약 300세대를 참여시킨, 사회적 기준의 영향력에 관한 연구를 고려해 보라. 모든 세대는 이전 몇 주간 그들이 얼마나 많은 에너지를 사용했는지에 관한 정보를 받았으며, 또한 인근 세대들의 평균 에너지 사용량에 관한 정보도 받았다. (이것이) 행동에 미친 영향은 명백하면서도 놀라웠다. 이후 몇 주간, 평균 이상 에너지 사용자들은 에너지 사용량을 크게 줄였고, 평균 이하 에너지 사용자들은 에너지 사용량을 크게 늘렸다. 후자의 결과는 부메랑 효과로 불리며, 그것은 중요한 경고를 한다. 만약 당신이 사람들이 사회적으로 바람직한 행동을 하도록 조장하고 싶다면, 그들에게 그들의 현재 행동이 <u>사회적 기준보다 더 낫다</u>는 것을 알려주지 말아라.

어휘 household 가구, 세대 inform 알리다 average 평균 striking 눈에 띄는 latter 후자의 finding (연구) 결과 desirable 바람직한 current 현재의

08

정답 ②

해설 위도에 따라 사람들이 주로 거주하는 고도가 다르다고 하며, 그 이유를 설명하는 글이다. 주어진 글은 중위도 및 고위도 지역의 경우 낮은 고도에 대한 선호가 높아 산지에는 인구 밀도가 낮다는 내용으로, 이 뒤에는 By contrast로 이어 그와 대조적으로 열대 지방과 같은 저위도 지역의 경우 높은 고도에 대한 선호가 높다는 내용의 (B)가 와야 한다. 그다음으로는 (B)에서 언급된 the tropics를 these tropic regions로 받아, 열대 지역의 많은 수도가 산악 지대에 놓여 있다는 설명과 그 이유를 기술하는 (C)가 와야 한다. 마지막으로, 그 수도들을 these cities로 받으면서, In addition을 통해 사람들이 이 도시들에 정착한 추가적인 이유를 덧붙이는 (A)가 오는 것이 자연스럽다. 따라서 글의 순서로 가장 적절한 것은 ② '(B) - (C) - (A)'이다.

해석 더 낮은 고도에 대한 인류의 선호는 중위도 및 고위도 지역에 적용된다. 그 지역들에 걸친 대부분의 산지는 인구 밀도가 낮다. (B) 대조적으로, 열대 지방과 같은 저위도 지역의 주민들은 흔히 산 계곡과 분지에 밀집된 무리로 모여 더 높은 고도에 사는 것을 선호한다. (C) 이러한 열대 지역의 많은 수도는 해발 900미터 이상인 산악 지대에 놓여 있다. 더 높은 고도에 사는 것은 주민들이 열대 저지대의 습하고 더운 기후와 질병을 피할 수 있게 한다. (A) 게다가, 산 계곡과 분지의 비옥한 화산토가 농업 사회에서 더 많은 인구를 지탱할 수 있었기 때문에 이 도시들이 자리 잡았다.

어휘 preference 선호 elevation 고도, 해발 높이 latitude 위도, (위도상으로 본) 지역 range 범위를 이루다 populate 인구를 이루다 settle 정착하다 fertile 비옥한 volcanic 화산의 valley 계곡 basin 분지 agricultural 농업의 inhabitant 주민 tropics 열대 concentrate 모이다 dense 밀집한 cluster 무리 resident 주민 humid 습도 높은 lowland 저지대

09

정답 ④

해설 도덕과 법은 연관되어 있으나 서로 다루는 영역이 다를 수 있다는 내용으로, 글의 흐름상 가장 어색한 문장은 탐욕과 시기의 개념 차이를 설명하는 ④이다.

해석 도덕과 법은 밀접하게 연관되어 있을지 몰라도, 항상 같은 영역을 다루는 것은 아니다. 보통 도덕적 또는 비도덕적으로 간주되는 몇몇 행위는 법의 범위 밖에 있다. 예를 들어, 자선단체에 기부하는 것은 도덕적으로 옳다고 여겨지지만 반드시 기부해야 한다는 법은 없다. 보통의 상황이나 사소한 문제에 있어서 자신의 몫보다 더 많이 가져가는 것은 도덕적인 문제이지 법적인 문제는 아니다. (<u>탐욕은 자원에서 자신의 정당한 몫보다 더 많이 가져가고자 하는 강한 욕망이지만, 시기는 한 걸음 더 나아가 다른 사람의 소유물에 대한 강한 욕망을 포함한다.</u>) 일반 사회에서는 법만으로 사회의 결속력을 유지하는 데 불충분하기에 도덕적 지침이 필수적이다.

어휘 morality 도덕 closely 밀접하게 cover 다루다 ground 영역 generally 일반적으로 scope 범위 charity 자선단체 circumstance 상황 trivial 사소한 share 몫 greed 탐욕 desire 욕망 resource 자원 envy 시기, 질투 possession 소유(물) insufficient 불충분한 maintain 유지하다 cohesion 결속력 guidance 지침 essential 필수적인

Shimson_lab   95   손글씨 필기노트, 해설지, 백지복습지 다운로드 http://cafe.naver.com/shimson2000

10

정답 ②

해설 2번째 문장에서 방울뱀이 잠재적인 적의 존재를 인지하면 빠르게 몸을 감는다고 언급되므로, 글의 내용과 일치하는 것은 ② '방울뱀의 몸을 감은 자세는 긴장 신호이다.'이다.
① 방울은 방울뱀의 머리 주변에 위치한다. → 첫 문장에서 방울은 방울뱀의 꼬리 끝에 있다고 언급되므로 옳지 않다.
③ 방울뱀은 자기편에게 위험을 알리기 위해 꼬리를 흔든다. → 3번째 문장에서 침입자를 겁주기 위해 꼬리를 흔들어 방울 소리를 낸다고 언급되므로 옳지 않다.
④ 방울뱀은 꼬리를 통해 열을 감지하여 먹잇감을 찾을 수 있다. → 마지막 두 문장에서 방울뱀이 머리에 있는 피트라는 감각 기관을 통해 사냥감의 체온을 감지한다고 언급되므로 옳지 않다.

해석 베네수엘라에는 25종의 독사가 존재하며, 이 중 방울뱀은 꼬리 끝에 가진 방울로 악명이 높다. 방울뱀은 잠재적인 적의 존재를 인지하면 빠르게 몸을 감고 침입자의 방향으로 머리를 겨눈다. 그다음 그것은 자신의 존재를 경고하고 가장 용감한 침입자를 겁주는 특유의 소리를 방울이 내도록 꼬리를 떤다. 방울뱀은 피트라고 불리는 눈과 콧구멍 사이 움푹 들어간 부위가 있는 삼각형 머리를 가지고 있다. 이 피트는 방울뱀이 어둠 속에서 체온을 감지하여 사냥하는 것을 돕는 감각 기관이다.

어휘 species 종 poisonous 독성의 rattlesnake 방울뱀 notorious 악명 높은 rattle 방울(방울뱀 꼬리의 음향 기관) possess 가지다, 소유하다 tip 맨 끝 perceive 인지하다 presence 존재 potential 잠재적인 rapidly 빠르게 coil 감다 intruder 침입자, 불청객 vibrate 떨게 하다 emit 내다, 내뿜다 characteristic 특유의 triangular 삼각형의 hollow 움푹 꺼진, 쑥 들어간 nostril 콧구멍 sensory 감각의 organ 기관 detect 감지하다 prey 먹이

10 **하프 모의고사**

Date : . . .
Score : / 10

01	②	02	①	03	②	04	②	05	②
06	①	07	④	08	②	09	③	10	②

01

정답 ②

해설 그가 일할 때 모든 세부 사항에 주의를 기울이고 오류를 남기지 않았다는 내용으로 보아, 빈칸에 들어갈 말로 가장 적절한 것은 ② 'meticulous(꼼꼼한)'이다.
① 변덕스러운 ③ 전염성의 ④ 만장일치의

해석 그는 모든 세부 사항에 주의를 기울이고 오류를 남기지 않는 등 그의 업무에 관한 한 매우 꼼꼼했다.

어휘 when it comes to ~에 관한 한

02

정답 ①

해설 come up with는 '생각해 내다'라는 뜻으로, 이와 의미가 가장 가까운 것은 ① 'devise(고안하다)'이다.
② 평가하다 ③ 교체하다 ④ 광고하다

해석 참가자들은 새로운 요리를 생각해 내도록 요청받았다.

어휘 participant 참가자 dish 요리

03

정답 ②

해설 (overwhelmed → overwhelming) 주어인 압박감이 '압도되는' 것이 아니라 그녀를 '압도하는' 것이므로, 수동의 과거분사 overwhelmed를 능동의 현재분사 overwhelming으로 고쳐야 한다.
① await는 완전타동사이므로 전치사 없이 바로 목적어를 취한 것은 적절하다.
③ while은 접속사이므로 뒤에 절이 온 것은 적절하다.
④ the coffee를 선행사로 받는 목적격 관계대명사 that이 적절하게 쓰였다.

해석 Rachel은 카페에 앉아 그녀가 오랫동안 준비해 온 취업 면접을 초조하게 기다렸다. 그 압박감은 압도적이었지만 그녀는 여전히 침착했으며 집중했다. 그녀가 주문한 커피를 홀짝이던 중, 면접관이 마침내 걸어 들어왔다.

어휘 anxiously 초조하게 pressure 압박감 overwhelm 압도하다 composed 침착한 focused 집중한 sip 홀짝이다

04

정답 ②

해설 주어인 서울이 안전한 곳이라고 '믿어지는' 것이므로 수동태 is believed 는 적절하게 쓰였으며, one of 뒤에는 복수 명사가 와야 하므로 places의 쓰임도 적절하다. 또한 to travel은 places를 수식하는 to 부정사의 형용사적 용법으로 쓰였는데, 수식 대상과 travel의 목적어가 동일하므로 중복을 피해 뒤에 목적어 자리가 비어있는 것도 적절하다.

① (to behave → behave) had better는 '~하는 편이 낫다'라는 뜻의 구조동사로 뒤에 동사원형이 와야 한다. 따라서 to behave를 behave로 고쳐야 한다. 참고로 until이 이끄는 시간 부사절에서는 현재시제가 미래시제를 대신하므로, improves는 적절히 쓰였다.

③ (year → years 또는 two → second) every는 '~마다'라는 뜻으로 쓰일 때, 'every + 기수 + 복수 명사' 또는 'every + 서수 + 단수 명사'의 형태를 취한다. 따라서 every two years나 every second year가 되어야 한다. 참고로 You가 '요구받는' 것이고 ask는 5형식으로 쓰이는 경우 목적격 보어에 to 부정사를 사용하므로 are asked to는 적절하게 쓰였다.

④ (is → (should) be) '~하지 않도록'이라는 뜻의 lest는 'lest + S + (should) RV'의 구조를 취하므로 is를 (should) be로 고쳐야 한다.

어휘 behave oneself 예의 바르게 행동하다, 얌전하게 굴다 medical check-up 건강검진

05

정답 ②

해설 오디션에서 어디까지 진출했냐는 A의 물음에 대한 응답으로 오디션 보러 가는 데 걸린 시간을 언급한 B의 말은 적절하지 않다. 따라서 대화 중 가장 어색한 것은 ②이다.

해석 ① A: 난 노량진역에 오후 5시쯤 도착할 거야.
B: 도착하면 바로 내 핸드폰으로 전화 줘.
② A: 너 오디션에서 어디까지 진출했어?
B: 난 오디션에 도착하는 데 2시간 걸렸어.
③ A: 난 너무 충동적으로 물건을 사고 항상 후회해.
B: 너도 내가 하는 것처럼 할 수 있어. 난 매주 예산을 정하고 그걸 지켜.
④ A: 너 이상한 냄새 느껴져?
B: 응, 근데 그게 어디서 나는 건지 전혀 모르겠어.

어휘 make it 성공하다, 해내다 impulsively 충동적으로 budget 예산 stick to ~을 굳게 지키다 weird 이상한

06

정답 ①

해설 이 글은 경쟁의 긍정적 역할을 부각하며, 경쟁을 위해서는 기본적으로 규칙에 협조를 하고 팀원들 간에 협력을 해야 하므로 경쟁과 협력은 반대되는 개념이 아니라고 주장한다. 오히려 경쟁은 협력을 전제로 한다고 말하며 둘의 유사성을 내세우므로, 글의 제목으로 가장 적절한 것은 ① '경쟁: 또 다른 형태의 협력'이다.

② 경쟁에서 상호 존중의 여지는 없다 → 경쟁이 존중 같은 친사회적 행동을 말살한다는 주장을 반박하는 내용이므로 적절하지 않다.

③ 경쟁과 협력의 균형을 맞추는 방법 → 경쟁과 협력을 양극으로 간주하여 그 사이의 균형을 고려하는 것은 경쟁이 곧 협력일 수 있다는 글의 내용과 반대된다.

④ 적극적인 의사소통을 통해 협력을 이루어라 → 적극적인 의사소통을 강조하고 있지 않을뿐더러, 글의 중심 소재인 '경쟁'을 포함하지 않은 선지이므로 정답이 될 수 없다.

해석 경쟁은 세상이 돌아가게 만든다. 경쟁은 발전의 원동력이자 민주주의의 기반이다. 경쟁은 혁신을 촉진하고, 세계 시장을 이끌며, 주머니에 돈을 넣어준다. 그럼에도 불구하고, 경쟁이 악의 근원이라고 주장해 온 사람들이 있다. 그들은 경쟁이 협력과 존중 같은 더 친사회적인 행동들을 말살한다고 주장한다. 그러나, 경쟁이 협력의 반대라는 가정은 매우 중요한 무언가를 놓치고 있다. 경쟁하기 위해서는 양쪽 상대방 모두 규칙에 협조해야 하는데, 즉 경쟁을 지배하는, 협력에 대한 상호 합의가 존재한다는 것이다. 또한 경쟁은 대개 팀들 간에 이루어지며, 효과적으로 경쟁하기 위해서 각 개인은 팀원들과 협력해야 한다. 건강한 경쟁은 협력 없이 일어날 수 없다. 실제로 우리가 경쟁하도록 이끄는 호르몬은 우리가 협력하도록 이끄는 호르몬과 동일하다.

어휘 evolution 발전, 진화 foundation 기반 democracy 민주주의 prompt 일으키다, 유발하다 innovation 혁신 drive 이끌다 assert 주장하다 kill off 말살하다 prosocial 친사회적인 cooperation 협력 assumption 가정 crucial 매우 중요한 opponent 상대 mutual 상호적인 govern 지배하다 effectively 효과적으로 collaborate 협력하다 balance 균형을 맞추다 achieve 달성하다 via ~을 통해

07

정답 ④

해설 포커스 그룹에 속한 소비자들이 소비자 풀에 계속 남아 있기 위해 제품에 대한 솔직한 피드백보다는 진행자가 듣고 싶어 하는 말을 해주기 때문에 포커스 그룹에서 얻은 데이터의 많은 부분이 쓸모없다는 내용의 글이다. 따라서 포커스 그룹의 문제는 소비자들이 참여에 너무 적극적인 점이므로, 빈칸에 들어갈 말로 가장 적절한 것은 ④ '이러한 소비자 중 다수가 너무 적극적이라는'이다.

① 소비자들은 신제품에 대해 부정적인 편견을 가지고 있다는 → 소비자들의 제품에 대한 편견에 관해서는 언급되지 않았다.

② 이러한 소비자들은 응답하는 데 시간을 덜 들이고 싶어 한다는 → 응답 시간은 따로 언급된 바 없으며, 오히려 소비자가 보상을 위해 조사에 적극적으로 참여한다고 했으므로 시간을 아까워한다는 것은 조리 있지 못하다.

③ 너무 많은 참가자들이 그 과정 도중에 그만둔다는 → 중도 하차는 소비자가 조사에 다시 참여하고 싶어 한다는 글의 내용과 거리가 멀다.

해석 포커스 그룹은 특정 제품에 대한 피드백을 수집하기 위해 한 그룹의 사람들을 모으는 조사 방법이다. 포커스 그룹은 마케팅에서 흔히 사용되지만 때때로 그것에는 매우 실질적인 문제들이 있다. 예고 없이 무작위의 사람들을 모집하기란 어렵기 때문에 조사 기관은 참여할 의향이 있는 대규모의 소비자 인력 풀을 만들었다. 하지만 문제는 이러한 소비자 중 다수가 너무 적극적이라는 것이다. 연구는 많은 소비자들이 보수, 무료 음식, 전문가가 되는 경험을 즐기고 정기적으로 다시 초대받기 위해 진행자를 만족시키는 데 주력한다는 것을 밝혀냈다. 안타깝게도, 매우 인간적인 그 진행자를 만족시키는 방법은 브랜드에 관한 진정한 통찰력을 제공하기보다는 그가 듣고 싶어 하는 말을 알아내는 일인 것처럼 보인다. 이것은 포커스 그룹에서 얻은 데이터의 많은 부분을 쓸모없게 만든다. 기관들은 이러한 문제를 인식하고 있지만, 그것을 제거하는 데 성공하지 못했다.

어휘 method 방법 particular 특정한 recruit 모집하다 at short notice 예고 없이 pool 이용 가능 인력 reveal 밝히다 pay 급료, 보수 please 만족시키다 moderator 진행자, 조정자 work out 알아내다 genuine 진정한 insight 통찰력 worthless 쓸모없는, 가치 없는 eliminate 제거하다 biased 편향된 respond 응답하다 drop out 그만두다 willing 적극적인

08

정답 ②

해설 자율주행 시스템으로 제어되는 차량과 인간 운전자가 모는 차량이 공존할 경우 생기는 문제를 한 사례를 통해 설명하면서, 모든 차량이 컴퓨터로 제어되는 시스템으로 전환될 필요성을 서술하는 글이다. 주어진 문장은 잠시 후 그것이 부주의한 인간 운전자의 세단에 뒤를 받혔다는 내용으로, 앞에는 it이 가리키는 대상이 나와야 하며 뒤에는 이 상황에 관한 부연이 이어져야 한다. ② 앞에서 구글의 자율주행 차량을 지칭하는 it이 나왔는데, 이는 주어진 문장의 it과 동일한 대상임을 알 수 있다. 또한 ② 뒤에서 이 일은 두 차량 모두 연동된 컴퓨터로 조종되었다면 생기지 않았을 것이라는, 주어진 문장 상황에 관한 부연이 나왔다. both vehicles는 앞서 언급된 구글의 자율주행 차량과, 주어진 문장에서 언급된 인간 운전자의 세단을 가리키는 것을 알 수 있다. 따라서 주어진 문장이 들어갈 위치로 가장 적절한 곳은 ②이다.

해석 대체로 차량에 인간 운전자가 있는 현재 시스템에서 모든 차량이 컴퓨터로 제어되는 시스템으로의 전환은, 과장하지 않고 말한다면 어색한(어색한 것 그 이상의) 전환이 될 것이다. 2015년 8월, 구글의 실험용 자율주행 자동차 중 한 대가 사고를 당했다. 그 차가 건널목에 근접하여 길을 건너려는 보행자를 감지했을 때, 그것은 브레이크를 밟았다. 잠시 후 그것은 길을 주시하는 대신 아마도 우주의 신비에 대해 깊이 생각 중이었을지도 모르는 부주의한 인간 운전자의 세단에 뒤를 받혔다. 만일 두 차량 모두 연동된 컴퓨터로 조종되었다면 이 일은 일어날 수 없었을 것이다. 제어 알고리즘은 도로 위에 모든 차량의 위치와 의도를 알았을 것이고, 그것의 꼭두각시(조종 대상) 중 두 대가 부딪치는 것을 허용하지 않았을 것이다. 만약 이러한 시스템으로의 전환이 성공한다면, 그것은 많은 시간, 비용, 인명을 아낄 것이다.

어휘 careless 부주의한 contemplate 심사숙고하다 transition 전환 vehicle 차량 by and large 대체로 awkward 어색한 to say the least 과장하지 않고 말한다면 experimental 실험용의 self-driving 자율주행의 approach 근접하다 pedestrian 보행자 cross 건너다 apply (손·발로) 누르다 steer 조종하다 interlink 연동[연결]하다 intention 목적, 의도 marionette 꼭두각시 collide 충돌하다, 부딪치다

09

정답 ③

해설 화자는 노인을 긍정적으로 묘사하고 있으며 자신이 바랐던 모습 그대로였다고 말하고 있다. 글의 내용으로 미루어 보아, 화자는 존경하는 시인을 실제로 마주한 뒤에 그의 모습에 감명받은 것을 알 수 있으므로, 화자의 심경으로 가장 적절한 것은 ③ 'impressed(감명받은)'이다.
① 혼란스러운
② 유머러스한
④ 실망한

해석 나는 어떤 소리를 들었고, 심장이 빠르게 뛰었다. 마침내 그가 계단을 천천히 내려오는 것을 보았을 때, 나는 숨을 가다듬었다. 그는 풍성한 흰머리를 가진 키가 큰 노인이었지만, 그의 짙은 눈썹은 여전히 검었고, 그의 멋진 눈이 더욱 근엄한 광채로 빛나도록 해주었다. 그의 나이에 그 검은 눈이 여전히 광채를 간직하고 있다는 것은 놀라웠다. 그의 풍채에는 자신감과 온화함이 있었다. 그는 내가 바라던 모습 그대로였고, 그를 보면서 나는 그가 어떻게 사람들의 마음을 움직이고 감동시켰는지 이해했다. 그는 모든 면에서 시인이었다.

어휘 at last 마침내 catch one's breath 숨을 가다듬다 abundant 풍성한 bushy 무성한 grave 근엄한 preserve 간직하다 brilliance 광채 air 풍채 assurance 자신감 gentleness 온화함 every inch 모든 면에서

10

정답 ②

해설 4번째 문장에서 매일 소모하는 칼로리의 약 60~75%는 아무것도 하지 않는 것처럼 보이는 동안에 소모된다고 언급된다. 이는 BMR이 일일 칼로리 소모량의 약 60~75%를 차지한다는 것을 의미하므로, 글의 내용과 일치하지 않는 것은 ② 'BMR은 일일 칼로리 소모량의 절반 미만을 차지한다.'이다.
① 당신의 몸은 당신이 휴식을 취하고 있을 때에도 칼로리를 소모한다. → 2번째 문장에서 언급된 내용이다.
③ 당신의 신체적 특성뿐만 아니라 성별도 당신의 BMR에 영향을 미친다. → 5번째 문장에서 언급된 내용이다.
④ 휴식을 취하는 동안 더 많은 칼로리를 소모하는 것은 더 빠른 신진대사를 의미한다. → 마지막 문장에서 언급된 내용이다.

해석 당신의 BMR(기초대사량)은 당신이 24시간 동안 쉬는 것 말고는 아무것도 하지 않는다면 얼마나 많은 칼로리를 소모할지에 관한 추정치이다. 당신이 그냥 소파에 누워 TV를 시청하고 있을 때에도, 당신은 호흡, 소화, 혈액 순환을 통해 칼로리를 소모하고 있다. BMR은 신체 활동을 고려하지 않는다. 이 점은 당신이 매일 소모하는 칼로리의 약 60~75%는 당신이 아무것도 하지 않는 것처럼 보이는 동안에 이루어지기에(소모되기에) 중요하다. BMR을 추정하려면, 당신의 성별, 키, 체중, 나이를 고려해야 한다. 더 높은 BMR은 당신이 하루 종일 자신의 생명을 유지하기 위해 더 많은 칼로리를 소모한다는 것을 뜻하는데, 이는 당신이 더 빠른 신진대사를 갖고 있음을 의미하며, 반면에 더 낮은 BMR은 당신의 신진대사가 더 느리다는 것을 의미한다.

어휘 estimate 추정치 couch 소파 burn calories 칼로리를 소모하다 digestion 소화 blood circulation 혈액 순환 factor in 고려하다 seemingly 겉보기에는 sustain 살아가게 하다 indicate 시사하다 metabolism 신진대사 make up 차지하다 feature 특징

01	③	02	①	03	④	04	②	05	①
06	②	07	③	08	④	09	①	10	③

01

정답 ③

해설 forsake는 '버리다'라는 뜻으로, 이와 의미가 가장 가까운 것은 ③ 'discard(버리다)'이다.
① 수여하다 ② 추구하다 ④ 할당하다

해석 흔히 고대 전설에서 영웅은 세상을 구하기 위해 그의 가장 큰 보물을 <u>버리</u>는 결단을 내려야 한다.

어휘 ancient 고대의

02

정답 ①

해설 빈칸은 경기 침체로 인해 기업이 인력 관련으로 취할 수 있는 행위인데, which 이하에서 그 결과 광범위한 실업이 발생했다고 하였다. 따라서 빈칸에 들어갈 말로 가장 적절한 것은 ① 'lay off(해고하다)'이다.
② 입후보하다 ③ 알아내다 ④ 우연히 마주치다

해석 경기 침체는 많은 기업이 직원 중 상당수를 어쩔 수 없이 <u>해고하게 만들었</u>고, 이는 광범위한 실업을 초래했다.

어휘 downturn 하강, 침체 significant 상당한 portion 부분 workforce 노동자, 노동력 widespread 광범위한 unemployment 실업

03

정답 ④

해설 왕·래·발·착·시·종 동사가 가까운 미래를 나타내는 부사구와 함께 쓰일 때 미래시제 대신 현재(진행)시제를 쓸 수 있으며, 완전자동사 arrive는 목적어를 취할 때 전치사를 함께 사용해야 하므로 am arriving in은 적절하게 쓰였다. 또한 관사와 소유격은 연이어 사용할 수 없어 '관사 + 명사 + of + 소유대명사' 형태를 취해야 하므로 a friend of mine의 쓰임도 적절하다.

① (goes → (should) go) insisted 뒤에 접속사 that이 생략된 형태이다. insist 와 같은 주장·요구·명령·제안·충고·결정 동사가 당위의 의미를 지니는 that절을 목적어로 취할 때, that절의 동사는 '(should) + RV'의 형태를 취한다. 따라서 goes를 (should) go로 고쳐야 한다. 참고로 전치사 despite 뒤에 명사구 the rain이 온 것은 적절하다.

② (has → have) 'the + 형용사'는 '~하는 사람들'이라는 복수 명사의 의미를 가진다. 따라서 그에 수일치하여 단수 동사 has를 복수 동사 have로 고쳐야 한다. 참고로 'have difficulty (in) RVing'는 '~하는 데 어려움을 겪다'라는 의미의 준동사 관용표현으로 적절하게 쓰였다.

③ (rejecting → reject) is 앞은 주어 자리로 명사절 접속사 whether가 완전한 절을 이끌고 있다. 그런데 명사절 내에서 등위접속사 or로 병렬된 대상이 accept 와 rejecting으로, 급이 동일하지 않다. 문맥상 병렬 대상은 you의 동사가 되어야 하므로 rejecting을 reject로 고쳐야 한다.

해석 ① 비가 오는데도 불구하고, 그녀는 그가 달리기를 하러 가기를 고집했다.
② 가난한 사람들은 종종 의료비를 감당하는 데 어려움을 겪는다.
③ 그 제안을 수락할지 거절할지는 당신의 결정이다.
④ 나는 30분 후에 내 친구 한 명과 제주도에 도착할 예정이다.

어휘 afford 감당하다 healthcare 의료의 reject 거절하다

04

정답 ②

해설 (bother → bothers) 'It ~ that' 강조 구문을 이용하여 'A가 아니라 B'를 의미하는 상관접속사 구문 'not A but B'를 강조하고 있다. 그런데 'not A but B'가 주어로 쓰이는 경우 동사를 B에 수일치해야 하므로, 불가산명사 their intrusion에 수일치하여 동사도 단수 bothers가 되어야 한다.

① 부가의문문은 앞 문장이 부정이면 긍정으로 만들고, 동사를 주절 동사의 종류와 시제, 그리고 부가의문문에 쓰인 주어의 수에 맞춰야 한다. 따라서 does it은 적절하게 쓰였다. '~옆에'라는 뜻의 전치사 beside 또한 알맞게 쓰였다.

③ 부대 상황을 나타내는 'with + O + OC'의 분사구문이 사용되었는데, 과제가 '완료된' 것이므로 수동의 과거분사 completed는 적절하게 쓰였다.

④ 전치사 among은 비교가 셋 이상 사이에서 이루어질 때 최상급과 함께 쓰이므로 the earliest among은 적절하게 쓰였다. 또한 those를 선행사로 받는 주격 관계대명사 who의 쓰임도 적절하다.

어휘 intrusion 간섭, 참견 bother 괴롭히다 assignment 과제 complete 완료하다, 끝내다

05

정답 ①

해설 A가 B에게 냉장고에 음식을 상할 때까지 두는 것에 대해 주의를 주는 상황이다. B가 사과를 하고 빈칸 내용을 언급하자 A는 그것이 자신이 말하고자 하는 바가 아니라며 냉장고를 계속 사용해도 된다고 했으므로, B가 빈칸에서 냉장고를 사용하지 않겠다는 취지의 말을 한 것을 추측할 수 있다. 따라서 빈칸에 들어갈 말로 가장 적절한 것은 ① '이제는 냉장고에 아무것도 넣지 않을게요.'이다.
② 근데 그 샐러드를 넣은 건 제가 아니에요.
③ 음식을 (유통) 기한이 끝나기 전에 꺼낼게요.
④ 누가 냉장고를 청소하는지 아시나요?

해석 A: Kevin, 냉장고에 있는 요거트 샐러드가 당신 건가요?
B: 아, 네. 그런 것 같아요.
A: 그거 몇 주째 그 안에 있었고 상했어요. 자꾸 냉장고에 음식을 두고 잊어버리시네요. 냉장고는 사무실에 있는 모두가 공유한다는 걸 기억해줘요.
B: 죄송합니다, 제가 많이 이러는 거 알아요. <u>이제는 냉장고에 아무것도 넣지 않을게요.</u>
A: 아뇨, 제 말은 그게 아니라요. 냉장고를 계속 사용하셔도 되지만, 그냥 음식이 상하기 전에 처리하는 것만 확실히 해주세요.
B: 알겠습니다, 명심할게요.

어휘 fridge 냉장고 stale 상한 get rid of 없애다, 처리하다 bad 상한 keep sth in mind ~을 명심하다 expire (기간이) 끝나다

06

정답 ②

해설 일반적인 부모의 생각과는 달리, 열은 아이에게 해로운 것이 아니며 실제로는 아이의 면역계를 활성화시켜 건강에 도움이 된다는 내용의 글이다. 따라서 글의 요지로 가장 적절한 것은 ② '열을 허용하는 것은 아이들의 면역 방어를 향상시킨다.'이다.

① 열은 감염의 강도를 악화시킬 수 있다. → 4번째 문장에서 열이 감기나 독감의 심한 정도를 줄여줄 수 있다고 언급되므로 옳지 않다.

③ 필요한 경우 해열제를 복용하는 것이 권장된다. → 열이 아이의 면역계를 활성화시켜 감염과 싸우는 것을 도와준다는 내용의 글이므로 해열제 복용이 권장되는 것은 아니다.

④ 심한 열은 자녀가 알레르기를 일으키게 할 수 있다. → 마지막 문장에서 열이 났던 아이들이 알레르기를 일으킬 가능성이 더 적다고 언급되므로 옳지 않다.

해석 대부분의 부모는 열이 자녀에게 해롭다고 생각한다. 그들 중 약 89%는 아이들의 체온이 높아질 때 아세트아미노펜과 같은 해열제를 그들 아이에게 먹인다. 그러나 미국 소아학회에 따르면, 열은 아이의 면역계를 활성화시켜 질병과 싸우는 백혈구 생성을 늘린다. 따라서, 열은 아이의 몸이 감염과 싸우는 것을 도와주며, 실제로는 감기나 독감의 지속 기간과 심한 정도를 줄여줄 수 있다. 게다가, 최근 연구는 생애 첫해 동안 열이 났던 아기들이 그러지 않았던 아기들에 비해 이후 유년기에서 알레르기를 일으킬 가능성이 더 적다는 것을 발견했다.

어휘 fever 열 fever reducer 해열제 pediatrics 소아과 stimulate 활성화시키다 immune system 면역계 white blood cell 백혈구 infection 감염 severity 심각성 intensity 강도 boost 향상시키다

07

정답 ③

해설 죽은 식물은 썩으면서 토양에 유익한 광물질을 생성하는 미생물만을 끌어들여 남은 식물에게 더 비옥한 토양을 마련해 준다는 내용의 글이다. 빈칸에는 이러한 식물의 자급자족 특성을 나타내는 표현이 와야 하므로, 빈칸에 들어갈 말로 가장 적절한 것은 ③ '그들 자신의 비료가 되는'이다.

① 많은 벌레와 공존하는 → 글의 문맥상 박테리아와 균류 등 미생물은 식물과 공존하는 생물로 볼 수 있으나, 벌레는 그저 식물을 먹는다고 언급되므로 옳지 않다.

② 박테리아의 공격을 이겨내는 → 식물이 박테리아에 의해 섭취된다고 언급되므로 공격을 이겨낸다는 말은 적절하지 않다.

④ 환경을 깨끗하게 유지하는 → 식물이 환경을 깨끗하게 한다는 내용은 언급되지 않았다.

해석 식물은 우리 지구상에서 살아온 수억 년 동안 놀라울 만큼 자급자족할 수 있게 되었다. 식물은 태양과 유용한 관계를 확립한 것 외에도, 그들 자신의 비료가 되는 법을 배웠다. 식물이 죽으면, 그저 많은 곤충과 벌레들에게 먹히며 땅에 떨어져 썩는 것처럼 보인다. 그러나, 연구원들은 죽은 식물들이 오직 특정한 박테리아와 균류에 의해서만 섭취된다는 사실을 알고 충격을 받았다. 식물은 자신의 자매 종들이 자라게 될 토양에 유익한 광물질을 만들어 줄 미생물만을 자신의 부패한 부분으로 끌어들이는 방법을 '알고' 있다. 이는 토양의 질이 식물을 위한 수분과 광물질의 원천으로서뿐만 아니라 그들 종의 생존 자체를 위해서도 결정적으로 중요하기 때문이다.

어휘 self-sufficient 자급자족하는 establish 확립하다 rot 썩다 worm 벌레 consume 섭취하다 particular 특정한 fungus 균류(pl. fungi) microorganism 미생물 beneficial 유익한 mineral 광물질 sibling 형제자매 critically 결정적으로 species 종 coexist 공존하다 fertilizer 비료

08

정답 ④

해설 농구에서 타임아웃을 요청하는 이유를 설명한 뒤에 때로는 우리의 삶에서도 타임아웃이 필요하다고 말하는 글이다. 주어진 글은 코치가 타임아웃을 요청하는 경우를 설명하는 내용으로, 그 타임아웃을 This timeout으로 받아 그것을 요청한 이유를 서술하는 내용의 (C)가 이어져야 한다. 그다음으로, (C)에서 경기 전략을 조정할 수 있다는 타임아웃의 이점이 언급된 뒤에는, 이 내용을 다시 언급하며 추가적인 이점들을 나열하는 (B)가 와야 한다. 마지막으로, Likewise를 통해 농구에서의 타임아웃을 우리의 삶에도 적용해야 할 필요성을 주장하며 글을 마무리하는 (A)가 오는 것이 자연스럽다. 따라서 글의 순서로 가장 적절한 것은 ④ '(C) - (B) - (A)'이다.

해석 농구팀이 판세에 있어 자신이 잘못된 쪽에 놓여 있다는 것을 알아차릴 때나 상대편이 우위를 점했을 때, 코치는 타임아웃을 요청한다. (C) 이 타임아웃은 그 판세를 깨뜨릴 수 있고 코치로 하여금 경기 전략을 조정할 수 있게 해준다. 그는 그의 팀이 활용할 수 있는 상대편의 약점을 발견했을지도 모른다. (B) 그 잠시 멈춤은 조정된 경기 전략과 더불어 팀의 자신감을 향상할 수 있고 하향 사이클을 끊을 수 있다. 그것은 그 경기의 리듬을 바꿀 수 있다. (A) 이와 같이, 우리는 우리의 삶과 업무의 사이클에서 때때로 타임아웃을 불러야 한다. 우리가 실패와 상실의 리듬을 깨뜨려야 하는 때가 있다. 이 휴식 동안 우리는 무엇이 잘 되고 있고 잘못되고 있는지를 결정해야 한다.

어휘 momentum 판세, 기세 opponent 상대편 occasionally 때때로 determine 결정하다 pause 일시정지 adjust 조정하다 confidence 자신감 downward 하향의 weakness 약점 utilize 활용하다

09

정답 ①

해설 기억이 왜곡되는 것을 방지하기 위한 사법적 차원에서의 노력에 관한 글이다. (A)가 있는 문장 앞은 사법 체계가 기억이 잘못 덮어씌워질 수 있다는 개념에 관해 크게 인식하지 못해왔다는 내용이고, (A) 뒤는 그 문제를 다루기 위해 사법 절차 개선 노력이 이루어지고 있다는 상반되는 내용이므로, (A)에 들어갈 연결사로 적절한 것은 however이다. 또한, (B) 앞에서는 목격자의 기억이 오염되지 않도록 하는 올바른 심문 방법에 관한 한 예시를 들었으며, 뒤는 용의자가 목격자에게 일렬보다는 한 명씩 제시되는 것이 더 낫다는 취지의 내용이므로, (B) 앞의 내용과 같은 맥락의 또 다른 사례를 든 것을 알 수 있다. 따라서 (B)에 들어갈 연결사로 적절한 것은 Also이다.

해석 마술사와 심리학자들은 어떻게 기억이 간섭이나 잘못된 정보에 의해 덮어씌워질 수 있는지를 오랫동안 알고 있었지만, 사법 체계는 이를 그만큼 인식하지 못해왔다. 그러나, 이 문제를 다루기 위한 사법 절차의 개선을 향한 노력이 이루어지고 있다. 이제 경찰은 목격자를 심문할 때 "사고 현장에 SUV가 있었습니까?" 대신에 "사고 현장을 묘사해 주십시오"와 같은 개방형 질문에 기대도록 권고되는데, 이는 SUV의 언급이 범죄 현장에 대한 기억을 오염시키기 때문이다. 또한, 용의자는 일렬로 줄 세워 제시되기보다는 한 명씩 목격자에게 제시되는데, 일렬로 제시되는 경우에는 목격자가 확신이 서지 않을 때도 누군가를 고르도록 압박을 받을 수 있기 때문이다. 그럼에도 불구하고, 사법 체계 내에서 이러한 변화들이 널리 채택되려면 더 많은 개선이 필요하다.

어휘 psychologist 심리학자 overwrite 덮어쓰다 interference 간섭 misinformation 잘못된 정보 judicial 사법의 address 다루다, 처리하다 recommend 권고하다 question 심문하다 witness 목격자 rely on 기대다 open-ended question 개방형 질문 as opposed to ~이 아니라 mention 언급 contaminate 오염시키다 suspect 용의자 lineup (사람의) 정렬 latter 후자의 pressure 압박; 압박을 가하다 improvement 개선 ensure 보장하다 widespread 광범위한 adoption 채택

10

정답 ③

해설 3번째 문장에서 블루문은 많은 양의 먼지나 파편이 대기 중 높이 떠오를 때 발생할 수 있다고 언급된다. 따라서 글의 내용과 일치하지 않는 것은 ③ '블루문은 대기에서 먼지가 없어질 때 나타난다.'이다.
① 처음에 'once in a blue moon'이라는 관용구는 불가능성을 암시했다. → 첫 문장에서 언급된 내용이다.
② 1883년의 블루문은 인도네시아 밖의 사람들에 의해 목격되었다. → 2번째 문장에서 언급된 내용이다.
④ 1950년 캐나다의 산불은 또 다른 블루문 사례로 이어졌다. → 마지막 2번째 문장에서 언급된 내용이다.

해석 'once in a blue moon'이라는 표현은 원래 '돼지가 날 때' 혹은 '검은색이 흰색일 때'와 같이 일어날 가능성이 없는 무언가를 의미하곤 했는데, 이는 달이 파란 것은 불가능하다고 여겨졌기 때문이다. 그러나 1883년 인도네시아의 Krakatoa 화산 폭발 이후 2년 동안, 그 나라에 있는 사람들뿐만 아니라 전 세계의 사람들이 파란색으로 보이는 달을 보았다고 보고했다. 이 같은 블루문은 대량의 먼지나 다른 미세한 잔해들이 달의 반사광을 걸러낼 만큼 충분히 높이 대기 중으로 이동할 때 발생할 수 있다. 최근 1950년만 해도, 캐나다 북부의 산불이 연기와 먼지를 대기 중으로 높이 날려 보내면서 또 다른 블루문이 발생했다. 오늘날, 'once in a blue moon'이라는 관용구는, 발생할 수 있지만 오직 가장 드문 상황에서만 일어날 수 있는 사건을 묘사한다.

어휘 expression 표현 chance 가능성 eruption 폭발 dust 먼지 debris 파편, 잔해 atmosphere 대기 phrase 문구, 관용구 uncommon 드문 circumstance 상황 initially 처음에 imply 암시하다

01	①	02	②	03	②	04	④	05	②
06	③	07	③	08	③	09	③	10	③

01

정답 ①

해설 detrimental은 '해로운'이라는 뜻으로, 이와 의미가 가장 가까운 것은 ① 'harmful(해로운)'이다.
② 적당한 ③ 필수적인 ④ 논란의 여지가 있는

해석 호수의 수위를 조절하는 것은 많은 고유 어종에게 해로운 것으로 밝혀졌다.

어휘 numerous 많은, 무수한 endemic 고유의

02

정답 ②

해설 사회 문제들이 발생한 것과 연이은 자연재해 간의 상관관계를 파악해야 하는데, 이때 이를 인과관계로 보는 것이 자연스러우므로, 빈칸에 들어갈 말로 가장 적절한 것은 ② 'in the wake of(~의 여파로)'이다.
① ~을 대신하여 ③ ~을 위해서 ④ ~을 희생하면서

해석 연이은 자연재해의 여파로 사회 문제들이 발생했다.

어휘 continuous 연이은 natural disaster 자연재해

03

정답 ②

해설 (which → where 또는 in which) 관계대명사 which는 뒤에 불완전한 문장을 취하는데 여기서는 완전한 문장이 오고 있다. 따라서 which를, a state를 선행사로 받으면서도 뒤에 완전한 문장을 취할 수 있는 관계부사 where이나 '전치사 + 관계대명사' 형태의 in which로 고쳐야 한다.
① be동사의 보어로 쓰인 형용사 chief가 문두에 오면서 주어와 동사가 도치된 구조이다. 즉 주어가 단수 명사인 the instinct이므로, 그에 수일치한 단수 동사 was는 적절하게 쓰였다.
③ 문맥상 This instinct가 복잡한 사회 구조 및 행동 형성으로 이어진 시점은, 그러하다고 알려진 시점보다 더 이전이므로 완료 부정사 to have led to로 쓰인 것은 적절하다.
④ observed 이하는 앞의 명사 complex social structures and behaviors를 수식하는 분사구인데, 복잡한 사회 구조 및 행동이 '관찰되는' 것이므로 수동의 과거분사 observed는 적절하게 쓰였다.

해석 포유류가 파충류에서 진화하면서 발달된 새로운 본능 중 가장 중요한 것은 새끼에 대한 부모의 보살핌 본능이었다. 어린 포유류는 부모의 애정이 그들 생존에 필수적인 상태로 태어났다. 이 본능은 다양한 포유류 종에서 관찰되는 복잡한 사회 구조와 행동의 형성으로 이어졌다고 한다.

어휘 chief 가장 중요한, 주된 instinct 본능 mammal 포유류 reptile 파충류 parental 부모의 young 새끼; 어린 affection 애정 essential 필수적인 formation 형성

04

정답 ④

해설 (go → have gone) by the time이 이끄는 시간 부사절에서 쓰인 동사가 현재시제면 주절의 시제는 미래완료여야 하고, 과거시제면 주절의 시제는 과거완료여야 한다. 여기서는 주어진 우리말이 미래완료의 의미를 담고 있으므로, 주절의 will go를 will have gone으로 고쳐야 한다.
① 상관접속사 either는 'either A or B'의 구조로 쓰이므로 상관어구 or는 적절하게 쓰였다. 또한 이때 or로 병렬된 A와 B의 급은 같아야 하며, the police는 항상 복수로 취급하므로 복수 동사 know와 are의 쓰임도 적절하다.
② 2형식 감각동사 sound와 feel 뒤에 각각 형용사 보어인 reasonable과 anxious가 쓰인 것은 적절하다. 또한 Although는 접속사이므로 뒤에 절이 온 것도 적절하다.
③ 'keep + O + from + RVing'는 'O가 ~하지 못하게 하다'를 의미하는 구문으로, kept her from getting은 우리말에 맞게 쓰였다.

어휘 criminal 범인 investigate 조사하다 reasonable 합리적인

05

정답 ②

해설 B가 새로운 학교로 옮긴 뒤에 A와 대화를 나누고 있는 상황이다. B가 빈칸 내용을 언급하자 A가 물론 그러겠다고 하며 새로운 소식이 있을 때마다 전화하겠다는 것으로 보아, B는 빈칸에서 새로운 소식이 생기면 알려달라고 했음을 알 수 있다. 따라서 빈칸에 들어갈 말로 가장 적절한 것은 ② '음, 계속 소식 전해줘.'이다.
① 나는 그것에 익숙해질 거야.
③ 난 여기가 더 나아.
④ 나 좀 빼줄래?

해석 A: 안녕 Lisa, 새 학교는 어때?
B: 별로야. 너희들이 주위에 없다는 게 정말 싫어.
A: 너는 언제든지 우리를 보러 올 수 있다는 거 알잖아. 우리는 네가 보고 싶어.
B: 나도 그래. 곧 모이자. 다른 애들은 어떻게 지내?
A: 평소와 다름없어. 별다른 일은 없었어.
B: 음, 계속 소식 전해줘.
A: 물론이지, 당연히 그렇게. 새로운 소식이 있을 때마다 전화할게.

어휘 get together 모이다 come up 생기다

06

정답 ③

해설 기후 변화로 인한 기온의 상승이 곤충의 신진대사율 및 번식률을 증가시켜 우리의 농작물에 큰 피해를 줄 것이라는 내용의 글이다. 따라서 글의 제목으로 가장 적절한 것은 '③ 지구 온난화: 농작물을 더 갈망하는 더 많은 곤충'이다.
① 어떤 종류의 곤충이 더위 속에서 잘 자라는가? → 글 후반에 따뜻한 기온이 곤충의 신진대사율과 번식률을 증가시킨다는 내용이 언급되나, 특정 곤충 종류를 언급하는 내용은 없다.
② 인구 증가가 농작물에 미치는 영향 → 인구 증가가 아닌 곤충의 증가가 농작물에 미치는 영향에 관한 글이므로 적절하지 않다. 증가하는 인구는 첫 문장에서 서론으로서 언급되었을 뿐이다.
④ 더 따뜻한 세상에서 새로운 식량 자원으로서의 곤충 → 식량 자원으로서 곤충을 이용하는 내용은 언급되지 않았다.

해석 과학자들은 이미 기후 변화가 증가하는 인구를 위한 식량을 생산하는 능력에 부정적인 영향을 미칠 것이라고 경고한 바 있다. 그러나 새로운 연구는 기후 변화가 또 다른 굶주린 생물 집단인 곤충의 활동으로 인해 농작물 손실 속도를 가속화할 것으로 예상된다는 점을 보여준다. 이 연구에 따르면, 오늘날 온대 농작물 재배 지역의 곤충 활동은 기온과 함께 증가할 것이다. 연구원들은 이러한 활동의 증가로 인해 지구 표면 온도가 섭씨 1도씩 상승할 때마다 전 세계적으로 쌀, 옥수수, 밀의 손실이 10~25% 증가할 것으로 예상하고 있다. 저자 Curtis Deutsch는 두 가지 기본적인 이유를 지적했다. "첫째로, 더 따뜻한 기온은 곤충의 신진대사율을 기하급수적으로 증가시킵니다. 둘째로, 그것은 곤충의 번식률을 증가시킵니다. 따라서 곤충이 더 많아지고, 더 많이 먹게 되는 것입니다."

어휘 warn 경고하다 climate change 기후 변화 negatively 부정적으로 affect 영향을 미치다 population 인구 accelerate 가속화하다 crop 농작물 insect 곤충 temperate 온대성의, 온화한 temperature 기온 project 예상하다 boost 증가시키다 wheat 밀 surface 표면 point out 지적하다 metabolic rate 신진대사율 exponentially 기하급수적으로 reproductive 번식의

07

정답 ③

해설 한 집단에 속하여 하나의 정체성이 부여되었던 이전과 달리 우리는 오늘날 분리된 여러 집단에 속한다는 내용의 글이다. 빈칸은 이러한 우리의 삶을 구성하는 여러 집단 정체성이 서로 분리되는 경향을 나타내는 현대 사회의 특징에 관한 것으로, 빈칸에 들어갈 말로 가장 적절한 것은 ③ '우리 삶의 분할'이다.
① 소속감을 향한 욕구 → 우리가 한 집단이 아닌 여러 집단에 속하는 것이 소속감을 향한 욕구를 나타낸다고 보기에는 근거가 부족하며, 이 집단들이 서로 분리되어 있다는 것이 글의 핵심이므로 적절하지 않다.
② 집단 간의 연결 → 오히려 집단 간 분리를 강조하는 글이므로 반대된다.
④ 혼자 있고려 하는 경향 → 집단이 서로 분리되는 것이지, 개인이 집단으로부터 분리되는 것은 아니므로 혼자 있고자 하는 경향을 현대 사회의 특징으로 보기에는 어렵다.

해석 전통적인 전근대 사회에서는 다수의 집단에 속하는 것이 상대적으로 드물었다. 흔히 한 사람의 씨족 또는 부족이 유일하게 얻을 수 있는 집단 정체성이었다. 일, 종교, 가족, 교육, 오락은 모두 같은 집단 내에서 이루어졌다. 한 사람의 부족을 아는 것이 그 사람의 정체성을 아는 것이었다. 그러나 오늘날 사회는 더 크고, 더 복잡하며, 더 분화되어 있다. 이것은 우리의 삶이 여러 장소에서 여러 집단과 함께 살아질 가능성이 더 크다는 것을 의미한다. 그러므로 한 사람의 일은 흔히 그 사람의 가족과 분리되고, 종교는 일반적으로 일과 분리되며, 교육은 대개 가족, 종교, 일과 구별되는 공적인 환경에서 일어난다. 이러한 우리 삶의 분할은 현대 사회를 정의하는 특징이며 집단 정체성에 관한 몇 가지 중요한 함의와 관련되어 있다.

어휘 traditional 전통적인 premodern 전근대적인 multiple 다수의 relatively 상대적으로, 비교적 rare 드문 clan 씨족 tribe 부족 available 얻을 수 있는 complex 복잡한 differentiated 분화된, 차별화된 location 장소 be separated from ~과 분리되다 typically 일반적으로 setting 환경 distinct 구별된, 분리된 defining feature 정의하는 특징 be associated with ~과 관련되다 implication 함의 belonging 소속감 division 분할 tendency 경향

08

정답 ③

해설 기술을 훈련하는 데 오랜 시간이 걸리기 때문에, 평범한 테니스 선수는 숙련된 선수가 하는 기술을 따라 하려 해도 실력이 늘지 않을 것이라는 내용의 글이다. 주어진 문장은 그들의 실력은 나아지지 않는다는 내용으로, 앞에는 their이 가리키는 대상이 나와야 하며 뒤에는 그 내용에 관한 부연이 이어져야 한다. ③ 앞에서 평범한 테니스 선수에게 숙련된 선수처럼 상대의 신체 부위에 주의를 집중하라고 할 경우 무슨 일이 일어날지에 관해 질문을 던지는데, 문맥상 주어진 문장은 이에 해당하는 답임을 알 수 있으며, 이때 주어진 문장의 their이 여기서 나온 average tennis players를 가리키고 있다. 또한 ③ 뒤에서는 왜 평범한 테니스 선수의 실력이 나아지지 않는지에 관한 이유를 설명하며 주어진 문장을 부연하고 있다. 따라서 주어진 문장이 들어갈 위치로 가장 적절한 곳은 ③이다.

해석 평범한 테니스 선수가 서브를 받을 때 그들의 시선은 공에 고정되는 경향이 있다. 반대로, 숙련된 선수가 서브를 받을 때 그들의 시선은 상대의 신체 부위에 고정된다. 숙련된 선수는 잠재의식적으로 상대의 신체 단서를 이용해 공이 어디로 향할지 예측하고, 이러한 의식은 그들이 공을 받아치기 위해 빠르고 정확하게 반응하도록 해준다. 하지만 평범한 테니스 선수에게 숙련된 선수가 하는 것처럼 하라며 상대의 신체 부위에 주의를 집중하라고 말하면 무슨 일이 일어날까? 그들의 실력은 나아지지 않는다. 이는 숙련된 선수들이 수백 시간의 훈련 후에야 비로소 이 단서들이 의미하는 바를 자동으로 해석하는 능력을 발달시켰기 때문이다. 평범한 테니스 선수들은 이러한 훈련을 받지 않았기 때문에 그들에게 숙련된 선수처럼 행동하라고 말하는 것은 그들의 실력을 늘리는 데 거의 도움이 되지 않는다.

어휘 improvement 향상 serve (공을) 서브하다 fix 고정되다 opponent 상대편 subconsciously 잠재의식적으로 cue 단서 foresee 예측하다 direct 향하게 하다 awareness 의식 enable 가능하게 하다 swiftly 신속히 accurately 정확히 automatically 자동으로 interpret 해석하다

09

정답 ③

해설 과학자들이 우리의 유전적 구성 사이에 존재하는 차이들을 발견하여 이에 근거한 차별이 발생할 수 있음을 우려하는 글이다. 따라서 글의 흐름상 가장 어색한 문장은 환경이 인간 발달에 영향을 미치는 부분이 있음을 인정하는 내용의 ③이다.

해석 우리는 다양한 방법을 통해 인종이나 피부색 같은 피상적인 기준에 근거한 차별의식을 없애려고 노력해 왔다. 하지만 과학자들은 인간의 구성에 있어 많은 미묘한 유전적 요소들을 발견할 것이며, 이러한 발견들은 우리 사회가 기초하고 있는 평등의 기본 개념에 이의를 제기할 것이다. 정밀한 유전자 분석을 수행하는 것은 우리로 하여금 우리의 유전적 구성 속의 차이를 발견하게 할 것이다. 그 결과는 서로 다른 유전적 기질로 특징지어지는 사람들의 계층들을 드러낼 것이다. (따라서, 환경이 인간 발달에 미치는 영향을 완전히 부정할 수는 없다.) 유전적 차이는 사람들이 무엇을 하고, 어디에서 일하며, 사회에서 어떤 역할을 하는지에 반영될 것이다. 이것은 유전적 차별의 가능성을 높일 수 있는 매우 심각한 문제이다.

어휘 get rid of ~을 없애다 superficial 피상적인 criterion 기준(pl. criteria) race 인종 color 피부색 discover 발견하다 subtle 미묘한 genetic 유전의 makeup 구성 challenge 이의를 제기하다 equality 평등 conduct 수행하다 reveal 드러내다 characterize 특징짓다 predisposition 기질, 성향 impact 영향 deny 부인[부정]하다 reflect 반영하다 prospect 가능성 discrimination 차별

10

정답 ③

해설 3, 4번째 문장에서 학자들은 그 책 내용의 진위에 관해 의문을 품고 있으며 그 책은 잘못된 통념으로 구성된 공상적인 책이라고 언급되므로, 글의 내용과 일치하는 것은 ③ '그것은 현실의 증거라기보다는 허구에 가까웠다.'이다.
① 그것은 유명해지기까지 오랜 시간이 걸렸다. → 첫 문장에서 그 책은 등장하고 나서 즉시 많은 인기를 얻었다고 언급되므로 옳지 않다.
② Columbus는 그의 모험을 위해 이 책을 참고하지 않았다. → 2번째 문장에서 Columbus는 항해를 떠날 때 이 책을 참고했다고 언급되므로 옳지 않다.
④ 그것은 실제 항해 기록을 반영하도록 수정되었다. → 마지막 2번째 문장에서 실제 항해 경험과 그 책의 내용이 일치하지 않을 경우 오히려 실제 경험을 믿지 않았다고 언급되었으며 그 책이 수정되었다는 내용은 없으므로 옳지 않다.

해석 역사상 가장 인기가 있던 여행기 중 하나인 『맨더빌 여행기』는 1356년경에 등장했으며, 즉시 놀라울 정도로 인기를 얻었다. 이 책은 Leonardo da Vinci가 소유했던 유일한 여행기였고, Christopher Columbus는 항해를 떠날 때 이 책을 참고했다. 그러나 학자들은 Mandeville이라는 이름의 사람이 존재했는지조차, 또는 그가 지역 도서관보다 더 멀리 여행한 적이 있었는지에 대한 의문을 품고 있다. 그의 작품은 대부분 고대 세계의 범세계적인 잘못된 통념으로 구성된 공상적이며 재미 위주의 책이었다. 그러나 이 책이 워낙 인기가 많았기 때문에 실제 여행자들이 허구의 Mandeville의 경험과 일치하지 않는 경험을 하고 해외에서 돌아왔을 때, 그들은 자기 눈을 믿지 않았다. 따라서 범세계적인 오해는 상당히 많은 세계적인 교류에도 불구하고 중세 시대 내내 지속되었다.

어휘 appear 나타나다 immediately 즉시 astonishingly 놀라울 정도로 possess 소유하다 consult 참고하다 voyage 항해, 탐험 doubt 의심하다 local 지역의 fanciful 공상의, 비현실적인 consist of ~로 구성되다 misconception 오해 ancient 고대의 abroad 해외 match 일치하다 fictional 허구적인, 소설의 misunderstanding 오해 persist 지속되다 a good deal of 많은 interaction 교류 well-known 유명한 refer to 참고하다 revise 수정하다 reflect 반영하다

01	③	02	①	03	③	04	②	05	②
06	④	07	④	08	③	09	①	10	②

01

정답 ③

해설 thrive는 '번성하다'라는 뜻으로, 이와 의미가 가장 가까운 것은 ③ 'flourish(번성하다)'이다.
① 돌연변이가 되다 ② 근근이 살아가다 ④ 악화되다

해석 연약한 열대 식물이 온화한 기후에서 번성하는 것은 가능하다.

어휘 delicate 연약한 tropical 열대의 temperate 온화한

02

정답 ①

해설 count on은 '의지하다'라는 뜻으로, 이와 의미가 가장 가까운 것은 ① 'trust(믿다, 의지하다)'이다
② 통제하다 ③ 벗어나다 ④ 보호하다

해석 북극 한가운데 텐트 안에서 나 자신을 발견했을 때 나는 나 자신을 의지할 수밖에 없었다.

어휘 the Arctic 북극

03

정답 ③

해설 (unnoticing → unnoticed) 'I'가 '눈에 띄지 않은' 채 떠나는 것이므로 능동의 현재분사 unnoticing을 수동의 과거분사 unnoticed로 고쳐야 한다. 참고로 분사구문 being 이하의 의미상 주어와 주절의 주어가 다르고, 분사구문에서 지칭하는 특정 주체가 없으므로 비인칭 주어 it을 생략하지 않은 것은 적절하다.
① 4형식 동사로 쓰인 tell의 직접목적어로 what이 이끄는 간접의문문이 오고 있다. 이때 간접의문문은 '의문사 + S + V'의 어순을 취하므로 what you should bring은 적절하게 쓰였다.
② marry는 전치사 없이 목적어를 바로 취하는 3형식 완전타동사이므로 바르게 쓰였다. 난이형용사 difficult가 사용된 가주어(it)-진주어(to marry) 구문 또한 적절하다. 참고로, say와 it 사이에는 명사절 접속사가, someone과 you 사이에는 목적격 관계대명사가 생략되었다.
④ 'as ~ as' 원급 표현 사이에는 형용사나 부사가 들어가는데, 여기서는 be동사 is의 보어로 형용사 deep이 적절하게 쓰였다. 또한 두 번째 as 뒤 대명사 that은 앞에 나온 불가산명사 knowledge를 가리키므로 수에 맞게 쓰였다.

해석 ① 그 목록은 당신이 내일 무엇을 가져와야 하는지 알려준다.
② 어떤 사람들은 진심으로 사랑하는 사람과 결혼하는 것이 어렵다고 말한다.
③ 파티에 사람이 많아서 나는 눈에 띄지 않게 떠나고 싶었다.
④ 그 문화들에 대한 그의 지식은 학자의 지식만큼이나 깊다.

어휘 crowded 붐비는 scholar 학자

04

정답 ②

해설 (grew → has grown) For the last five years라는 기간을 나타내는 부사구가 나왔으므로 현재완료시제인 has grown이 함께 쓰여야 한다.
① 'no less ~ than'은 '~처럼 ~한'이라는 양자 긍정을 의미하는 비교 관용 표현으로, than 이하에는 긍정문이 와야 한다. 따라서 do가 온 것은 적절하다. 또한 '~하는 데 시간을 쓰다'라는 표현은 'spend + 시간 + (in) RVing' 구문을 사용하므로 playing도 적절하게 쓰였다.
③ important와 같은 이성적 판단의 형용사가 포함된 가주어(It)-진주어(that절) 구문에서, that절 내의 동사는 '(should) + RV'를 사용하므로 동사 have는 적절하게 쓰였다. 또한 사역동사 have는 목적어와 목적격 보어의 관계가 능동이면 RV를, 수동이면 p.p.를 목적격 보어로 취한다. 여기서는 논문이 '검토되는' 것이므로 수동의 과거분사 reviewed는 적절하다.
④ '부분명사 of 전체명사'가 주어로 오는 경우, of 뒤의 명사에 동사를 수일치시키므로, 복수 명사 the students에 맞춘 are의 수일치는 적절하다.

어휘 steadily 꾸준히 paper 논문 participate 참가하다 fair 박람회

05

정답 ②

해설 산책을 가는 중이던 B가 A와 대화를 나누는 상황이다. A가 자신도 산책을 같이 가고 싶지만, 점심 약속이 있다고 말하며 빈칸 내용을 언급했다. B는 이에 제안해 줘서 고맙지만 이미 점심을 먹었다고 말하며 정중하게 거절하고 있다. 따라서 A는 빈칸에서 B에게 같이 점심을 먹을 것을 제안했음을 알 수 있다. 따라서 빈칸에 들어갈 말로 가장 적절한 것은 ② '너도 가고 싶으면 같이 가도 돼.'이다.
① 다른 날에 산책하러 가자.
③ 너랑 같이 못 가서 미안해.
④ 네가 나한테 거기 추천했어, 그렇지?

해석 A: Claude, 너 어디 가?
B: 나 공원에 산책하러 가고 있어. 나랑 같이 갈래?
A: 가고 싶지만, 나 Mandy's Kitchen에서 Jim이랑 만나서 점심을 먹을 예정이야. 너도 가고 싶으면 같이 가도 돼.
B: 아, 제안해 줘서 고맙지만 이번에는 패스할게. 이미 점심을 먹었거든.
A: 아쉽네. 그럼 다음에 봐.

어휘 walk 산책 meet up with ~와 만나다 recommend 추천하다

06

정답 ④

해설 청소년 스포츠에 있어 부모들은 자녀의 승리를 가장 중요시하는 반면에, 아이들에게는 승리가 낮은 우선순위이며 재미와 같은 다른 가치들이 더 중요하다는 내용의 글이다. 따라서 글의 주제로 가장 적절한 것은 ④ '스포츠를 하는 데 있어 부모와 자녀가 중요시하는 것의 대비'이다.

① 증가하는 연령에 따른 스포츠 활동의 감소 → 스포츠에 관한 부모와 아이의 우선순위를 비교하는 글로, 스포츠 활동량의 증감에 관해서는 언급되지 않았다.

② 스포츠 커리어에 대한 아이들의 높은 기대 → 아이의 스포츠 커리어에 대한 기대는 오히려 부모가 가지고 있는 것이므로 적절하지 않다.

③ 청소년 스포츠에서 부모 관여의 중요성 → 부모가 청소년 스포츠에 관여해야 할 필요성을 주장하는 글이 아니다.

해석 대부분의 부모들은 자녀가 그들이 하는 스포츠에서 이기는 것이 매우 중요하다고 느낀다. 승리는 부모에게 높은 우선순위이다. 그러나 아이들은 스포츠를 왜 하느냐는 질문을 받으면, 그들은 승리가 낮은 우선순위라는 것을 압도적으로 내비친다. 아이들은 다른 이유들 때문에 스포츠를 하는데, 가장 흔한 이유는, 중요한 순서대로, 재미를 위해, 능력 개발을 위해, 운동을 하기 위해, 그리고 사람들과 어울리기 위해서이다. 그러나 성인들이 청소년 스포츠에의 관여와 관련된 그들의 우선순위에 대해 질의를 받으면, 승리가 그 목록에서 훨씬 더 높은 곳에 위치한다. 분명히, 청소년과 성인은 청소년 스포츠의 중요한 측면에 대해 서로 다른 생각을 가지고 있다.

어휘 priority 우선순위 overwhelmingly 압도적으로 indicate 나타내다, 내비치다 develop 개발하다 socialize 사교 활동을 하다 relating to ~과 관련된 involvement 참여, 관여 place 위치하다 aspect 측면 decline 감소 expectation 기대 contrast 대비, 대조 value 중요시하다

07

정답 ④

해설 마치 에너지가 형태는 바뀔 수 있어도 총량은 보존된다는 에너지 보존 법칙과 같이, 인간에게도 일정한 양의 정신 에너지가 있으며 이것이 억압될 경우 다른 형태로 표출된다는 내용의 글이다. 특히 빈칸 뒤에서 공격적인 충동이 다른 형태로 나타나는 경우와 차단된 정신 에너지가 꿈으로 표현되는 경우를 언급한 것을 보아, 빈칸에 들어갈 말로 가장 적절한 것은 ④ '가장된 형태로 나타나며'이다.

① 더 심한 스트레스를 유발하며 → 에너지가 분출되는 과정에서 스트레스를 받는다는 언급은 없다.

② 물리 법칙을 거스르며 → 오히려 에너지 보존 법칙과 비슷한 원리로 충동이 다른 형태로 표출되는 것이므로 반대된다.

③ 도덕적 행동을 강화하며 → 공격적인 충동이 다른 형태로 표출된다고 언급되나, 자동차 경주, 체스 두기 등의 예시를 통해서도 알 수 있듯 그 형태가 도덕적이라고 볼 수는 없다.

해석 Sigmund Freud는 에너지가 형태는 바뀔 수 있어도 새로 만들어지거나 파괴될 수는 없다는 에너지 보존 법칙에 크게 감명을 받았다. 그는 인간이 폐쇄적인 시스템과 유사하다고 믿었다. 모든 사람은 일정한 양의 정신 에너지를 가지고 있다. 이 법칙의 한 결과는 금지된 행동이나 충동이 억압을 받게 되면 그것의 에너지가 가장된 형태로 나타나며 다른 곳에서 분출구를 찾을 것이라는 것이다. 예를 들면, 공격적인 충동은 자동차 경주, 체스 두기, 또는 냉소적 유머 감각 등으로 대체될 수 있다. 꿈 역시 표면으로 드러나지 못하도록 차단되었던 정신 에너지의 표현이다.

어휘 impress 감명을 주다 principle 원리, 법칙 conservation 보존 state 말하다, 명시하다 possess 소유하다 constant 일정한, 변함없는 psychic 정신의 consequence 결과 forbidden 금지된 impulse 충동 suppress 억압하다 outlet 출구 aggressive 공격적인 displace 대체하다 sarcastic 냉소적인 block 차단하다 surface 표면으로 드러나다 defy 무시하다, 거스르다 reinforce 강화하다 moral 도덕의 disguise 변장[가장]하다

08

정답 ③

해설 주식 거래를 할 때 사람들은 손실을 피하기 위해 주가가 하락한 주식은 보유하고, 이익을 취하기 위해 주가가 상승한 주식은 팔기 때문에 결국 안 좋은 주식들만 보유하게 된다는 내용의 글이다. 주어진 글은 주식 거래에서 가장 중요한 것은 손절하는 것이라고 말한 후에, 우리는 이득을 누리는 것을 좋아한다고 말한다. 이때 주어진 글 마지막에 나온 enjoy them을 do so로 받아, 이익을 누리기 위해서는 주가가 오른 후에 주식을 팔아야 한다는 내용의 (C)가 이어지는 것이 자연스럽다. 그다음으로, (C) 마지막의 loss를 it으로 받아, 손실을 피하는 한 가지 방법은 주가가 하락한 후에도 그것을 보유하는 것이라는 내용의 (A)가 와야 한다. 마지막으로, 앞서 언급된 주식 거래 패턴을 This style of trading으로 받아 그로 인해 벌어지는 결과를 서술하며 글을 마무리하는 (B)가 오는 것이 자연스럽다. 따라서 글의 순서로 가장 적절한 것은 ③ '(C) - (A) - (B)'이다.

해석 주식 거래에서 가장 중요한 세 가지 규칙은 "손절하고, 손절하고, 손절해라"이다. 가격이 하락한 주식을 매도하여 손실을 실현하는 것에 대한 자연스러운 저항이 있기 때문에 이것을 실행하기란 어렵다. 그러나 이득은 좋다. 우리는 그것을 누리는 것을 좋아한다. (C) 그리고 그러기 위해서는, 주가가 오른 후에 주식을 팔아야 한다. 그러고 나면 우리는 이익을 누릴 수 있다. 반면 손실은 기분이 나쁘고 피해야 한다. (A) 그것을 피하는 한 가지 방법은 주식을 매도하고 손실을 감수하는 대신, 주가가 하락한 후에도 그것을 보유하는 것이다. 손실은 오로지 서류상으로만 있고 주식은 곧 반등할 수도 있기 때문이다. (B) 이러한 거래 방식은 한 사람을 결국 패자들의 포트폴리오를 보유한, 가장 부럽지 않은 위치에 놓는다. 그러나 바로 이러한 일이 실제로 벌어진다. 혼자서 거래하는 사람들은 결국 좋은 주식을 팔고 나쁜 주식을 보유하는 경향이 있다.

어휘 stock 주식 cut loss 손절하다 resistance 저항 realize 실현하다 benefit 이익 as opposed to ~와는 대조적으로 face 직면하다 rebound 반등하다 unenviable 부럽지 않은 end up 결국 ~하게 되다

09

정답 ①

해설 수렵 채집을 했던 사람들에 비해 농업에 종사했던 사람들이 영양적, 건강적 측면에서 열세에 놓여 있었다는 내용의 글이다. (A) 앞은 농업 인구의 식단은 단조로웠고 그 양도 부족했던 반면 수렵 채집 인구는 더 다양한 음식을 먹었다는 내용이고, 뒤는 필수 영양소를 제공하는 데 있어 농업 식단이 수렵 채집 식단보다 안 좋았다는 내용으로, 두 내용 간에 인과관계가 성립함을 알 수 있다. 따라서 (A)에 들어갈 연결사로 적절한 것은 Hence이다. 또한, (B) 앞은 농업 집단이 수렵 채집 집단에 비해 영양에 기반한 뼈와 치아 문제가 많았다는 내용이고, 뒤는 농업 집단은 인구 밀도가 높아 전염병에 걸리기 더 쉬웠다는 내용으로, (B) 뒤에서 농업 인구의 건강이 더 안 좋을 수밖에 없었던 추가적인 원인을 덧붙인 것을 알 수 있다. 따라서 (B)에 들어갈 연결사로 적절한 것은 In addition이다.

해석 비록 농업 사회가 수렵 채집 사회보다 더 발전된 것으로 여겨지지만, 전문가들은 식생활 영역에서는 그렇지 않다는 점을 지적한다. 농업 인구는 단조로운 식단과 함께 매일 밤 배고픈 채로 잠자리에 들었던 반면 수렵 채집 인구는 더 다양한 음식 공급량이 있었다. 따라서 농업 식단은 우리 몸이 잘 자라는 데 필요한 특정한 영양소를 모두 제공하는 데 있어 수렵 채집 식단만큼 좋지 않았다. 같은 지역에서 농업이 출현하기 전과 후에 집단의 골격 건강을 비교하는 연구들이 이루어졌다. 거의 모든 경우에서 농업 집단은, 수렵 채집 비교 집단에는 존재하지 않는, 영양에 기반한 뼈 또는 치아 스트레스의 징후들을 보였다. 게다가 농업 집단은 더 높은 인구 밀도 때문에 전염병에 노출될 가능성이 더 커 그들의 건강을 더욱 위협했다.

어휘 agricultural 농업의 deem 여기다, 간주하다 advanced 발전된 hunter-gatherer 수렵 채집민 note 지적하다 dietary 식사의 realm 영역 monotonous 단조로운 specific 특정한 nutrient 영양소 thrive 잘 자라다 skeletal 골격의 advent 출현 present 존재하는 comparison 비교 density 밀도 expose 노출시키다 infectious 전염의 threaten 위협하다

10

정답 ②

해설 2번째 문장에서 정치 지도자들은 통계 정보의 힘을 수 세기 동안 인정해 왔다고 언급되므로, 글의 내용과 일치하지 않는 것은 ② '정치 지도자들은 일반적으로 통계의 힘을 무시해 왔다.'이다.
① 18세기에는 대중이 통계에 접근할 수 없었다. → 첫 문장에서 언급된 내용이다.
③ Napoleon은 숫자에 근거한 사실들을 매우 좋아했다. → 3~5번째 문장에서 언급된 내용이다.
④ 통계는 1830년경부터 대중에게 이용 가능해졌다. → 마지막 2번째 문장에서 언급된 내용이다.

해석 18세기와 19세기 동안 통계 정보는 오직 권력자만이 알고 대중에게는 알려지지 않았던 국가 기밀이었다. 인구 수치와 같은 통계 정보의 힘은 수 세기 동안 정치 지도자들 사이에서 인정받아 왔다. Napoleon의 통계적 사실에 대한 갈망은 전설적이었다. 그는 언제나 즉시 숫자를 (알길) 원했다. Napoleon 궁정에서는 "Napoleon에게 무언가를 원하면 그에게 통계를 내놓으라."라는 격언이 있었다. 1830년경이 되어서야 통계가, 혹은 적어도 그중 일부가 공개되었다. 그 이후로 철학자 Ian Hacking의 표현을 빌리자면 "인쇄된 숫자들의 홍수"는 현대의 삶을 텔레비전, 신문, 인터넷과 같은 미디어가 전달하는 방대한 정보의 바다로 바꾸어 놓았다.

어휘 statistical 통계의 state 국가 elite 권력 집단 figure 수치 recognize 인식[인정]하다 appetite 갈망, 욕구 legendary 전설적인 immediately 즉시 court 궁정, 법정 saying 격언 flood 홍수 philosopher 철학자 phrase 구, 표현 vast 방대한 convey 전달하다 access 접근 generally 일반적으로 neglect 간과하다 liking 좋아함, 애호 available 접근 가능한

회 차									

14 하프 모의고사

Date : . .
Score : / 10

01	②	02	④	03	③	04	②	05	①
06	①	07	②	08	④	09	④	10	①

01

정답 ②

해설 그가 일에 지각하자 무언가가 잘못되었다고 느꼈다는 것을 보아, 그가 늦는 일은 드물다는 것을 알 수 있다. 따라서 빈칸에 들어갈 말로 가장 적절한 것은 ② 'punctual(시간을 엄수하는)'이다.
① 솔직한 ③ 추상적인 ④ 거만한

해석 그는 항상 시간을 엄수했기 때문에 그가 일에 지각했다는 것을 알았을 때 우리는 무언가가 잘못되었다는 것을 알았다.

02

정답 ④

해설 바닥에서 자는 것이 처음에는 불편했지만, 여러 차례 그렇게 한 뒤에는 그것에 적응되었다는 맥락으로 보는 것이 자연스럽다. 따라서 빈칸에 들어갈 말로 가장 적절한 것은 ④ 'accustomed to(~에 익숙한)'이다.
① 제출하다 ② 뒤처지다 ③ 차지하다, 설명하다

해석 처음에는 바닥에서 자는 것이 불편했지만 며칠 밤을 그렇게 하고 나니 이제는 익숙해졌다.

어휘 uncomfortable 불편한

03

정답 ③

해설 lend는 '빌려주다'라는 의미의 4형식 동사로 쓰여 간접목적어 you와 직접목적어 my car가 온 것은 적절하다. 또한 unless가 이끄는 조건 부사절에서는 현재시제가 미래시제를 대신하므로 promise의 쓰임도 적절하고, promise는 to 부정사를 목적어로 취하는 동사이므로 to drive 역시 적절하게 쓰였다.
① (the way how → the way 또는 how) the way와 관계부사 how는 동시에 사용할 수 없으므로 둘 중 하나를 삭제해야 한다. 참고로 그들이 '충격받은' 것이고 난민들이 '대우받은' 것이므로, 수동의 과거분사 shocked와 수동태 were treated는 각각 옳게 쓰였다.
② (having → to have) 사역동사 make가 수동태로 쓰일 때, 목적격 보어로 쓰인 원형부정사는 to 부정사로 전환되어야 하므로 having을 to have로 고쳐야 한다. 참고로 전치사 because of 뒤에 명사구가 온 것은 적절하다.
④ (hardly never → hardly 또는 never) '거의 ~하지 않다'라는 의미의 hardly는 자체에 부정의 뜻을 갖는 부정부사이므로, not이나 never와 같은 부정어와 함께 쓰지 않는다. 따라서 hardly나 never 둘 중 하나를 삭제해야 한다.

해석 ① 그들은 난민들이 대우받는 방식을 보고 충격을 받았다.
② 그의 거짓말 때문에 그는 선생님과 대화를 나누게 되었다.
③ 네가 조심히 운전하겠다고 약속하지 않는 한 나는 내 차를 너에게 빌려줄 수 없다.
④ 포럼에서의 논의는 거의 진전을 이루지 못했다. / 포럼에서의 논의는 전혀 진전을 이루지 못했다.

어휘 refugee 난민 talk 대화, 논의 progress 진전

손글씨 필기노트, 해설지, 백지복습지 다운로드 http://cafe.naver.com/shimson2000

04

정답 ②

해설 (known → be known) 사역동사 let은 목적어와 목적격 보어의 관계가 수동일 때 be p.p.를 목적격 보어로 취하는데, 이때 be동사를 생략하지 않도록 유의해야 한다. 여기서는 정보가 '알려지는' 것이므로 목적격 보어에 be known이 쓰여야 한다. 참고로 '명령문, or + S + V'는 '~해라, 그렇지 않으면 ~할 것이다'라는 뜻으로 우리말에 맞게 쓰였다.

① 라틴어에서 유래한 비교급 inferior는 일반 비교급과는 달리 비교 대상 앞에 than이 아닌 to를 쓴다. 또한 비교급 강조 부사로 much가 쓰인 것은 적절하며, 비교 대상은 '그 호텔의 서비스'와 '경쟁사의 서비스'이므로 competitor's service를 의미하는 소유대명사 형태의 competitor's로 쓰인 것 역시 적절하다.

③ 비교급을 이용하여 최상급을 표현하는 경우, '비교급 ~ than + all the other + 복수 명사' 또는 '비교급 ~ than + any other + 단수 명사' 형태를 취한다. 여기서는 any other가 쓰였으므로 뒤에 단수 명사 child가 온 것은 적절하다. 참고로, 접속사 that이 이끄는 명사절이 주어 역할을 하고 있는데, 명사절은 단수 취급하므로 동사 is의 수일치도 적절하다.

④ but for는 '~이 없다면/없었다면'이라는 뜻으로 가정법 과거 혹은 가정법 과거완료와 함께 쓰일 수 있는 전치사이다. 주어진 우리말을 참고하면 가정법 과거완료가 쓰인 것을 알 수 있으므로, would not have become은 적절하게 쓰였다.

어휘 inferior 열등한 competitor 경쟁자 worsen 악화되다

05

정답 ①

해설 여행에 가서 친구와 싸운 B가 A와 대화를 나누는 상황이다. A가 무슨 일이 있었냐고 묻자 B는 빈칸 내용을 언급하고 자신의 여행 스타일에 관해 설명한다. 이에 A가 이와 상반되는 친구의 여행 스타일에 관해 추측하자 B가 그에 동의하였다. 따라서 빈칸에서 B는 친구와의 여행 스타일이 안 맞는다는 취지의 내용을 말했음을 알 수 있으므로, 빈칸에 들어갈 말로 가장 적절한 것은 ① '우리의 스타일이 그냥 너무 달라.'이다.

② 그것은 유대감을 쌓는 좋은 경험이었어.
③ 걔는 한 군데에 있는 것을 못 참아.
④ 우리의 음식 취향이 반대야.

해석 A: 안녕, Sophia. 오랜만이네.
B: 안녕, Tyler. 나는 친구랑 2주 동안 캐나다에 가 있었어.
A: 오, 좋네. 여행은 어땠어?
B: 별로였어. 친구랑 많은 말다툼을 했거든. 혼자 갔더라면 훨씬 좋았을 거야.
A: 무슨 문제가 있었어?
B: 우리의 스타일이 그냥 너무 달라. 나는 항상 무언가를 하고 싶고 가능한 한 많은 관광지를 방문하고 싶거든.
A: 아, 근데 네 친구는 한곳에 머무는 것을 선호하는구나.
B: 바로 그거야. 여행이 우리의 우정을 완전히 망쳤어.

어휘 be off to ~로 떠나다 argument 말다툼 tourist site 관광지 ruin 망치다 bond 유대감을 쌓다 stand 참다 conflicting 반대되는

06

정답 ①

해설 새로운 과학적 발견이 널리 받아들여지기까지 거쳐야 하는 검증 절차들을 소개하는 글이다. 따라서 글의 제목으로 가장 적절한 것은 ① '공식 과학의 검증 절차'이다.

② 과학에서 가장 명망 있는 저널들 → 『Science』와 『Nature』는 모든 과학자들이 관심을 가지는 저널의 예시로서 언급되었을 뿐, 특정 저널에 관해 설명하는 글은 아니다.

③ 왜 과학자들은 새로운 발견을 의심하는가? → 과학자들이 새로운 발견을 의심하기 때문에 철저한 검증 과정이 존재한다고 볼 수 있으나, 의심하는 '이유'에 관해서는 언급된 바 없다.

④ 한때 과학자들에 의해 거부당한 중요한 연구 결과 → 거부당한 연구 결과를 소개하는 글이 아니다.

해석 과학자들 간의 의사소통 관행은 공식적이고 복잡하다. 새로운 발견이 다른 과학자들에 의해 진지하게 받아들여지려면 엄격한 특정 기준들이 충족되어야 한다. 이는 새로운 발견이 발표되고 인정될 수 있기 전에 그 실험은 인정받은 절차에 따라 반복되고 검증되어야 함을 의미한다. 그다음 그 발견은 거의 항상 공식적인 과학 논문이나 학술지 글을 통해 전달된다. 가장 중요한 새로운 발견은 『Science』나 『Nature』와 같은 모든 과학자들에게 일반적인 관심사를 다루는 학술지에 등장할 수도 있다. 어느 경우든, 그 학술지의 편집자와 두세 명의 익명 자원 심사 위원들의 검토를 거칠 때까지 그 글은 발표되지 않을 것이다. 이는 공식적인 과학의 광범위한 안전장치 중 하나이다.

어휘 convention 관행 formal 공식[정식]적인 discovery 발견 rigid 엄격한 criterion 기준(pl. criteria) finding (연구) 결과 publish 발표하다 verify 검증하다 according to ~에 따라 procedure 절차 paper 논문 undergo 겪다 examination 검토 anonymous 익명의 volunteer 자원하는 referee 심사 위원 extensive 광범위한 safeguard 안전장치 prestigious 명망 있는 doubt 의심하다 reject 거절하다

07

정답 ②

해설 소비자들은 무의식적으로 자아상의 균형을 맞추기 위해서 보상 행동을 하는 경향이 있다는 내용의 글이다. 소비 행위는 죄책감과 부정적인 자존감과 연관되는 경향이 있기에, 사람들은 그들의 자아상이 표준 수준보다 낮으면 소비를 삼가고, 높으면 죄책감에 연관되는 행위에 응한다고 했으므로, 빈칸에 들어갈 말로 가장 적절한 것은 ② '그들 자아상의 균형을 맞추려는'이다.
① 재정적으로 안정적이라 느끼려는 → 자아상 수준이 낮은 경우 소비로 인한 죄책감에 의해 소비를 줄이는 행위를 재정적 안정성을 추구하는 것으로 볼 수는 있으나, 반대로 자아상 수준이 높은 경우에는 오히려 소비를 하려 하므로 적절하지 않다.
③ 다른 사람들의 비난을 피하려는 → 자신이 느끼는 자아상에 관한 글이므로 타인의 비난과는 관계없다.
④ 그들의 부정적인 자존감을 드러내려는 → 부정적인 자존감, 즉 낮은 자아상의 수준을 드러내기 위한 행동은 언급된 바 없다.

해석 마케팅 담당자들은 소비자가 자기 자신을 위한 구매 행위를 할 때 생기는 경향이 있는 그들의 죄책감과 부정적인 자존감을 극복하고 그 결과로 소비를 되살릴 전략을 모색한다. 소비자 행동에 관한 새로운 연구는 소비자들이 그들 자아상의 균형을 맞추려는 무의식적인 시도를 인식하는 것이 한 가지 효과적인 전략일 수 있다고 시사한다. 연구는 사람들이 자신의 자아상이 표준 수준으로부터 벗어나면 보상 행동에 임한다는 것을 보여주었다. 달리 말해, 어떤 사람의 자아상이 아래쪽으로 기울면 그 개인은 가령 죄책감을 동반한 만족감을 (주는 상품을) 구매하거나 소비하는 것을 삼가는 것으로 이 부정적인 자존감을 보상하려고 한다. 반면에 만일 어떤 사람의 자아상이 표준 수준 위로 올라가면 그 개인은 죄책감과 연관된 소비 같은 행위에 굴복하는 경향이 있다.

어휘 tactic 전략 overcome 극복하다 guilt 죄책감 self-regard 자존감 arise 생기다 purchase 구매 revive 되살리다 consumption 소비 suggest 시사하다 acknowledge 인식하다 unconscious 무의식의 attempt 시도 engage 관여하다 compensatory 보상적인 deviate 벗어나다 dip (아래로) 내려가다, 떨어지다 refrain 자제하다 guilty pleasure 죄책감을 동반한 만족감 be inclined to ~하는 경향이 있다 give in 굴복하다 associate 연관짓다 financially 재정적으로 criticism 비판 reveal 드러내다

08

정답 ④

해설 누군가가 화를 내면서 말할 때 어떠한 방식으로 생각하고 대처해야 하는지 조언하는 내용의 글이다. 주어진 문장은 만약 이 목소리를 듣는 것에 집중할 수 있다면 그 관계에서의 불안이 완화될 것이라는 내용으로, 앞에는 this voice가 가리키는 대상이 나와야 하고 뒤에는 이에 관한 부연이 이어져야 한다. ④ 앞에서 불만족스러운 아이의 목소리를 들으려 하는 것이 도움 된다고 했으므로 문맥상 this voice는 아이의 목소리를 가리키는 것을 알 수 있다. 또한 ④ 뒤에서 주어진 문장에서 언급된, 불안이 완화되는 상황을 Then ~ subsides로 이어 그에 따른 결과를 언급하였다. 따라서 주어진 문장이 들어갈 위치로 가장 적절한 것은 ④이다.

해석 만약 누군가가 화내는, 공격적인 방식으로 당신에게 쏘아댄다면 당신은 어떻게 굳게 닫힌 마음으로 듣는 것을 넘어설 수 있을까? 분명한 해답은 감정적인 잡음 사이로 그 사람이 말하고자 하는 바를 듣는 것이다. 물론 이는 말처럼 쉬운 일은 아니다. 불만과 분노가 관계 속으로 쏟아질 때 우리의 자연스러운 반응은 불안하고 방어적으로 되는 것이다. 그렇게 격하고 집요하게 당신에게 덤벼드는 누군가의 말을 듣도록 배우는 것은 쉽지 않다. 당신이 방어 자세로 움츠러들지 않는 데 도움이 될 수 있는 한 가지는, 불안한 화자 안에서 들리기를 바라며 울부짖고 있는 불만족스러운 아이의 목소리를 듣는 것이다. 만약 화자가 얼마나 고약한지를 곱씹는 대신 이 목소리를 듣는 것에 집중할 수 있다면, 그 관계에서의 불안은 완화되기 시작할 것이다. 그런 다음 불안이 가라앉으면 생산적인 대화가 이루어질 수 있다.

어휘 dwell on 곱씹다 nasty 고약한 anxiety 불안 ease 완화되다 snap 매섭게 말하다, 톡 쏘다 assaultive 공격적인 get beyond 넘어서다 clench 꽉 쥐다 obvious 분명한, 명백한 static 잡음 frustration 불만, 좌절 spill out 쏟아져 나오다 defensive 방어적인 come at 덤벼들다 intense 강렬한 urgent 집요한 withdraw 물러나다 posture 자세, 태세 subside 가라앉다 productive 생산적인 dialogue 대화 take place 일어나다, 발생하다

09

정답 ④

해설 이 글은 제브라피시가 인간과 비슷한 유전자를 가지고 있어서 실험실에서 쥐 대신 연구에 많이 이용되고 있다는 내용이다. 따라서 글의 흐름상 가장 어색한 문장은 수족관의 정기적인 수질 검사의 필요성을 언급하는 ④이다.

해석 갈수록 물고기가 점점 연구에 사용되고 있으며, 그것들은 이제 많은 경우에서 생물 의학 및 화학 실험을 위해 선호하는 동물이 되었다. 얼마 전까지만 해도 우리는 이 과업에 생쥐를 이용했지만, 실험실에서 그들의 수를 줄이려는 전념은, 정례적인 생물 의학 및 독성학 검사의 많은 부분이 이제는 제브라피시라고 불리는 줄무늬가 있는 은청색의 작은 물고기를 통해 이루어진다는 것을 의미했다. 그 전환은 매우 인기가 있었기에 많은 연구실은 그들의 생쥐 우리 선반들을 작은 수족관 선반들로 교체했다. 인간과 제브라피시의 유전자가 비슷한 종류의 기능을 공유한다는 발견은 이 모델종이 암과 같은 인간의 질병 연구에 사용되도록 하였다. (수족관 물고기의 건강을 확인하기 위해서는 정기적인 수질 검사가 필수적이지만, 많은 사람들이 이 관행의 중요성을 인지하지 않는다.) 다시 한번 우리는 물고기가 (우리와) 결국 그렇게 다르지 않다는 사실을 확인한다.

어휘 biomedical 생물 의학의 commitment 전념 laboratory 실험실 routine 정례적인 toxicology 독성학 screening 검사 transition 전환, 변화 swap 교체하다 rack 선반 aquarium 수족관(*pl.* aquaria) function 기능 cancer 암 vital 필수적인 keep tabs on 확인[감시]하다 practice 관행 after all 결국에는

10

정답 ①

해설 2번째 문장에서 일정 비율의 부검을 실시해야 하는 의무가 수년 전에 없어졌다고 언급되므로, 글의 내용과 일치하지 않는 것은 ① '현재 병원들은 일정 비율의 부검을 실시해야 할 의무가 있다.'이다.
② 자연사에 따른 부검은 거의 실시되지 않고 있다. → 4번째 문장에서 언급된 내용이다.
③ 보험은 일반적으로 부검 비용을 보장하지 않는다. → 7번째 문장에서 언급된 내용이다.
④ 부검을 안 하는 가장 큰 이유는 의료 기술에 대한 믿음에 있다. → 마지막 3번째 문장에서 언급된 내용이다.

해석 병원들은 하나의 품질 관리 조치로서 그들 기관에서 사망한 자들의 일정 비율에 대해 부검을 실시하도록 요구받곤 했다. 하지만, 그러한 요구는 수년 전에 중단되었다. 일부 새 병원들은 부검 시설조차 없다. 오늘날, 보통 부검은 오직 범죄나 변사에서만 시행되며 '자연사'에서는 매우 드물다. 또한 부검을 수행하는 데 몇 가지 저해 요소가 있다. 하나는 부검 한 건당 약 2000~3000달러가 드는 비용이다. 일반적으로 보험은 이 과정을 보장해 주지 않는다. 그것은 의사가 놓친 무언가를 찾아낼지도 모르기 때문에 의사 또한 부검을 권장할 가능성이 낮으며, 가족들은 종종 부검을, 사랑하는 대상에 대해 무례한 것으로 여긴다. 하지만 부검의 가장 큰 저해 요소는 의료 기술에 대한 우리의 끝없는 믿음이다. 검사가 이미 사망 원인을 확정했다면 왜 부검을 하겠는가? 다른 어떤 것이 관여됐을 수도 있다는 생각은 거의 없다.

어휘 require 요구하다 perform 수행하다 autopsy 부검 institution 기관 quality control 품질 관리 measure 조치 drop 중단하다 facility 시설 disincentive 저해 요소, 행동을 방해하는 것 insurance 보험 procedure 과정, 절차 turn up 찾아내다, 발견하다 disrespectful 무례한 unending 끝없는 confirm 확정하다

01	③	02	③	03	②	04	④	05	①
06	④	07	①	08	③	09	②	10	②

01

정답 ③

해설 빈칸 뒤에서 그가 인정을 바라지 않고 남을 도왔으며 자신보다 그들을 우선시했다는 설명으로 보아, 빈칸에 들어갈 말로 가장 적절한 것은 ③ 'humility (겸손)'이다.
① 고통, 괴로움 ② 야망 ④ 경멸

해석 그는 인정을 바라지 않고 묵묵히 남을 도우며 항상 자신보다 남을 우선시하는 겸손의 행동으로 높이 평가받았다.

어휘 regard 평가하다, 여기다 recognition 인정

02

정답 ③

해설 for good은 '영원히'라는 뜻으로, 이와 의미가 가장 가까운 것은 ③ 'permanently(영원히)'이다.
① 갑자기 ② 빈번히 ④ 일시적으로

해석 전염병이 유행하는 동안, 많은 식당들이 영원히 문을 닫았다.

어휘 pandemic 전국적 유행병

03

정답 ②

해설 (fails → fail) 문장의 주어는 복수 명사인 Classrooms이므로 복수 동사를 써야 한다. 참고로 fail은 to 부정사를 목적어로 취하는 동사이므로 to capture의 쓰임은 적절하다.
① 'A를 B로 여기다'라는 의미의 'think of A as B' 구문이 적절하게 쓰였다.
③ to explain은 to 부정사의 부사적 용법으로 적절하게 쓰였고, them은 앞에 나온 복수 명사 patterns를 지칭하므로 수에 맞게 쓰였다.
④ 주격 관계대명사 that의 선행사는 the data이고, 자료가 '수집되는' 것이므로 수동태가 적절하게 쓰였다.

해석 우리는 흔히 과학을 탐구와 실험이라고 생각한다. 하지만 과학에 대한 이런 관점만을 나타내는 교실은 증거에 근거한 설명이라는 과학의 본질적인 특성을 포착하지 못한다. 과학자들은 세상에서 패턴을 마주치면 그것을 설명하기 위해 이론을 만든다. 과학에서 무언가를 설명한다는 것은 무엇을 의미하는가? 설명은 수집된 자료를 요약하는 것 이상이다. 설명은 현상이 발생하는 이유를 알려준다. 그것은 상상의 도약을 수반한다.

어휘 exploration 탐구 portray 나타내다 capture 포착하다 encounter 마주치다 construct 구성하다, 생각해 내다 summarize 요약하다 phenomenon 현상(pl. phenomena) leap 도약

04

정답 ④

해설 분사구문의 의미상 주어인 we가 교통 체증에 '걸린' 것이므로 수동의 과거분사 Caught는 적절하게 쓰였다.
① (enough loud → loud enough) enough는 형용사나 부사를 수식할 경우 후치 수식하므로 형용사 loud 뒤에 위치해야 한다.
② (said → said to 또는 told) say는 4형식으로 쓸 수 없는 3형식 동사이므로, 간접목적어 me 앞에 전치사 to를 더하거나 said를 4형식 동사로 쓸 수 있는 told로 고쳐야 한다. 참고로 사람과 신체 부위를 분리 표현하는 경우, 신체 부위를 강조하여 '전치사 + the + 신체 부위'의 형태로 쓴다. 동사 look은 전치사 in을 함께 쓰므로 적절하게 쓰였고, 신체 부위 앞에 소유격이 아닌 정관사 the가 온 것도 적절하다.
③ (consider → considered 또는 should consider) '~할 시간이다'를 의미하는 It is time 가정법은 'It is time + S + 과거동사' 또는 'It is time + S + should + RV'의 형태로 쓰이며, 후자의 경우엔 should를 생략할 수 없다. 따라서 considered나 should consider로 고쳐야 한다. 참고로 consider는 동명사를 목적어로 취하는 동사이므로 pursuing은 적절하게 쓰였다.

어휘 hall 복도 passion 열정, 열중해 있는 것

05

정답 ①

해설 고맙다는 인사를 전하는 A에게 자신이 좋아서 한 일이라고 말한 B의 응답은 적절하다. 따라서 대화 중 가장 자연스러운 것은 ①이다.

해석 ① A: 얼마나 너한테 고마운지 몰라.
B: 아, 내가 좋아서 한 일인 걸.
② A: 너 몇 시까지 극장에 올 거야?
B: 난 보통 일주일에 한 번씩 가.
③ A: 자꾸만 잠들지 않을 수가 없어.
B: 나도 그래. 난 잠을 자는 게 너무 힘들어.
④ A: 집을 떠난 지 얼마나 됐어?
B: 30킬로미터 정도야.

어휘 pleasure 기쁨 theatre 극장

06

정답 ④

해설 이 글은 노화의 영향을 받지 않아 죽지 않는 암세포의 특성을 인간의 노화 방지에 이용하는 것의 가능성을 언급하고 있다. 따라서 글의 요지로 가장 적절한 것은 ④ '우리는 암세포 연구를 통해 노화를 방지하는 방법을 배울 수 있다.'이다.
① 암은 인간의 수명을 연장하는 데 큰 장애물이다. → 오히려 암세포 연구를 통해 노화를 방지하는 방법을 배울 수 있다는 것이 글의 핵심이므로 적절하지 않다.
② 노화 연구는 암 치료법으로 이어질 수 있다. → 암세포 연구가 노화 방지 해법으로 이어지는 것이므로 반대로 서술되었다.
③ 암세포의 비정상적인 성장은 그것들을 치명적으로 만든다. → 글에서 언급되는 내용이긴 하나 암세포의 특성을 설명하기 위한 부연에 불과하다.

해석 암세포는 인간 영생의 자물쇠를 푸는 열쇠를 쥐고 있을지도 모른다. 이것은 암세포가 본질적으로 죽지 않는 세포계이기 때문이다. 즉, 암세포는 세포예정사나 일반 세포를 약화시키는 노화의 영향도 받지 않는다. 사실 이것이 암을 그토록 치명적으로 만드는 것이다. 세포가 통제 불능 상태로 자기 복제하는 동안, 그것은 병이 난 장기들이 제대로 기능하는 능력을 파괴하는 종양들을 만들면서 신체의 에너지를 서서히 빼앗는다. 그러나 만약 암세포가 노화의 영향을 무시하는 능력을 통제된 방식으로 이용할 수 있다면, 이론적으로 인체는 영원히 젊은 상태로 머물 수 있도록 재설계될 수 있다.

어휘 unlock 밝히다, 자물쇠를 풀다 immortality 불멸 essentially 본질적으로 undying 불멸의, 영원한 suffer 겪다 programmed cell death 세포예정사 aging 노화 weaken 약화시키다 deadly 치명적인 replicate 복제하다 sap 서서히 빼앗다, 차츰 무너뜨리다 tumor 종양 affect (병이) 발생하다 properly 제대로 ignore 무시하다 harness (동력원으로) 이용하다 theoretically 이론적으로 indefinitely 무한히 barrier 장벽, 장애물 prolong 연장하다 fatal 치명적인 defeat 물리치다

07

정답 ①

해설 서비스 경제의 특징 중 하나로 재화는 그것에 수반되는 서비스에 의해 유용해지기 때문에 서비스 없이 홀로 존재할 수 없다는 '재화의 서비스화' 개념에 관한 글이다. 따라서 재화와 서비스의 구분이 모호해지고 있는 것이므로, 빈칸에 들어갈 말로 가장 적절한 것은 ① '사실상 모호해지고'이다.
② 보통 당연하게 여겨지는
③ 그것들이 겹칠 때에도 분명한 → 재화와 서비스의 영역이 겹치고 있는 것은 맞으나, 그 구분이 분명하다는 것은 글의 주장과 반대된다.
④ 시장의 흐름과 관련 없는 → 현대 경제의 현상으로 재화와 서비스 간 구분이 모호해지고 있음을 설명하는 글이므로, 오히려 시장의 흐름과 밀접한 관련이 있다고 볼 수 있다.

해석 현대 경제에서 재화와 서비스 사이의 구분 그 자체가 <u>사실상 모호해지고</u> 있다. 서비스 경제로의 이러한 전환 중 한 가지 양상은 재화의 '서비스화'라고 불려온 그것이다. 그 개념은 현대 경제에서 재화는 홀로 존재할 수 없으며, 그 재화들을 유용한 것으로 만들기 위해서는 어느 정도의 서비스가 필요하다는 것이다. 자동차를 생각해 보자. 그것은 물론 실제 재화이다. 그러나 소유주가 그것을 반복적인 점검에 맡기고, 가스와 기름을 채우고, 지역사회의 도로에서 운전할 수 있도록 보험료, 등록비, 세금을 납부해야만 그것이 장기적으로 유용해진다. 자동차는 실제 재화이지만, 그것에 수반되는 많은 서비스 또한 포함하지 않는다면 그것이 반드시 유용한 것은 아니다.

어휘 distinction 구별 aspect 양상 servitization 서비스화 notion 개념 degree 정도 automobile 자동차 extend 연장하다 submit 맡기다 insurance 보험 registration 등록 operate 가동[운전]하다 obscure 모호하게 하다 take for granted 당연하게 여기다 overlap 겹치다 irrelevant 관련 없는 flow 흐름

08

정답 ③

해설 인간을 더 이상 자연과 분리된 존재가 아닌, 자연과 하나로 통합된 존재로 보려는 움직임에 관한 글이다. 주어진 문장은 우리가 오랫동안 인간을 자연과 분리된 존재로 바라보았다는 내용으로, 그다음으로 과거에는 인간을 자연계의 나머지로부터 구분된 특별한 무언가로 간주했다며 주어진 문장을 부연하는 (C)가 오는 것이 적절하다. 그다음, 이 관점을 this로 가리키며 오늘날 그것이 자연계에 접근하는 데 적절한 방법은 아닌 것 같다고 말하는 (A)가 이어져야 한다. 마지막으로, (A)에서 언급된, 인간을 자연계에 다시 통합하려는 가속화된 움직임을 this로 받아, 그에 관한 예시들을 나열하는 (B)가 오는 것이 자연스럽다. 따라서 글의 순서로 가장 적절한 것은 ③ '(C) - (A) - (B)'이다.

해석 인간을 자연과, 그리고 자연의 힘과 분리된 존재로 보려는 유혹은 강력했고 오랫동안 지속되어 왔다. (C) 과거에, 인간은 동물과 자연계의 나머지 것들과 구분된 특별한 무언가로 간주되었다. (A) 그러나 이것은 오늘날 자연계에 접근할 적절한 방법은 아닌 것 같다. 사실 다양한 분야에서 인간을 자연계에 다시 통합하려는 가속화된 움직임이 있어 왔다. (B) 우리는 이것을 동물 권리 운동에서, 기후 변화에 관한 논쟁에서, 심지어 과학자들이 점점 더 다른 동물들에게서 인간의 특성을 발견하는 것에서 목격한다.

어휘 temptation 유혹 separate 분리된 long-standing 오래 계속되는 appropriate 적절한 approach 접근하다 accelerate 가속화하다 discipline 분야 reintegrate 재통합하다 right 권리 trait 특성

09

정답 ②

해설 고전적 합리적 의사 결정 이론과 상반되는, 휴리스틱에 기반한 실제 사람들의 의사 결정 과정에 관한 글이다. (A) 앞은 사람들이 행동 과정의 비용과 편익을 저울질하고 정보를 철저히 처리하며 선택을 내린다는 고전적 합리적 의사 결정 이론에 관한 내용이고, 뒤는 사람들이 결정을 내릴 때 머릿속에 있는 간단한 지름길을 사용한다는 인지 심리학 연구 결과에 관한 내용이므로, 두 내용이 상반됨을 알 수 있다. 따라서 (A)에 들어갈 연결사로 적절한 것은 Yet이다. 또한, (B) 앞은 우리가 정보 대부분을 무시하고 소수의 정보에만 의존한다는 내용이고 뒤에서는 그에 관한 예시를 소개하고 있으므로, (B)에 들어갈 연결사로 적절한 것은 For example이다.

해석 고전적 합리적 의사 결정 이론은 선택을 내리는 것은 다양한 행동 과정의 비용과 편익의 저울질을 수반한다는 것을 가정한다. 이것은 정보를 철저히 처리하고 특징 간의 균형을 맞추는 것을 포함한다고 추정된다. 하지만, 인지 심리학의 연구는 사람들이 결정을 내릴 때 휴리스틱이라고 불리는 머릿속에서 일어나는 간단한 지름길을 어떻게 사용하는 경향이 있는지를 보여주었다. 이론적인 설명은 인간의 사고는 빠르고 절약적인 휴리스틱을 활용함으로써 적당히 괜찮은 결정을 내리면서 신속하게 행동하도록 진화해 왔다는 것이다. 우리는 일반적으로 이용 가능한 정보의 대부분을 무시하고 오직 몇 가지 중요한 단서에만 의존한다. 예를 들어, 슈퍼마켓에서 쇼핑객들은 그들이 알아보는, 가격이 저렴한, 혹은 매력적인 포장을 제공하는 브랜드를, 다른 패키지 정보는 거의 읽지 않고 구입하는 것과 같이 부족한 정보에 기초하여 성급한 판단을 내린다.

어휘 rational 합리적인, 이성적인 posit 가정하다 weigh up 저울질하다, 신중히 판단하다 assume 추정하다 exhaustively 철저하게 process 처리하다 trade-off 균형 feature 특징 cognitive 인지의 shortcut 지름길, 최단 노선 heuristics 휴리스틱(간단한 판단 작업으로 단순화시킨 의사결정) theoretical 이론적인 evolve 진화[발전]하다 frugal 절약하는 typically 일반적으로 available 이용 가능한 cue 단서 snap 성급한, 즉석의 judgment 판단 recognize 알아보다 attractive 매력적인 seldom 거의 ~않다

10

정답 ②

해설 4번째 문장에서 1990년대 후반에 많은 국가들이 인터넷상 발언의 자유에 관해 경각심을 갖게 되어 이를 제한하기 위해 노력했다고 언급된다. 따라서 글의 내용과 일치하는 것은 ② '인터넷상 발언의 자유를 제한할 필요성이 1990년대에 표면에 올랐다.'이다.

① 전 세계 인터넷상의 발언은 단일한 규약 아래에서 규제를 받는다. → 2번째 문장에서 어느 하나의 기준이 인터넷상의 발언을 관리하기 위해 적용될 수 없다고 언급되므로 옳지 않다.

③ 사우디아라비아의 모든 인터넷 사용자는 경찰에 등록해야 한다. → 마지막 2~3번째 문장에서 모든 인터넷 사용자가 경찰에 등록해야 하는 국가가 중국임을 알 수 있으므로 옳지 않다.

④ 인터넷상의 발언에 대한 제한은 지금까지 효과적이었다. → 마지막 문장에서 인터넷 발언을 제한하려는 노력 중 어떤 것도 그다지 효과를 거두지 못했다고 언급되므로 옳지 않다.

해석 인터넷이 촉진하거나 강화해 온 가장 중요한 것들 중 하나는 발언의 자유와 표현의 자유였다. 인터넷 사용자들의 다양성 때문에, 어느 하나의 기준이 인터넷상의 발언을 관리하기 위해 적용될 수 없다. 더 나아가, 인터넷 기술 자체가 정보 접근에 대한 완전한 차단을 방지한다. 그러나 1990년대 후반, 많은 국가들은 인터넷에서 얻을 수 있는 발언의 자유에 경각심을 갖게 되었고, 이를 제한하기 위해 노력했다. 싱가포르는 정치와 종교 사이트들이 정부에 등록해야 할 것을 지시하였다. 중국은 모든 인터넷 사용자들이 경찰에 등록해야 한다고 명령하였다. 그리고 사우디아라비아는 인터넷 사용을 오직 대학과 병원으로만 제한하였다. 하지만 인터넷 본래의 특성 때문에, 이러한 노력 중 어떤 것도 그다지 지속적인 효과를 거두지 못하고 있다.

어휘 foster 촉진[육성]하다 strengthen 강화하다 alarm 불안하게 만들다 accessible 접근하기[얻기] 쉬운 restrict 제한하다 mandate 지시[명령]하다 surface 제기되다, 표면에 오르다

01	②	02	③	03	③	04	④	05	④
06	①	07	③	08	③	09	③	10	④

01

정답 ②

해설 divulge는 '밝히다'라는 뜻으로, 이와 의미가 가장 가까운 것은 ② 'revealed(밝히다)'이다.

① 부인하다 ③ 추론하다 ④ 불평하다

해석 그녀는 그 일을 맡지 못했던 Jenna에 이어 자신이 2순위였다는 사실을 동료들에게 절대 밝히지 않았다.

어휘 colleague 동료

02

정답 ③

해설 get over는 '극복하다'라는 뜻으로, 이와 의미가 가장 가까운 것은 ③ 'conquer(극복하다)'이다.

① 상기하다 ② 밝히다, 발표하다 ④ 숙고하다

해석 그녀는 춤을 배울 생각에 신이 났지만 스스로를 웃음거리로 만들 가능성에 대한 두려움을 극복해야만 했다.

어휘 possibility 가능성 make a fool of ~을 웃음거리로 만들다

03

정답 ③

해설 (wrote it → wrote) the letter와 she 사이에 목적격 관계대명사가 생략된 문장이다. 따라서 관계사절 내에서 목적어 자리가 비어있어야 하므로 it을 삭제해야 한다. 참고로 as가 양보의 부사절을 이끄는 접속사로 쓰이는 경우에는 '형용사/부사/무관사명사 + as + S + V'의 구조를 취하고, '비록 ~할지라도'라고 해석된다.

① 지각동사 watch는 목적어와 목적격 보어의 관계가 능동이면 RV나 RVing를 목적격 보어로 취하므로 practice가 온 것은 적절하다. practice는 동명사를 목적어로 취하는 동사이므로 playing 역시 옳게 쓰였다.

② 'Should + S + RV'는 가정법 미래에서 if가 생략된 도치 표현으로, 주절엔 '조동사의 현재형/과거형 + RV'나 현재형 동사를 사용할 수 있다. 또한 contact는 전치사 없이 목적어를 바로 취하는 완전타동사로 적절하게 쓰였다.

④ apologize는 전치사 없이 목적어를 취할 수 없는 자동사이므로 for의 사용이 적절하며, so that은 '~하도록'이란 목적의 의미를 지니는 접속사로 문맥상 적절하게 쓰였다. 또한 관계가 '개선되는' 것이므로 수동태 be mended의 쓰임도 적절하다.

해석 ① 그녀는 자신의 아이가 피아노를 연습하는 것을 지켜보았다.

② 문의 사항이 있다면 언제든지 저에게 연락해 주세요.

③ 그는 비록 어머니에게 화났지만, 그녀가 그에게 쓴 편지를 간직하고 있다.

④ Pete는 관계가 개선될 수 있도록 그의 발언에 대해 사과했다.

어휘 inquiry 문의 (사항) remark 발언 mend 개선하다

04

정답 ④

해설 (them → which) 두 개의 절을 연결하는 접속사가 없으므로 접속사 역할을 하는 관계대명사가 필요하다. 따라서 전치사 of의 목적어 자리에 있는 인칭대명사 them을 목적격 관계대명사 which로 고쳐야 한다. 참고로 물건들이 '잊힌' 것이므로 수동의 과거분사 forgotten은 적절하게 쓰였다.

① how가 간접의문문을 이끄는 의문사로 쓰이는 경우, how의 수식을 받는 형용사나 부사는 모두 앞으로 가고 주어와 동사는 평서문 어순을 따른다. 여기서는 be동사 is의 형용사 보어가 필요하므로 how dangerous it is의 쓰임은 적절하다. 참고로 가주어(it)-진주어(to ignore) 구문이 쓰이고 있다.

② 'regret RVing'는 '~한 것을 후회하다'라는 의미이고, 'regret to RV'는 '~하게 되어 유감이다'라는 의미이다. 주어진 우리말은 '알려 드리게 되어 유감'이라고 했으므로, to inform은 적절하게 쓰였다. 또한 inform이 4형식 동사로 쓰여, 직접목적어로 that을 취한 것도 적절하다.

③ 'What do you say to RVing?'는 '~하는 게 어때?'라는 의미를 나타내는 표현이다. 이때 to는 전치사이므로, 등위접속사 and를 기준으로 동명사 taking과 relaxing이 병렬 구조를 이루고 있는 것은 적절하다.

어휘 flight 항공편 attic 다락방

05

정답 ④

해설 긴 주말 연휴 계획에 관해 대화를 나누는 상황이다. A가 3일 내내 캠핑을 갈 것인지 묻자 B는 빈칸 내용을 언급했다. 그러자 A가 남은 주말 동안에는 무엇을 할 것인지 물었으므로, 빈칸에서 B는 캠핑을 주말의 일부 동안만 갈 것을 제안했음을 알 수 있다. 따라서 빈칸에 들어갈 말로 가장 적절한 것은 ④ '하룻밤만 캠핑하는 게 더 나을지도 모르겠다.'이다.

① 우리 일단 캠핑은 미뤄야 해.
② 캠핑을 위해 생각해 둔 장소가 있어?
③ 주말 내내 캠핑하면 좋을 것 같아.

해석
A: 이번 주 금요일은 휴일이야, 그렇지?
B: 응. 긴 주말 연휴라 나는 우리 아이들이랑 캠핑 갈까 생각 중이었어.
A: 그거 좋은 생각이네. 우리 3일 내내 머무는 거야?
B: 흠. 하룻밤만 캠핑하는 게 더 나을지도 모르겠다.
A: 그러면 우리 남은 주말 동안에는 무얼 할까?
B: 그냥 집에서 쉬면서 가족끼리 시간을 보내는 건 어때?
A: 난 좋아. 그러면 금요일에 캠핑을 갔다가 토요일에 돌아오자.
B: 좋아!

어휘 holiday 휴일 long weekend 긴 주말 연휴 put off 미루다

06

정답 ①

해설 어떤 것을 개선하기 위해서는 그것을 고의적으로라도 무너뜨리면서 실패를 겪어야 한다는 내용의 글이다. 따라서 글의 제목으로 가장 적절한 것은 ① '실패는 진전을 낳는다'이다.

② 다른 사람들의 약점을 포용하라 → 다른 사람들의 약점이 아닌, 실패를 포용하라는 글이므로 적절하지 않다.

③ 지나친 복잡성은 오류로 이어진다 → 글에서는 복잡한 것을 개선할 방법을 소개할 뿐, 복잡성으로 인한 부정적 결과를 서술하고 있지는 않다.

④ 과학의 한계: 그것이 우리에게 말할 수 없는 것 → 과학자들이 어떤 것을 개선하기 위해 그 한계를 시험하고자 한다는 내용이 언급되나, 과학 자체의 한계와 연관이 없다.

해석 실패를 포용한다는 생각에는 특히 복잡한 것들을 개선하기 위해 그것들을 고장 내야 한다는 연관된 개념이 포함되어 있다. 종종 복잡한 시스템을 개선하는 유일한 방법은 다양한 방식으로 그것을 실패하게 함으로써 그것의 한계를 시험하는 것이다. 우리가 만드는 가장 복잡한 것들 중에 소프트웨어는, 일반적으로 그것을 고장 내는 방법을 체계적으로 찾아내도록 기술자를 고용하여 품질을 검사한다. 과학자들이 흔히 외부인을 어리둥절하게 만드는, 실패에 대한 인내심을 지니고 있는 것과 마찬가지로 훌륭한 기술자는 물건을 고장 내는 일을 존중하는데, 이는 비기술자들을 때때로 놀라게 한다. 하지만 부정적인 결과를 수용하는 습관은 성공을 얻기 위한 가장 중요한 비결 중 하나이다.

어휘 wrap up 포장하다, 감싸다 embrace 포용하다 notion 개념 particularly 특히 complex 복잡한 probe 조사[탐색]하다 employ 고용하다 systematically 체계적으로 crash 고장 내다 patience 인내심 puzzle 어리둥절하게 하다 outsider 외부인 essential 필수적인 trick 비결 progress 진전 weakness 약점

07

정답 ③

해설 전염병 및 유행병이 어떤 조건에서 발생하는지에 관한 내용의 글이다. 흑사병, 결핵, 대유행 인플루엔자 등의 전염병이 무역, 여행, 밀집된 도시 및 이를 연결하는 교통의 발달로 인해 전 세계적으로 퍼졌다고 주장하고 있다. 빈칸에 해당하는 것 없이는 유행병이 발생할 수 없다고 하므로, 빈칸에는 유행병이 생겨날 필수 조건이 와야 한다. 따라서 빈칸에 들어갈 말로 가장 적절한 것은 ③ '밀집된, 유동적인 인구'이다.

① 사람을 갈라놓는 국경 → 사람을 갈라놓는 것은 오히려 질병의 전파를 막으므로 적절하지 않다.

② 잘못된 정보의 확산 → 잘못된 정보에 관한 내용은 언급되지 않았다.

④ 예방적 조치의 부재 → 질병이 퍼지게 되는 요인에 관해서만 서술했을 뿐, 이를 예방하기 위한 조치나 그 필요성에 관해서는 언급하지 않았다.

해석 전염병과 전 세계적인 유행병은 밀집된, 유동적인 인구 없이는 발생할 수 없다. 전염병이 생존하기 위해서는 숙주에서 숙주로 전염되어야 하며, 그 숙주는 감염되기 쉬운 상태여야 한다. 인류가 농사를 위해 정착하고 서로 교역을 시작하기 전까지는 어떤 질병도 유행병의 형태로 나타난 적이 없다. 14세기에 무역과 여행이 급속도로 발전했을 때 흑사병은 이를 이용하여 면역력이 없는 인구를 지속적으로 찾아냈다. 결핵은 조건이 허용되었을 경우에만, 즉 18세기 산업화되고 있던 유럽의 밀집된 도시와 그 도시들 사이의 접합점이 있었을 경우에만 폭발적으로 증가했다. 1918년 대유행 인플루엔자가 불과 몇 달 만에 지구 대부분에 퍼졌을 때, 그것은 오직 새롭게 구축된 교통 및 무역 연결망과 제1차 세계대전으로 인한 많은 사람들의 높아진 이동 경향으로 인해 가능했던 일이었다.

어휘 epidemic 전염병 pandemic 전 세계적인 유행병 infectious 전염성의 transmit 전염시키다, 전달하다 host 숙주 susceptible ~에 민감한, 걸리기 쉬운 emerge 나타나다 settle down 정착하다 take advantage of ~을 이용하다 non-immune 면역이 없는 tuberculosis 결핵 explode 폭발하다 industrialize 산업화하다 junction 접합[교차]점 influenza 독감 heighten 높이다, 고조시키다 tendency 경향 border 국경 misinformation 잘못된 정보, 와전 dense 밀집한 mobile 유동적인 absence 부재 preventive 예방적 measure 조치

08

정답 ③

해설 '머리의 지식'과 '손의 지식'을 대조하면서 흔히 사람들에 의해 간과되는 '손의 지식'의 중요성에 관해 서술하는 글이다. 주어진 문장은 However로 시작하여, 하지만 사물을 조작할 수 있는 능력이 그만큼 독특하다고 하며 엄지손가락을 지닌 손은 두개골을 지닌 머리만큼이나 지능을 상징한다고 말하고 있다. 문맥상 이는 '손의 지식'이 '머리의 지식' 못지않게 중요하다는 뜻이므로, 문두의 However로 보아 주어진 문장 앞에는 '머리의 지식'이 우선시되는 상황이 나와야 하며, 뒤에는 주어진 문장에 관한 부연이 이어지는 것이 자연스럽다. ③ 앞에서 이성적 능력, 즉 '머리의 지식'이 우리를 나머지 동물 세계와 구별해 주는 것이라는 가정에서 생겨난 편견에 관해 언급했고, 뒤에서는 Indeed가 나오면서 실제로 신체 기술, 즉 '손의 지식'이 추상적인 지적 추구, 즉 '머리의 지식'보다 앞선다고 언급했는데, 이는 주어진 문장 내용을 뒷받침하는 것을 알 수 있다. 따라서 주어진 문장이 들어갈 위치로 가장 적절한 곳은 ③이다.

해석 지식을 논할 때, 우리는 흔히 이론적인 '머리의 지식'에 초점을 두고 실질적인 '손의 지식'은 간과한다. 실제로, 후자에 대해 일종의 편견이 있는 것 같다. 예를 들어, 과학자의 추상적인 지식은 일반적으로 자동차 정비공이나 공예가의 실질적인 지식보다 더 높은 존경을 받고 있다. 이런 편견은 우리의 이성적 능력이 우리를 나머지 동물 세계와 구별해 주는 것이라는 널리 퍼진 가정에서 생기는 것일 수도 있다. 하지만, 사물을 조작할 수 있는 우리의 능력은 그(이성적 능력)만큼 독특하고, 마주 볼 수 있는 엄지손가락을 지닌 손은 불룩 나온 두개골을 지닌 머리만큼 인간 지능의 좋은 상징이라고 주장할 수 있을 것이다. 실제로, 어떤 의미에서 신체 기술은 추상적인 지적 추구보다 앞서며 더 근본적이다. 결국, 우리는 어떤 종류의 지식이라도 획득할 수 있기 전에, 말하는 능력과 사물을 조작하는 능력과 같은 기본적인 기술을 필요로 한다.

어휘 manipulate 조작하다 unique 독특한 opposable 마주 볼 수 있는 thumb 엄지손가락 bulging 불거져 나온 cranium 두개골 theoretical 이론적인 overlook 간과하다 practical 실질적인 prejudice 편견 abstract 추상적인 esteem 존경, 존중 mechanic 정비공 craftsman 공예가 derive from ~에서 나오다[유래하다] widespread 널리 퍼진 assumption 가정, 추정 capacity 능력 reason 이성 distinguish 구별하다, 분별하다 physical 신체의 prior to ~에 앞서 fundamental 근본적인 pursuit 추구 acquire 얻다

09

정답 ③

해설 호주 중부 지방에서 인간이 불을 사용하면서 지형을 심하게 변형시켜 오늘날 사막화를 초래했다는 내용의 글이다. 따라서 글의 흐름상 가장 어색한 문장은 식물이 물을 포집하는 여러 방법을 발달시켰다는 내용의 ③이다.

해석 호주 중부의 강우량 부족에 관한 한 가지 가능한 설명은 초기 인류가 불을 사용하면서 지형을 심하게 변형시켰다는 것이다. 원주민들은 호주 중부에서 2만 년이 넘는 기간 동안, 특히 사냥을 돕기 위해, 그리고 통행로로 개척을 위해 불을 광범위하게 사용해 왔다. 그 이론은 주기적인 방화가 나무, 관목, 초원이 모자이크 형태로 있던 곳을 오늘날 우리가 보는 사막 관목 지대로 바꾸었다고 시사한다. (건조한 기후 때문에 식물은 물을 포집하는 여러 가지 방법을 발달시켰다.) 초목에 있어 이 점진적인 변화는 대기에 도달하는 식물의 수분을 더 적게 만드는 결과를 낳았을 수 있고 따라서 대륙의 장기적인 사막화를 초래했을 수도 있다. 이와 같은 지속적인 사막화 과정은 환경과 생태계에 심각한 위험을 계속해서 야기하고 있다.

어휘 lack 부족 rainfall 강우 modify 개조하다 landscape 지형, 경관 aboriginal 원주민의 extensively 광범위하게 aid 원조 수단 passage 통로 convert 전환하다 mosaic 모자이크 shrub 관목 scrub 관목 지대, 덤불 climate 기후 capture 잡다, 포착하다 gradual 점진적인 vegetation 초목 moisture 수분 atmosphere 대기 long-term 장기적인 desertification 사막화 continent 대륙 ongoing 지속되는 present 야기하다 grave 심각한 ecosystem 생태계

10

정답 ④

해설 마지막 문장에서 빛은 더 많은 분무액을 받은 부분에서 더 강하다고 언급되므로, 글의 내용과 일치하지 않는 것은 ④ '빛의 강도는 분무액의 양과 무관하다.'이다.
① 법의학 수사관들은 혈액 증거를 찾기 위해 루미놀을 사용한다. → 첫 문장에서 언급된 내용이다.
② 루미놀을 분사한 후에는, 혈흔이 푸른빛을 발산한다. → 3번째 문장에서 언급된 내용이다.
③ 빛은 짧은 지속 시간에도 불구하고 촬영될 수 있다. → 마지막 2번째 문장에서 언급된 내용이다.

해석 루미놀은 법의학 수사관에 의해 사용되는 화학 물질로 범죄 현장에 남겨진 심지어 가장 희미한 혈액 흔적까지 감지할 수 있다. 루미놀은 혈액에서 발견되는 헤모글로빈이라고 불리는 산소 운반 단백질에 있는 철과 반응함으로써 그것을 감지한다. 루미놀은 수사 중인 구역 전체에 균일하게 분사되며, 미량의 혈액은 루미놀이 어두운 방에서 감지 가능한 푸른빛을 발산하게 한다. 그 빛은 약 30초 동안 지속되지만, 사진으로 기록될 수 있다. 빛은 더 많은 분무액을 받은 부분에서 더 강하므로 빛의 강도가 존재하는 혈액의 양을 나타내는 것은 아니라는 점을 기억하는 것이 중요하다.

어휘 chemical 화학 물질 forensic 법의학적인 investigator 수사관 detect 감지하다 faint 희미한 trace 흔적, 미량 iron 철 protein 단백질 evenly 균일하게 emit 발산하다 darken 어둡게 하다 last 지속되다 document 기록하다 photographically 사진술로 intensity 강도 indicate 나타내다 duration 지속 시간 irrelevant 관련 없는

01	③	02	①	03	④	04	②	05	③
06	③	07	④	08	④	09	①	10	③

01

정답 ③

해설 notorious는 '악명 높은'이라는 뜻으로, 이와 의미가 가장 가까운 것은 ③ 'infamous(악명 높은)'이다.
① 무모한, 무분별한 ② 부유한 ④ 취약한

해석 그는 악명 높은 도박꾼이고, 그의 측근들은 그가 종종 벌 수 있는 것보다 더 빨리 돈을 써버린다고 말한다.

어휘 gambler 도박꾼

02

정답 ①

해설 친구로부터 티켓을 구했다는 내용을 보아 결국 콘서트에 갈 수 있게 되었음을 추측할 수 있으므로, 빈칸에 들어갈 말로 가장 적절한 것은 ① 'ended up (결국 ~하게 되다)'이다.
② 배제하다 ③ 취소하다 ④ 유래하다

해석 그 콘서트 티켓은 매진되었지만, 운 좋게도 우리는 친구로부터 티켓을 구해 (결국) 콘서트에 갈 수 있게 되었다.

어휘 sold out (표가) 매진된

03

정답 ④

해설 분사구문의 의미상 주어인 the team이 목적의식에 의해 '이끌린' 것이고, 강이 '오염된' 것이므로 수동의 과거분사 Driven과 polluted는 각각 적절하게 쓰였다.
① (That → What) 문장의 동사는 is이고 주어는 That matters이다. 그런데 that은 관계대명사로 쓰일 땐 앞에 선행사가 있어야 하고, 접속사로 쓰일 땐 뒤에 완전한 절이 와야 한다. 여기서는 앞에 선행사가 없고 뒤에도 불완전한 절이 오고 있으므로, That을 동사 matters의 주어 역할과 문장의 주어 역할을 동시에 할 수 있는 관계대명사 What으로 고쳐야 한다. 참고로 'A가 아니라 B'라는 뜻의 'not A but B'가 쓰여, A와 B 자리에 의문사절들이 적절히 병렬되고 있다.
② (rose → raised) rise는 '오르다, 일어나다'라는 뜻을 가진 자동사이고, raise는 '올리다, 일으키다'라는 뜻을 가진 타동사이다. 여기서는 뒤에 widespread concerns라는 목적어가 있고, 의미상으로도 우려를 '일으킨' 것이므로 타동사 raise의 과거형인 raised를 써야 한다.
③ (us → to us) explain은 4형식으로 쓸 수 없는 3형식 동사이므로 간접목적어 앞에 전치사 to를 써야 한다. 참고로 의문사 why가 이끄는 간접의문문은 '의문사 + S + V'의 평서문 어순을 취하며, 'cannot help RVing'는 '~할 수밖에 없다'라는 뜻의 동명사 관용 표현이다.

해석 ① 중요한 것은 당신이 무엇을 가졌는가가 아니라, 당신이 누구인가이다.
② 그 소식은 식품 안전에 관한 광범위한 우려를 불러일으켰다.
③ 그녀는 우리에게 그녀가 수업 중 웃을 수밖에 없던 이유를 설명해 주었다.
④ 그 팀은 깊은 목적의식에 이끌려 오염된 강을 청소했다.

어휘 matter 중요하다 widespread 광범위한 concern 우려 regarding ~에 관하여 pollute 오염시키다

04

정답 ②

해설 (too → either) too는 긍정 동의를, either는 부정 동의를 나타낼 때 쓰인다. 여기서는 앞에 didn't go라는 부정의 표현이 나오고 있으므로, too가 아닌 either를 써야 한다.
① 'A에게서 B를 빼앗다'라는 뜻의 'rob A of B' 구문을 수동태로 전환하면 'A be robbed of B'이므로 주어진 우리말에 맞게 적절히 쓰였다.
③ providing은 '~라면'이라는 뜻을 지닌 분사형 접속사로 주어진 우리말에 맞게 쓰였다. 또한 providing이 이끄는 조건 부사절에서는 현재시제가 미래시제를 대신하므로 doesn't rain은 적절하게 쓰였으며, plan은 to 부정사를 목적어로 취하는 동사이므로 to go의 쓰임도 적절하다.
④ 'neither A nor B'는 'A도 B도 아닌'이라는 뜻의 상관접속사인데, 주어로 쓰이는 경우 동사는 B에 수일치해야 한다. 따라서 복수 명사 the employees에 수일치한 are satisfied는 적절하게 쓰였고, 이때 관리자와 직원들이 '만족시키는' 것이 아닌 '만족하는' 것이므로 수동태로 쓰인 것도 적절하다.

어휘 property 재산

05

정답 ③

해설 B가 타이베이로 가는 항공편을 예약하려고 하는 상황이다. A가 오후 3시에 출발하는 항공편이 있다고 말하자 B는 빈칸 내용을 묻는다. 이에 A는 오전 10시에 출발하는 항공편을 언급하는 것으로 보아, 빈칸에서 B는 더 일찍 출발하는 항공편이 있는지 물었음을 알 수 있다. 따라서 빈칸에 들어갈 말로 가장 적절한 것은 ③ '더 일찍 출발하는 항공편이 있나요'이다.
① 더 값이 싼 티켓이 있나요
② 편도 티켓인가요 왕복 티켓인가요
④ 위약금 없이 티켓을 취소할 수 있나요

해석 A: 안녕하세요, Shimson Travels에 오신 것을 환영합니다. 무엇을 도와드릴까요?
B: 안녕하세요, 이번 주 금요일에 타이베이로 가는 항공편을 예약하고 싶어서요.
A: 정말 머지않았네요. 예약 가능한 항공편이 있는지 확인해 보겠습니다.
B: 네, 감사합니다.
A: 어디 볼까요... 아, 500달러에 오후 3시에 출발하는 편이 있어요.
B: 더 일찍 출발하는 항공편이 있나요?
A: 오전 10시에 하나 있는데 650달러예요.
B: 꽤 비싸지만, 그걸로 할게요.

어휘 available 구매 가능한 pretty 꽤 one-way 편도의 round 왕복의 penalty 위약금

06

③

해설 전조 현상을 통해 지진을 예측하려는 시도가 성공한 사례가 있긴 했으나, 이후 탕산시와 광동성의 경우에는 그러한 지진 예측이 실패했음을 서술하는 글이다. 따라서 이 글은 전조 현상으로 지진을 예측하는 것의 한계를 지적하고 있으므로, 글의 주제로 가장 적절한 것은 ③ '전조 현상을 지진에 관한 지표로 사용하는 것의 한계'이다.

① 지진에 관한 다양한 자연의 전조 현상들 → 글에서 지진의 전조 현상에 관한 예시들이 언급되나, 이는 그 전조 현상이 지진 예측에 유효한지 논하기 위한 부연에 불과하다.

② 지진으로부터 입는 피해를 확대하는 요인들 → 지진에 따른 피해 사례들이 소개되었지만, 그 피해를 확대하는 요인에 관한 언급은 없다.

④ 향상하는 중국의 지진 예측 정확도 → 오히려 예측 정확도가 떨어졌다고 보는 것이 적절하다.

해석 중국의 과학자들은 전조 현상을 이용하여 지진을 예측하려는 시도를 하고 있다. 중국 소식통은 1975년 주택의 90% 이상을 훼손한 규모 7.4의 지진이 일어나기 전에 하이청시가 대피했던 성공적인 예측을 전한다. 그 예측은 지반 변형, 전자기장과 지하수위의 변화, 동물의 이상 행동, 상당한 전진을 포함한 전조 현상들에 근거했다고 한다. 그러나 다음 해에 탕산(시) 지진이 그리 멀지 않은 곳에서 전조 현상 없이 발생했다. 몇 분 만에 25만 명이 사망했고 또 다른 50만 명이 부상을 입었다. 그다음 달 광동성에서는 지진 경보가 내려 사람들이 두 달 동안 텐트에서 잠을 잤지만, 지진은 일어나지 않았다.

어휘 attempt 시도하다 predict 예측하다 precursor 전조 (현상) evacuate 대피하다 prior to ~에 앞서 magnitude 규모 deformation 변형 electromagnetic field 전자기장 groundwater 지하수 anomalous 이례적인, 정상이 아닌 significant 상당한 foreshock (지진의) 전진(前震) injure 부상을 입히다 magnify 확대하다 indicator 지표 accuracy 정확도

07

정답 ④

해설 전 세계적으로 신화나 민담의 주제가 비슷한 이유를 제시하는 글이다. 해가 지고 뜨는 것, 겨울이 지나 봄이 오는 것 등의 예시를 통해 자연 현상을 설명하려는 의도가 모든 문화에 공통적으로 존재했음을 주장하고 있다. 따라서 빈칸에 들어갈 말로 가장 적절한 것은 ④ '자연 현상'이다.

① 영웅적 행위 → 신이 죽고 다시 태어나는 것과 여주인공이 괴물에게 먹히는 것을 영웅적 행위로 보기에는 무리가 있으며, 이 이야기들에 담긴 의도가 영웅적 행위를 설명하기 위한 것은 아니므로 적절하지 않다.

② 종교의식

③ 문화적 정체성 → 모든 문화의 신화와 민담에 공통으로 등장하는 요소를 설명하는 글이므로, 어떤 문화에 특유한 정체성을 논한다고 보기엔 어렵다.

해석 왜 같은 주제와 모티프가 전 세계의 신화와 민담을 통해 등장했을까? 19세기 후반 많은 작가들의 한 가지 대답은 어찌 됐든 모든 이야기, 신화, 전설이 단순히 모든 인류에게 익숙한 자연 현상을 설명하고 극화하기 위한 시도였다고 제시하는 것이었다. 한 가지 대중적인 이론은 죽고 나서 다시 태어난 신의 이야기들이 태양이 지고 뜨는 것을 묘사하는 '태양 신화'라는 것이었다. 여주인공이 괴물에게 먹히는 널리 알려진 민담은 일식의 과정에서 태양이 달에 의해 '먹히고' 있는 것과 틀림없이 관련이 있음을 암시한다. 이러한 주장들의 더 정교한 버전은 다양한 신화들의 기저 형식을, 예를 들어 겨울이 봄으로 바뀌는 등 한 해의 주기 속에 있는 '죽음과 부활'의 주제와 연관시켰다.

어휘 theme 주제 motif 모티프, 주제 myth 신화 folktale 민담 dramatize 극화하다 mankind 인류 heroine 여주인공 eclipse 일식 sophisticated 정교한 underlying 기저의 resurrection 부활 give way to ~로 바뀌다 deed 행위, 공적 ritual 의식

08

정답 ④

해설 우리는 폐암과 관련된 위험 요소에 관해서는 잘 인지하고 있지만, 다른 종류의 암과 관련된 위험 요소는 간과하는 경향이 있음을 서술하는 글이다. 주어진 문장은 폐암으로 인한 사망 통계를 제시하는 내용으로, 이를 These statistics로 받아 이 통계는 충격적이지만 사람들은 이제 폐암과 관련된 위험에 관해 잘 알고 있다며 내용을 이어가는 (C)가 뒤에 와야 한다. 그다음으로, Unfortunately로 시작하여 안타깝게도 다른 유형의 암에 관해서는 우리가 그 위험 요소들을 잘 인지하고 있지 못하다며 본론을 제시하는 (B)가 와야 한다. 마지막으로, (B)에 언급된 everyday behavior에 관하여 불량 식품을 먹는 것과 운동 부족을 그 예시로 들면서 이로 인해 발생할 수 있는 여러 종류의 암을 나열하며 (B) 내용을 부연하는 (A)가 오는 것이 자연스럽다. 따라서 글의 순서로 가장 적절한 것은 ④ '(C) - (B) - (A)'이다.

해석 폐암은 1년 동안 모든 범죄와 사고로 인한 사망을 합친 것보다 더 많은 사람들을 죽음에 이르게 한다. (C) 이러한 통계는 충격적이지만, 좋은 소식은 이제 사람들이 폐암과 관련된 위험에 대해 잘 알고 있다는 것이다. 그들은 그들이 담배를 끊거나 전혀 피우지 않으면 이 끔찍한 병에 걸릴 위험이 줄어든다는 것을 안다. (B) 안타깝게도, 같은 말을 다른 유형의 암에 대해서는 할 수가 없다. 많은 사람들은 그들의 일상적인 행동이 여러 형태의 암의 발병을 야기할 수 있다는 사실을 인지하지 못한다. (A) 건강 전문가들은 불량 식품과 운동 부족으로 인한 과체중이 유방암, 결장암, 위암, 간암과 같은 암의 주요 위험 요인이라고 경고한다. 우리는 이러한 암의 위험을 높이는 생활 습관의 선택에 대해서도 우리 자신을 교육해야 한다.

어휘 lung 폐 cancer 암 criminal 범죄의 accidental 사고의 excess 과잉 junk food 불량 식품 lack 부족 factor 요인 breast 유방 colon 결장 stomach 위 liver 간 elevate 높이다 development 발병, 발달 statistics 통계 well-informed 잘 알고 있는 contract (병에) 걸리다

09

정답 ①

해설 청소년기 아이들의 신체 구조와 그 성숙 정도에는 개인차가 있다고 말하면서 그 차이를 감안해야 할 필요성을 서술하는 글이다. (A) 앞은 청소년이 신체 구조 및 운동 관련 기능의 변화를 경험하는 시기에는 큰 차이가 있다는 내용이고, 뒤는 아이들이 스포츠에 있어 신체적으로 준비되어 있는 시기가 다르다는 내용으로, 앞 내용과 인과관계로 이어짐을 알 수 있다. 따라서 (A)에 들어갈 연결사로 적절한 것은 Therefore이다. 또한, (B) 앞은 늦게 성숙하는 청소년은 부상의 위험이 크다는 내용이고, 뒤는 이러한 아이들이 성숙한 아이들과 경쟁하면서 덜 숙련된 운동선수가 될 것이라는 내용으로, 뒤에서 미성숙한 청소년이 불리한 점을 덧붙이고 있다. 따라서 (B)에 들어갈 연결사로 적절한 것은 Additionally이다.

해석 신체 구조와, 운동 수행과 관련된 다양한 기본적인 기능들은 청소년기 초반 동안 현저한 변화를 겪는다. 그리고 개인이 이러한 변화를 경험하는 시기에는 큰 차이가 있다. 따라서, 아이들이 많은 종류의 스포츠에 대해 신체적으로 준비되어 있는 시기 또한 크게 다를 것이다. 청소년 스포츠 프로그램은 초기 청소년들에게 매우 경쟁이 치열한 스포츠의 기회를 제공한다. 그러므로 그들이 적절한 스포츠 경험으로 유도되려면, 늦게 성숙하는 개인과 일찍 성숙하는 개인을 식별하는 것이 중요해진다. 늦게 성숙하는 개인은 미발달된 근육과 미성숙한 골격 때문에 부상의 위험이 클 것이다. 더불어, 더 크고, 더 강하고, 더 성숙한 남자아이들과 함께 뛰고 경쟁하면서, 늦게 성숙하는 개인은 덜 숙련된 운동선수가 될 것이다. 그는 기회가 있는 대로 중도에 하차할 유력한 후보자이다.

어휘 structure 구조 function 기능 relate to ~와 관련되다 athletic 운동의 undergo 겪다 striking 현저한 adolescence 청소년기 variation 차이 physically 신체적으로 opportunity 기회 competitive 경쟁적인 identify 식별하다 mature 성숙하다 appropriate 적절한 injury 부상 undeveloped 미발달된 immature 미성숙한 skeleton 골격 prime 유력한 candidate 후보자 drop out 중도에 하차하다

10

정답 ③

해설 마지막 3번째 문장에서 심해 어류 종은 일반적으로 얕은 수심에 사는 어류보다 눈에 띄게 작다고 언급된다. 따라서 글의 내용과 일치하지 않는 것은 ③ '심해에 사는 물고기는 일반적으로 얕은 바다에 사는 물고기보다 크다.'이다.
① 대부분의 심해 어류는 학명으로 식별된다. → 3번째 문장에서 언급된 내용이다.
② 상층의 유기 물질은 대부분의 심해 어류에게 필수적이다. → 4번째 문장에서 언급된 내용이다.
④ 심해 어류는 신체 구조 때문에 표층 어류보다 느리다. → 마지막 두 문장에서 언급된 내용이다.

해석 심해의 물고기는 지구상에서 가장 기이하고 정의하기 힘든 생물 중 하나이다. 이 혹독한 환경에서 진화한 대부분의 물고기는 실험실 조건에서 생존할 수 없기 때문에 이들에 대해 알려진 것이 거의 없다. 그러므로 많은 종들이 과학자들에게만 알려져 있으며 따라서 그것들의 학명을 유지하고 있다. 심해 환경에 도달하는 부족한 햇빛 수준으로 인해 대부분의 심해 어류는 높은 곳에서 가라앉는 유기물에 의존해야 한다. 이것이 심해를 더 얕은 지역보다 생산성이 훨씬 떨어지게 만든다. 결과적으로 심해 어류 종은 일반적으로 얕은 수심에 사는 어류보다 눈에 띄게 작고 입과 내장이 더 크다. 또한 더 깊은 곳에 사는 물고기일수록 살이 더 젤리와 같고 뼈의 구조가 더 작다는 사실도 밝혀졌다. 이것이 그것들을 표층 어류보다 더 느리고 덜 민첩하게 만든다.

어휘 elusive 규정하기 힘든 evolve 진화하다 harsh 혹독한 laboratory 실험실 retain 유지하다 scientific name 학명 rely on ~에 의지하다 organic 유기의 sink 가라앉다 productivity 생산성 shallow 얕은 noticeably 눈에 띄게 gut 내장 in general 일반적으로 flesh 살 minimal 아주 작은 bone 뼈 structure 구조 agile 민첩한 surface 표면 identify 식별하다 essential 필수적인 typically 일반적으로

회 차 18 하프 모의고사

Date : . . .
Score : / 10

01	③	02	③	03	①	04	④	05	②
06	①	07	④	08	④	09	④	10	②

01

정답 ③

해설 condemn은 '비난하다'라는 뜻으로, 이와 의미가 가장 가까운 것은 ③ 'criticize(비난하다)'이다.
① 버리다 ② 양육하다 ④ 닮다

해석 우리는 우리 후손들이 우리를 비난하지 않을 길을 택해야 한다.

어휘 descendant 후손

02

정답 ③

해설 식이 장애의 심각성을 주장하는 내용과 빈칸 앞의 부정어 not을 미루어 보아 빈칸에 들어갈 말로 가장 적절한 것은 ③ 'made light of(가볍게 여겨지는)'이다.
① 곤경에서 벗어난 ② 고장이 난 ④ 대신하는

해석 식이 장애는 심각하고 생명을 위협하는, 가볍게 여겨지면 안 될 정신 질환이다.

어휘 disorder 장애 life-threatening 생명을 위협하는

03

정답 ①

해설 (looks → look) 주격 관계대명사 that의 선행사가 복수 명사인 small pieces이므로 수에 맞게 looks를 look으로 고쳐야 한다.
② 'be used to RVing'는 '~하는 데 익숙하다'라는 뜻의 관용표현으로 문맥상 적절하게 쓰였다. 참고로 '~하기 위해 사용되다'라는 뜻을 지닌 'be used to RV'와의 구분에 유의해야 한다.
③ money는 불가산명사이므로, 불가산명사를 수식하는 amount of가 쓰인 것은 적절하다.
④ 주어인 the cost가 카드에서 '차감되는' 것이므로 수동태 is deducted는 적절하게 쓰였다.

해석 일부 도시에서는 버스나 지하철이 토큰, 즉 버스나 지하철에서만 사용되는 동전처럼 보이는 작은 금속 조각으로 지불된다. 하지만 당신은 아마 카드로 승차 요금을 지불하는 것에 익숙할 것이다. 당신은 직원이나 자판기로부터 하나를 사서 원하는 금액은 얼마든지 거기에 넣을 수 있다. 당신이 버스나 지하철을 탈 때마다 승차 요금이 카드에서 차감된다.

어휘 vending machine 자판기 deduct 빼다, 차감하다

Shimson_lab
116
손글씨 필기노트, 해설지, 백지복습지 다운로드 http://cafe.naver.com/shimson2000

04

정답 ④

해설 (has had → had) 'last + 시간 표현'의 명백한 과거 시점 부사구가 나왔으므로 현재완료시제 has had를 과거시제 had로 고쳐야 한다. 참고로 one of 뒤에 복수 명사가 온 것은 적절하다.

① 부정부사구 Under no circumstances가 문두에 위치하므로 주어와 동사는 의문문의 어순으로 도치되어야 한다. 따라서 should you leave는 옳게 쓰였다.

② 'may well RV'는 '~하는 것이 당연하다'라는 뜻이고, 'may as well RV'는 '~하는 편이 더 낫다'라는 뜻이다. 우리말을 참고하면 전자의 표현으로 쓰인 것을 알 수 있으므로 may well은 적절하다.

③ 상태유지동사인 stay는 2형식 동사로 형용사 보어 보어 취하므로 calm은 적절하며, 그의 팔이 '접힌' 것이므로 folded 역시 올바르게 쓰였다. 전치사 during 또한 명사구 앞에 알맞게 쓰였다.

어휘 circumstance 상황 incident 사건, 사고 reputation 평판 argument 논쟁 stock 주식 crash 폭락

05

정답 ②

해설 치통을 앓고 있는 A가 B와 대화를 나누는 상황이다. 치과에 가봤냐는 B의 물음에 A가 빈칸 내용을 언급하자 B가 안타까워하면서 빨리 치과에 갈 것을 권유하고 있다. 따라서 빈칸에서 A는 치과에 가지 못했다는 취지의 내용을 말했음을 알 수 있으므로, 빈칸에 들어갈 말로 가장 적절한 것은 ② '예약을 할 수 없었어.'이다.

① 어쩌면 너의 치아 중 하나가 썩고 있을 지도 몰라.
③ 치료 후에 훨씬 나아진 기분이야.
④ 그는 내가 어렸을 때부터 나를 치료해 줬어.

해석 A: 나 끔찍한 치통이 있어.
B: 정말? 뭐가 문제인 것 같아?
A: 모르겠어. 잇몸도 부어올랐어.
B: 치과에는 가봤어?
A: 예약을 할 수 없었어.
B: 너무 안됐다. 빨리 치과에 가봐야 할 텐데.
A: 맞아. 다른 치과에 전화해 보려고 해.

어휘 gum 잇몸 swollen 부어오른 decay 썩다 appointment 예약, 약속 treatment 치료

06

정답 ①

해설 어린 시절을 포함한 우리의 과거 행적에 관한 기록을 상세히 담고 있는 인터넷이 마치 주홍 글씨처럼 우리를 따라다닌다는 내용의 글이다. 따라서 글의 제목으로 가장 적절한 것은 ① '인터넷: 우리 과거의 디지털 기록 보관소'이다.

② 인터넷의 잔인한 횡포에 맞서는 싸움 → 인터넷이 잔인한 횡포를 부린다고 볼 수는 있으나, 이에 맞서는 노력에 관한 언급은 없다.
③ 실용적인 업무 도구로서의 인터넷의 출현
④ 인터넷에서 소문이 사실보다 더 빠르게 퍼지는 이유 → 소문과 사실의 전달 속도를 비교하는 내용은 글에서 거론되지 않았다.

해석 태초부터 사람들은 험담을 하고, 소문을 퍼뜨리고, 다른 사람들을 부끄럽게 했다. 이러한 사회적 관행들은 이제 인터넷으로 옮겨와 그곳에서 새로운 차원을 띠고 있다. 그것들은 작은 지역 집단 내에 잊히기 쉬운 속삭임에서 광범위하고 영구적인, 사람들의 삶의 연대기로 변모한다. 한 세대 전체가 매우 다른 세상에서 자라고 있는데, 그 세상에서 사람들은 어디를 가든 평생 그들과 함께할, 어린 시절부터 시작되는 상세한 기록물들을 축적한다. Nathaniel Hawthorne의 『주홍 글씨』에서, Hester Prynne은 그녀가 살던 식민지 뉴잉글랜드 마을에 의해 그녀의 간통죄를 나타내기 위해 주홍 글씨 A를 (옷에) 달도록 강요받았다. 인터넷은 디지털 형태의 주홍 글씨, 즉 사람들의 과거 비행에 대한 지워지지 않는 기록을 되살리고 있다. 한 평론가가 말했듯, "옳든 그르든, 인터넷은 잔인한 역사가이다."

어휘 dawn 시초 gossip 험담하다 circulate 퍼뜨리다 shame 부끄럽게 하다 practice 관행 take on 나타내다, 띠다 dimension 차원 transform 변형시키다 whisper 속삭임 local 지역의 widespread 광범위한 permanent 영구적인 chronicle 연대기 generation 세대 accumulate 축적하다 scarlet 주홍색 colonial 식민지의 represent 나타내다 sin 죄 adultery 간통, 간음 indelible 지울 수 없는 misdeed 비행, 악행 commentator 평론가 historian 역사가 archive 기록 보관소 tyranny 횡포 advent 출현 viable 실용적인

07

정답 ④

해설 복합적인 작업을 하거나 창의력을 요하는 문제를 해결할 때 무의식적이며 자동적인 반응이 별다른 추론 과정을 거치지 않은 채 직관적으로 나타난다는 내용의 글이다. 이 직관은 '숙련된' 선수들에게서, 그리고 무의식의 '잠복기'를 거쳐 나온다는 표현으로 보아, 경험에 의해 학습된 무의식과 연관됨을 알 수 있다. 따라서 빈칸에 들어갈 말로 가장 적절한 것은 ④ '사실은 경험에서 나온 무의식이다'이다.

① 사람들과 교류하는 것에서 기인한다 → 타인과의 교류에 관한 언급은 글에 없다.
② 충동적인 결정을 멀리한다 → 추론을 거치지 않은 무의식적인 결정을 '충동적인' 결정으로 볼 때, 직관의 근원은 오히려 이것과 가까운 것이므로 반대된다.
③ 추론과 밀접한 관련이 있다 → 글에서 '추론'은 '직관'과 대조되는 개념으로, 추론 과정을 통하지 않고도 직관으로 충분히 좋은 결정을 내릴 수 있다는 것이 글의 요지이므로 둘이 밀접한 관련이 있다는 것은 적절하지 않다.

해석 야구공을 치거나 악기를 연주하는 것은 복합적인 작업을 일련의 단계로 수행하는 근육의 복잡한 제어를 필요로 한다. 하지만 그것은 숙련된 선수에게서는 의식의 밖에서 자동적으로 일어난다. 이러한 작업들은 우리가 완전히 인식하지 못하지만 여전히 생각과 행동에 결정적인 영향력을 행사하는 정신의 일부분을 필요로 한다. 창의성 또한 무의식적인 정신적 과정에서 비롯되는 것으로 보이며, 어려운 문제에 대한 해결책이 무의식의 잠복기 후에 갑자기 '불쑥 튀어나오는' 것처럼 보일 수 있다. 직관적인 느낌이나 예감은 추론하지 않고도 무언가를 감지할 수 있는 인지 능력에 기반을 둔다. 합당한 이유 없이 행동하는 것은 미덥지 않은 삶의 전략처럼 보일 수도 있지만, 우리는 매우 제한된 정보만을 가지고 선택을 해야 하는 많은 모호한 상황들에 부닥친다. 우리 직관의 근원이 <u>사실은 경험에서 나온 무의식</u>이라면, 직관을 따르는 것이 무작위적인 선택보다 훨씬 더 우수한 전략인 것으로 보일 것이다.

어휘 intricate 복잡한 muscle 근육 complex 복잡한, 복합적인 series 연속 automatically 자동적으로 awareness 의식 aware 인지하는 exert 영향을 미치다 critical 결정적인, 중요한 influence 영향 originate 비롯되다 unconscious 무의식의 pop 불쑥 나타나다 out of nowhere 어딘가 갑자기 incubation 잠복기 intuitive 직관적인 hunch 예감 perceive 인지하다 reasoning 추론 dubious 미덥지 않은, 불안한 blurry 모호한 constitute ~이 되다 superior 우월한 stem from ~에서 기인하다 interact 교류하다 impulsive 충동적인

08

정답 ④

해설 유럽에서 와인 생산에 차질이 생겼던 사건과 그것을 해결한 방법을 소개하는 글이다. 주어진 문장은 그 포도밭이 결국 필록세라에 내성이 있는 미국 토종 포도나무를 대목으로 사용함으로써 살아남았다는 내용으로, 앞서 언급된 문제의 해결 방안임을 알 수 있다. 따라서 주어진 문장 앞에는 문제 상황이 나와야 하며, 뒤에는 해결 방안을 도입한 결과가 오는 것이 자연스럽다. ④ 앞은 필록세라로 인한 문제가 특히 프랑스에서 심각해서 정부가 문제를 해결할 수 있는 사람에게 막대한 보상을 제안했다는 내용이고, ④ 뒤에서는 The technology for this, 즉 그 것을 위한 기술이 해당 환경에 최적화되어 매우 성공했다는 내용이 나온다. 이때 ④ 앞뒤로 문맥상 단절이 일어나는 것과 this가 해결 방안, 즉 주어진 문장 내용을 가리킴을 알 수 있으므로, 주어진 문장이 들어갈 위치로 가장 적절한 곳은 ④이다.

해석 와인은 기원전 1600년경 그리스 문명의 확산과 함께 유럽에 왔다. 18세기까지 고급 와인은 거의 전적으로 유럽의 영역이었다. 그러나 1860년경 어느 때에, 필록세라라고 알려진 한 곤충이 우연히 미국에서 유럽으로 유입되었다. 이 곤충은 와인 포도나무의 잎과 뿌리를 공격했고, 곧 프랑스의 포도 재배 지역 전역으로 빠르게 퍼졌다. 몇 달 이내에 그것은 유럽의 훌륭한 와인 존재 자체를 위협하면서 프랑스에서 포르투갈까지 대륙을 휩쓸었다. 그 문제는 특히나 프랑스에서 매우 심각했기에, 정부는 그 문제를 해결할 수 있는 누구에게나 막대한 보상을 제안했다. 포도밭은 결국 필록세라에 내성이 있는 미국 토종 포도나무를 직접적인 과일 생산목이 아닌 대목으로 사용함으로써 살아남았다. 이것을 위한 기술은 포도밭 위치와 토양 유형에 맞게 최적화되었고, 그 이후로 놀라울 정도로 성공적이 되었다.

어휘 vineyard 포도밭 phylloxera 필록세라(포도나무 진딧물) resistant 내성이 있는 rootstock (접목의) 대목(臺木) civilization 문명 exclusively 전적으로 domain 영역 accidentally 우연히 sweep 휩쓸다 continent 대륙 threaten 위협하다 grave 중대한, 심각한 optimize 최적화하다

09

정답 ④

해설 텔레비전 및 비디오 게임 등 새 전자 매체가 학습에 주는 이점을 소개하는 내용의 글이다. 따라서 글의 흐름상 가장 어색한 문장은 폭력적인 비디오 게임에 노출되는 것의 위험성을 언급하는 내용의 ④이다.

해석 텔레비전과 비디오 게임과 같은 더 새로운 전자 매체는 현명하게 사용된다면 학습과 발달에 큰 긍정적인 잠재력을 가진다. 그것들은 아이들에게 독서와 글쓰기에 의해 발달되는 것과는 다른 정신적 능력을 준다. 텔레비전은 특정한 유형의 정보를 전달하는 데 있어서 인쇄된 글보다 더 좋은 매체이다. 이것은 전통적인 학교 환경에서는 잘하지 못하는 아이들 집단과 심지어 읽지 못하는 사람들도 학습에 접근 가능하게 한다. 비디오 게임은 많은 직업과 일상생활 모두에서 컴퓨터가 점점 더 중요해지고 있는 때에 아이들에게 초소형 컴퓨터의 세계를 소개한다. (폭력적인 내용의 비디오 게임에 대한 노출은 개인의 공격성을 증가시킬 것으로 예상된다.) 비디오 게임과 컴퓨터 모두의 상호작용적 특성은 아이들로 하여금 단지 자극과 정보를 소비하는 것이 아니라, 그것들을 적극적으로 창조하도록 만든다.

어휘 potential 잠재력 convey 전달하다 available 접근 가능한 traditional 전통적인 microcomputer 초소형 컴퓨터 exposure 노출 violent 폭력적인 content 내용 aggressiveness 공격성 interactive 상호작용적인 stimulus 자극(pl. stimuli) merely 단지 consume 소비하다

10

정답 ②

해설 4번째 문장에서 1922년에 오스트리아 화폐는 그것이 인쇄된 종이의 가치만큼도 없었다고 언급된다. 따라서 글의 내용과 일치하는 것은 ② '1922년 오스트리아 화폐는 그것의 인쇄용지보다 가치가 낮았다.'이다.

① 오스트리아의 인플레이션은 제1차 세계대전에서의 승리에 뒤따랐다. → 첫 문장에서 오스트리아는 제1차 세계대전에서 패배했다고 언급되므로 옳지 않다.

③ 비누를 포장하기 위해 오스트리아 화폐의 크기가 조정되어야 했다. → 6번째 문장에서 오스트리아 화폐가 비누를 포장하는 데 필요한 딱 알맞은 크기였음이 언급되므로 옳지 않다.

④ 비누 구매자들은 오스트리아 화폐 가치에 있어 그 어떤 상승도 기대하지 않았다. → 마지막 문장에서 많은 비누 구매자들이 언젠가 그 포장지, 즉 오스트리아 화폐가 전쟁 전만큼의 가치가 있기를 바랐다고 언급되므로 옳지 않다.

해석 오스트리아가 제1차 세계대전에서 패배한 후, 인플레이션은 그 나라의 경제를 파괴했다. 그 정부는 엄청난 양의 지폐를 인쇄했다. 자연히 (정부가) 그것을 더 많이 발행할수록, 그것은 더 가치 없게 되었다. 1922년도에 그 화폐는 심지어 그것이 인쇄된 종이의 가치만도 없었다. 한 영리한 스위스 비누 제조사는 그가 찾을 수 있는 모든 오스트리아 화폐를 샀다. 그는 그것이 그의 비누를 포장하는 데 필요한 딱 알맞은 크기라는 것을 깨달았다. 그는 빈 면에 비누의 이름을 인쇄했다. 그런 다음, 그는 돈으로 포장된 그의 비누를 시장에 내놓고 기다렸다. 그가 바랐던 대로, 그의 비누 판매량은 상승했다. 많은 구매자들은 언젠가 그 '포장지'가 전쟁 전만큼의 가치가 있기를 바라면서 그 비누를 샀다.

어휘 inflation 인플레이션, 물가 상승 ruin 파괴하다 quantity 양 issue 발행하다 worthless 가치 없는 clever 영리한 buy up 사재다 realize 깨닫다 blank 비어 있는 escalate 상승하다 wrapper 포장지 adjust 조정하다

01	④	02	③	03	②	04	①	05	④
06	②	07	③	08	④	09	③	10	③

01

정답 ④

해설 수백만 달러에 달하는 수입원이 있다는 빈칸 뒤의 내용으로 보아, 빈칸에 들어갈 말로 가장 적절한 것은 ④ 'lucrative(수익성이 좋은)'이다.
① 헛된, 소용없는 ② 이국적인 ③ 지루한

해석 인기 있는 모바일 앱을 개발하는 일은 잠재적으로 수백만 달러에 달할 수 있는 광고, 인앱 구매, 구독에서 오는 수입원과 함께 매우 수익성이 좋은 프로젝트일 수 있다.

어휘 highly 매우 revenue stream 수입원 advertisement 광고 purchase 구매 subscription 구독 potentially 잠재적으로 amount to (수치가) ~에 달하다

02

정답 ③

해설 drop out of는 '~에서 이탈하다'라는 뜻으로, 이와 의미가 가장 가까운 것은 ③ 'withdrew from(~에서 물러나다)'이다.
① ~에 등록하다 ② ~을 위해 모이다 ④ ~을 방해하다

해석 경주가 시작되기 전에 많은 사람들이 예기치 않게 마라톤에서 이탈했다.

어휘 unexpectedly 예기치 않게

03

정답 ②

해설 '~하는 것이면 무엇이든'이라는 뜻을 지닌 복합관계대명사 whatever가 동사 should reflect의 주어 역할과 복합관계대명사절 내 동사 do의 목적어 역할을 동시에 적절히 하고 있다.
① (lied → laid) lied는 '거짓말하다'라는 뜻으로 쓰인 자동사 lie의 과거형이다. 여기서는 동사 뒤에 목적어인 the baby가 있고, 의미상으로도 아기를 '눕히는' 것이 자연스러우므로 타동사 lay의 과거형인 laid를 써야 한다.
③ (was penetrated → penetrated) 동사 뒤에 목적어인 the vest가 있고, 총알이 조끼를 '관통한' 것이므로 수동태 was penetrated를 능동태 penetrated로 고쳐야 한다. 참고로 the vest와 known 사이에는 '주격 관계대명사 + be 동사'가 생략되어 있고, 조끼가 방탄이라고 '알려진' 것이므로 수동의 과거분사 known은 적절하게 쓰였다.
④ (spread → spreading) 'accuse A of B'는 'A를 B에 대해 비난하다'라는 뜻을 가진 구문으로, 이를 수동태로 바꾸면 'A be accused of B'가 된다. 그런데 전치사 of 뒤에는 명사(구)가 와야 하므로, false rumors를 목적어 취하고 있는 동사 spread를 동명사 형태인 spreading으로 고쳐야 한다.

해석 ① Kennedy 씨는 아기를 침대에 조심스럽게 눕혔다.
② 당신이 하는 어떤 일이든 당신의 가치관과 원칙을 반영해야 한다.
③ 그 총알은 방탄이라고 알려진 조끼를 관통했다.
④ 그는 자기 동료에 관한 허위 소문을 퍼뜨린 일로 비난받았다.

어휘 reflect 반영하다 principle 원칙 penetrate 관통하다 vest 조끼 bullet-proof 방탄의 false 가짜의

04

정답 ①

해설 (a spender as a saver → a saver as a spender) 'not so much A as B'는 'A라기보다는 B'라는 뜻의 구문으로, A와 B의 위치에 유의해야 한다. 주어진 우리말을 보았을 때 이 위치가 서로 뒤바뀌어 있으므로 a saver as a spender로 고쳐야 한다.
② 'ought to RV'는 '~해야 한다'라는 뜻의 구조동사로 주어진 우리말에 맞게 적절히 쓰였으며, 전치사 by가 동작의 완료를 나타내는 동사 complete와 함께 쓰인 것 또한 적절하다.
③ find가 5형식 동사로 쓰여 to 부정사를 목적어로 취할 때 'find + 가목적어 it + 목적격 보어 + to 부정사'의 구조를 취하므로, found it hard to decide는 적절하게 쓰였다.
④ 'Were + S'는 현재의 사실과 반대되는 가정법 과거에서 if가 생략된 도치 표현으로, 주절에 '조동사의 과거형 + RV'는 적절하게 쓰였다. 또한 주절의 주어와 목적어가 동일하므로 재귀대명사 myself를 쓴 것 역시 적절하다.

어휘 assignment 과제 honeymoon destination 신혼여행지 dedicate 바치다, 전념시키다

05

정답 ④

해설 B가 새로 입주한 셰어하우스에 대한 불만에 관해 A와 대화를 나누는 상황이다. 빈칸 앞 문장에서 동거인들이 매일 파티를 열고 밤늦게 시끄러운 음악을 틀어놓는다고 하였으므로, 이것이 잠들려고 할 때 신경 쓰이고 화가 난다는 취지의 내용이 빈칸에 들어가야 문맥상 자연스럽다. 따라서 빈칸에 들어갈 말로 가장 적절한 것은 ④ '그것은 정말 나를 미치게 해'이다.
① 별일 아니야
② 집안 내력이야
③ 없는 것보다 낫지

해석 A: Jane, 서울의 새로운 셰어하우스는 어때?
B: 솔직히 말하면, 내가 거기 얼마나 머물지 모르겠어.
A: 정말? 뭐가 문제야?
B: 몇몇 여자애들이 매일 파티를 열고 밤늦게 시끄러운 음악을 틀어 대거든. 특히 내가 잠들려고 할 때 그것은 정말 나를 미치게 해.

어휘 throw a party 파티를 열다 fall asleep 잠들다 run in one's family ~의 집안 내력이다 drive sb nuts ~을 미치게 하다

손글씨 필기노트, 해설지, 백지복습지 다운로드 http://cafe.naver.com/shimson2000

06

정답 ②

해설 즐거움을 위해 하는 사소한 행동들이 역사적으로 큰 사회 변화를 촉발한다는 내용의 글이다. 따라서 글의 요지로 가장 적절한 것은 ② '즐거움을 위한 활동이 큰 역사적 변화를 촉발할 수 있다.'이다.
① 사회는 생활에 필요한 것들의 공급을 통해 발전한다. → 생활에 필요한 것을 공급받는 것의 중요성이 언급되나, 그 못지않게 즐거움을 위한 사소한 활동들도 중요하다는 것을 강조하는 글이므로 적절하지 않다.
③ 즐거움을 추구하는 것은 역사에 처참한 결과를 가져왔다. → 오히려 즐거움을 위한 행동들이 사회 변화에 도움을 주었다는 글의 내용과 반대된다.
④ 우리는 필수적인 욕구가 충족된 후에야 즐거움을 추구해야 한다. → 필수적인 욕구 충족과 즐거움을 추구하는 것의 선후 관계는 언급되지 않았다.

해석 역사는 대개 사치스러운 것이 아닌 꼭 필요한 것을 위한 오랜 투쟁, 즉 자유, 평등, 안전, 자치를 위한 투쟁이라고 한다. 하지만, 즐거움의 역사도 역시 중요한데, 이런 겉보기에는 사소한 발견 중 다수가 결국 우리 문명의 영역에서 변화를 촉발해 냈기 때문이다. 커피에 대한 기호가 현대의 저널리즘 제도를 만들어 내는 데 도움을 주었고, 우아하게 장식된 소수의 직물 가게가 산업혁명의 촉발을 도왔다. 인류가 즐거움을 위해 설계된 경험을 만들어 내고 공유할 때, 그들은 종종 더 실용적인 관심사에 집중하는 사람들보다 사회를 더 극적인 방식으로 결국 변화시킨다. 현대 사회의 많은 부분은 고도의 문제, 즉 어떻게 내연 기관을 만들 것인지 또는 어떻게 백신을 대량으로 제조할 것인지를 해결하기 위해 끊임없이 노력하는 사람들 덕분이다. 하지만, 놀라울 정도로 많은 현대성은 다른 종류의 활동, 즉 미술, 장난감, 게임 및 다른 겉보기에 빈둥거리는 듯한 취미를 가지고 활동하는 사람들에 그 뿌리를 두고 있다.

어휘 necessity 필수품 luxury 사치품 equality 평등 self-governance 자치 delight 기쁨, 즐거움; 즐겁게 하다 seemingly 겉보기에 trivial 사소한 end up 결국 ~하게 되다 trigger 촉발시키다 realm 영역 civilization 문명 taste 기호, 취향 institution 제도, 관습 handful 소수 fabric 직물 dramatic 극적인 pragmatic 실용적인 concern 관심사 persistently 집요하게 high-minded 고도의, 고매한 internal combustion engine 내연 기관 manufacture 제조하다 modernity 현대성 idle 빈둥거리는 pastime 취미 evolve 진화[발전]하다 provision 공급, 대비 pleasure 즐거움 pursue 추구하다 disastrous 처참한 consequence 결과 essential 필수적인 fulfill 충족시키다

07

정답 ③

해설 고객이 어떤 제품을 사용하는 습관을 형성하고 나면 그 제품의 가격이 인상되더라도 이에 덜 민감해지는 경향을 소개하는 글이다. 고객이 가격 인상에 덜 민감해진다는 것은 곧 기업이 가격을 올리는 데 유연성을 확보한다는 뜻이므로, 빈칸에 들어갈 말로 가장 적절한 것은 ③ '기업에 가격 인상에 대한 유연성을 준다'이다.
① 제품의 질이 떨어지면 사라진다 → 글에서 제품의 질을 논하지는 않았다.
② 기술의 발달과 함께 변화한다 → 기술의 발달에 관한 글이 아니며, 습관의 변화가 아닌 형성에 관한 내용이므로 적절하지 않다.
④ 제품 가격을 인상하는 과정을 방해한다 → 오히려 고객이 습관을 형성하면 가격 인상에 덜 민감해진다는 글의 내용과 반대된다.

해석 저명한 투자자이자 Berkshire Hathaway의 CEO인 Warren Buffett은 "시간이 지남에 따라 한 기업이 가격을 인상하면서 겪는 고통의 양으로 그 기업의 역량을 판단할 수 있다."라고 말한 적이 있다. Buffett과 그의 파트너인 Charlie Munger는 고객들이 한 제품에 대한 습관을 형성하면, 그들은 그것에 의존하게 되고 가격에 덜 민감해진다는 것을 깨달았다. Buffett과 Munger는 습관이 기업에 가격 인상에 대한 유연성을 준다는 것을 이해한다. 예를 들어, 무료로 해보는 비디오게임 사업에서 게임 사용자들이 지속적이고 습관적으로 게임을 하게 될 때까지 게임 개발자들이 사용자들에게 돈을 지불하도록 요구하는 것을 유보하는 것은 표준 관행이다. 일단 게임을 하고 싶은 충동이 자리를 잡고 게임에서 다음 단계로 넘어가고자 하는 욕구가 높아지면 사용자들을 유료 고객으로 전환하기는 훨씬 더 쉽다. 가상 아이템, 추가 목숨, 특수 능력을 판매하는 것이 진짜 돈이 있는 곳이다.

어휘 renowned 저명한 determine 판단하다 agony 고통 go through 겪다, 경험하다 come to ~하게 되다 price-sensitive 가격에 민감한 free-to-play 무료로 하는 standard 표준의 practice 관행 delay 유보하다 consistently 지속적으로 habitually 습관적으로 compulsion 충동 progress 진행하다 convert 전환하다 virtual 가상의 diminish 사라지다 decline 떨어지다, 하락하다 flexibility 유연성 impede 방해하다

08

정답 ④

해설 생명체의 기반이 되는 탄소 원소의 기원에 관해 설명하는 글이다. 주어진 글은 유기체의 생화학적 구성과 천문학의 연관성을 언급한 뒤에 생명체가 탄소 원소를 기반으로 한 구조를 가지고 있다고 말한다. 따라서 주어진 글 다음에는 no other basis, 즉 탄소 외에 다른 어떤 것도 생명체의 기반이 될 수 없다면서 탄소의 기원을 소개하는 (C)가 이어져야 한다. 그다음으로, (C)에서 언급된 별들을 the stars로 받아 별이 수명을 다하면 탄소를 우주로 방출한다는 내용의 (B)가 와야 한다. 마지막으로, 탄소를 만드는 데 필요한 시간이 거의 십억 년에 달한다는 (B)의 마지막 문장에 이어 이를 this immense period of time으로 받아, 이 엄청난 시간이 지나야만 탄소를 사용할 수 있게 된다는 내용의 (A)가 오는 것이 자연스럽다. 따라서 글의 순서로 가장 적절한 것은 ④ '(C) - (B) - (A)'이다.

해석 유기체의 생화학적 구성에는 천문학에 의해 조명되는 흥미로운 측면이 있다. 우리가 현재 목격하는 생명체는 모두 탄소 원소를 기반으로 한 구조를 가지고 있다. (C) 대부분의 생화학자들은 다른 어떤 것도 생명체의 기반이 될 수 없다고 믿는다. 그렇다면 탄소는 어디에서 오는가? 탄소는 수백만 도의 온도에서 단순한 양성자와 중성자로부터 그것이 '요리되는' 별의 중심에서 생겨난다. (B) 별이 수명을 다하면 폭발하여 탄소를 우주로, 그리고 행성 및 운석의 표면에 퍼뜨린다. 그러나 이 별의 연금술로 탄소를 만드는 데 필요한 시간은 매우 긴데, 거의 십억 년에 달한다. (A) 이 엄청난 시간이 지난 후에야만 생명체의 구성 요소가 우주에서 사용 가능하게 될 것이며, 오직 그때서야 비로소 생화학이 그것을 이어받을 수 있다.

어휘 biochemical 생화학의 make-up 구성 organism 유기체 illuminate 밝히다, 조명하다 astronomy 천문학 element 원소 carbon 탄소 immense 엄청난, 어마어마한 building block 구성 요소 available 사용 가능한 take over ~뒤를 이어받다 disperse 확산시키다, 퍼뜨리다 meteorite 운석 stellar 항성의, 별의 alchemy 연금술 originate 생기다, 시작하다 proton 양성자 neutron 중성자

09

정답 ③

해설 한 사회의 특징들을 보여주는 스포츠의 측면에 관해 서술하는 글이다. (A) 앞은 여러 사회 이슈가 스포츠의 규칙과 현실에서 관찰되며 그것의 변화가 스포츠에 영향을 미친다는 내용이고, (A) 뒤는 야구와 미식축구에 관한 예시를 들며 스포츠에서 인기 있는 종목이 사회의 성향 변화를 반영한다고 주장하고 있다. 따라서 (A)에 들어갈 연결사로 적절한 것은 for example이다. 또한 (B) 앞에서 야구와 미식축구가 각각 미국 사회의 어떤 면을 표현하는지 설명하고 있으며, (B) 뒤에서는 스포츠가 다른 문화적 표현들과 마찬가지라는 결론을 기술하고 있으므로, (B)에 들어갈 연결사로 적절한 것은 consequently이다.

해석 스포츠는 한 사회의 관심사, 역사, 성격에 관한 그 사회의 표현 또는 진술이다. 성별이나 인종, 지리, 윤리와 같은 이슈는 스포츠의 규칙과 현실에서 관찰될 수 있다. 이러한 조건들의 변화는 스포츠 활동에 영향을 미친다. 예를 들어, 야구는 더 이상 미국의 위대한 오락이 아니다. 스포츠 사회학자 D. Stanley Eitzen이 미국에 대해 논평한 것처럼, "그러니까, 야구는 우리가 무엇이었는지, 즉 내부 지향적이고, 전원적이며, 개인주의적인 사회였다는 것을 보여준다. 야구는 평화로운 과거에 대한 우리의 열망 때문에 계속해서 인기가 있다. 반면에 미식축구가 현재 인기 있는 것은 그것이 우리가 현재 무엇인지, 즉 타인 지향적이고, 도시 기술적이며, 기업 관료주의적인 사회라는 것을 상징하기 때문이다." 결과적으로, 스포츠는 그림, 음악, 춤, 연극, 문학과 같은 다른 문화적 표현들과 비슷하다. 사회가 포스트모던 시대로 접어듦에 따라, 스포츠 또한 그 추이의 일부가 될 것이며, 때로는 문화적 리더가 될 것이다.

어휘 expression 표현 statement 진술 interest 관심사 geography 지리 ethics 윤리 observe 관찰하다, 논평하다 shift 변화 pastime 오락 sociologist 사회학자 represent 나타내다, 보여주다 rural 시골[전원]의 individualistic 개인주의적인 longing 열망 symbolize 상징하다 corporate 기업의 bureaucratic 관료주의의 theater 연극 era 시대 drift 이동, 추이

10

정답 ③

해설 마지막 2번째 문장에서 루게릭병과 같은 탈수초병은 수초의 손실을 특징으로 한다고 언급되므로, 글의 내용과 일치하지 않는 것은 ③ '루게릭병은 수초 과잉으로 인해 발생한다.'이다.
① 지방은 인간 뇌의 고체 무게의 절반 이상을 차지한다. → 3번째 문장에서 언급된 내용이다.
② 수초는 신경 세포 내 전기 흐름의 속도를 증가시킨다. → 5번째 문장에서 언급된 내용이다.
④ 체내 지방 부족은 정서 장애를 유발할 수 있다. → 마지막 문장에서 언급된 내용이다.

해석 많은 미신과 오해가 식이지방을 둘러싸고 있는데, 이는 광범위한 지방 공포증을 초래했다. 모든 지방이 나쁜 것은 아니며, 일부 지방은 필수적이라는 사실을 기억하는 것이 중요하다. 당신의 뇌의 고체 무게는 60%가 지방이다. 대뇌 피질 내의 천억 개의 신경 세포는 기능하기 위해서 필수 지방산을 필요로 한다. 신경 세포를 감싸는 흰색 지방 물질인 수초는 신경 세포를 따라 전기 자극의 전달을 촉진한다. 따라서 그것은 신경계의 안녕을 위해 매우 중요하다. 흔히 루게릭병으로 알려져 있는 근위축성 측삭 경화증(ALS)과 다발성 경화증(MS)은 탈수초병으로 불리는데, 수초의 손실이 (그것을) 정의하는 특징이기 때문이다. 확실히 높은 혈중 지방 수치는 심장병과 뇌졸중으로 당신을 죽일 수 있지만, 너무 낮은 지방 수치 또한 우울증과 분노, 때론 심지어 자살과 살인과 같은 심각한 문제를 일으킬 수도 있다.

어휘 myth 미신 misconception 오해 dietary fat 식이지방 widespread 광범위한 phobia 공포증 solid 고체의 nerve cell 신경 세포 cerebral cortex 대뇌 피질 fatty acid 지방산 myelin 수초 accelerate 촉진하다 transmission 전달 impulse 자극 well-being 안녕 amyotrophic lateral sclerosis 근위축성 측삭 경화증 multiple sclerosis 다발성 경화증 demyelinating disease 탈수초병 define 정의[규정]하다 feature 특징 circulate 순환하다 stroke 뇌졸중 depression 우울증 suicide 자살 homicide 살인 take up 차지하다 excess 과잉 trigger 유발하다 disorder 장애

01	①	02	④	03	④	04	③	05	③
06	③	07	②	08	④	09	③	10	④

01

정답 ①

해설 노래가 중독성이 있어 그 리듬에 맞춰 노래를 따라 불렀다는 내용으로 보아, 그 노래가 계속 머릿속에서 맴돌았다는 문맥이 자연스럽다. 따라서 빈칸에 들어갈 말로 가장 적절한 것은 ① 'lingering(남아 있다, 맴돌다)'이다.
② 보복하다 ③ 가치가 떨어지다 ④ 수축하다

해석 중독성 있는 그 노래는 계속 내 머릿속에 맴돌았고, 나는 그 리듬에 맞춰 노래를 따라 부르는 나 자신을 발견했다.

어휘 addictive 중독성 있는 sing along (노래를) 따라 부르다

02

정답 ④

해설 지역사회가 나무를 다시 심기 위해 함께 노력한 것은 화재로 인한 숲의 손실을 메우기 위한 것임을 알 수 있다. 따라서 빈칸에 들어갈 말로 가장 적절한 것은 ④ 'make up for(만회하다)'이다.
① 닮다 ② 유발하다 ③ 붙들다

해석 화재가 발생한 후 지역사회는 숲의 손실을 만회하기 위해 나무들을 다시 심고자 함께 노력했다.

어휘 replant 다시 심다

03

정답 ④

해설 (indicate → indicating) 문맥상 indicate 앞의 as는 '~로서'라는 뜻의 전치사로 쓰였는데, 전치사 뒤에는 (동)명사가 와야 하므로 indicate를 indicating으로 고쳐야 한다.
① occur는 수동태로 쓸 수 없는 완전자동사로 적절하게 쓰였다.
② do는 앞에 나온 일반동사 make의 대동사로, 주어인 most men에 수일치하여 적절하게 쓰였다.
③ 의미상 주어인 men이 '소통하는' 것이므로 능동의 현재분사 communicating은 적절하게 쓰였다.

해석 많은 면에서, 여성과 남성은 서로 다르게 의사소통하며 오해가 종종 발생한다. 여성은 남성보다 "음," "그래," "계속해"와 같은 '경청하는 소리'를 더 많이 내는 경향이 있다. 만약 남성이 여성과 소통할 때 이런 소리를 내지 않으면, 그 여성은 그 남성이 경청하고 있지 않다고 생각할 수 있다. 반대로, 남성은 여성이 내는 경청하는 소리를 단순한 관심보다는 동의를 나타내는 것으로 오해할 가능성이 크다.

어휘 misunderstanding 오해 misinterpret 오해하다 indicate 나타내다

04

정답 ③

해설 every 뒤에는 '단수 명사 + 단수 동사'가 와야 하므로 player와 was는 각각 적절하게 쓰였으며, '~에 감명받다'라는 뜻의 'be impressed with' 수동태 표현도 문맥상 옳게 쓰였다. 또한 동명사의 의미상 주어는 소유격으로 나타내므로 his winning의 쓰임도 적절하다.

① (to worry → worrying) 'It is no use RVing'는 '~해도 소용없다'라는 뜻을 갖는 동명사 관용표현이므로 to worry를 worrying으로 고쳐야 한다. 참고로 things와 we 사이에는 목적격 관계대명사가 생략되어 있다.

② (despite of → despite) 전치사 despite는 of 없이 쓰인다. 같은 뜻의 전치사 in spite of와 혼동하지 않아야 한다.

④ (strangely → strange) 2형식 동사로 쓰인 feel은 형용사를 보어로 취하므로 strangely를 strange로 고쳐야 한다. 참고로 가주어-진주어 구문이 쓰이고 있는데, '칭찬받는' 것이므로 수동형 to be praised의 쓰임은 적절하며, 관계대명사 what 뒤에 불완전한 절이 온 것 또한 적절하다.

어휘 on time 제시간에 praise 칭찬하다 effort 노력

05

정답 ③

해설 Ben과 함께 있을 때 아직도 어색하다는 A의 말에 그렇게 보인다며 동조하면서, 둘이 처음부터 죽이 잘 맞았다는 B의 대답은 모순된다. 따라서 대화 중 가장 어색한 것은 ③이다.

해석 ① A: 너 정말 창백해 보여. 무슨 문제가 있는 거야?
B: 나 속이 너무 안 좋아. 심지어 토하기도 했어.
② A: 나는 네가 Hannah랑 친구인지 전혀 몰랐어.
B: 나 한동안 걔랑 어울려 다녔어.
③ A: 난 아직도 Ben이랑 있으면 정말 어색해.
B: 그래 보여. 너희 둘은 처음부터 죽이 잘 맞았잖아.
④ A: 선생님께 생일 선물을 사드리는 것에 대해 어떻게 생각해?
B: 좋은 생각이야. 나도 몇 달러 보탤게.

어휘 pale 창백한 throw up 토하다 hang out with ~와 어울려 다니다 awkward 어색한 hit it off 죽이 잘 맞다 chip in ~을 보태다

06

정답 ③

해설 영장류는 겁을 먹으면 서로 껴안는 행위를 통해 위안받는 습성을 가지고 있는데, 이는 오직 인간과 다른 영장류에게만 나타나는 특성임을 주장하는 글이다. 따라서 글의 제목으로 가장 적절한 것은 ③ '접촉으로부터의 위안: 영장류에게 고유한 특성'이다.

① 침팬지는 인간만큼 민감하지 않다 → 침팬지와 인간의 유사성에 관한 글이므로, 둘을 대조하는 선지는 적절하지 않다.

② 동물들의 생존 전략인 도망치기 → 글에서 대부분의 동물들은 생존하기 위해 도망친다고 언급되나, 이와 다르게 영장류는 서로 껴안는다는 것이 글의 핵심이므로 적절하지 않다.

④ 접촉으로 인해 방출되는 뇌의 진정 화학물질 → 특정한 화학물질에 관한 언급은 없었다.

해석 겁을 먹은 영장류는 심지어 성체라 하더라도 충분히 두려움을 느끼면 서로에게 달라붙는다. 이는 다른 영장류들처럼 우리 종도 마찬가지이다. 어떤 자연재해의 피해자든 전쟁의 비극의 피해자든, 겁먹은 사람들이 다른 사람의 팔에 감싸인 채 가슴을 맞대고 있는 사진을 발견하기란 매우 쉽다. 이러한 이미지들은 위안을 위해 서로를 껴안고 있는 겁먹은 침팬지 사진들을 거의 그대로 복제한 것과 같다. 대부분의 동물들은 두려울 때 서로에게 달라붙지 않으며, 그냥 도망가 버린다. 겁먹은 말과 양은 도망치기를 원한다. 겁먹은 새와 고양이는 대개 혼자 남겨져 숨고 싶어 한다. 결론은 다른 영장류처럼 우리 종은 스킨십을 특징으로 하는 동물이며, 신체 접촉을 중요시하는 것은 상당한 정도로 우리의 유전적 유산의 일부라는 것이다.

어휘 primate 영장류 cling to ~에 달라붙다, 매달리다 species 종(種) victim 피해자 disaster 재해 tragedy 비극 replica 복제(품) comfort 안심, 위안 touchy-feely 스킨십을 특징으로 하는 emphasis 강조, 중요시 genetic 유전적인 heritage 유산

07

정답 ②

해설 어떤 것을 지속해서 향유하는 것보다 그것을 중단하고 나서 다시 경험할 경우에 만족도가 더 높다는 사실을 초콜릿을 이용한 실험을 통해 설명하는 글이다. 일주일 동안 초콜릿을 원 없이 먹을 수 있었던 사람들보다 그것을 먹지 못했던 사람들이 초콜릿을 더 즐겼다고 언급되므로, 초콜릿을 먹는 것에 제한을 둔 것이 만족도를 높인 것을 알 수 있다. 따라서 빈칸에 들어갈 말로 가장 적절한 것은 ② '절제'이다.

① 중독
③ 단순함
④ 일관성 → 오히려 초콜릿 섭취를 일관적으로 한 집단은 두 번째 집단이므로 글의 내용과 반대된다.

해석 절제에는 우리의 즐거움이 깊어지도록 하는 무언가가 있다. 실험의 일환으로, 한 초콜릿 애호가 집단이 초콜릿 한 조각을 먹도록 배정된 뒤에, 다음 일주일 동안은 더는 초콜릿을 먹지 않겠다는 약속을 했다. 두 번째 초콜릿 애호가 집단은 첫 초콜릿을 먹은 뒤에, 일주일의 기간 동안 (초콜릿을) 원하는 만큼 먹으라는 말을 들었다. 두 번째 집단에는 심지어 이 '목표'를 달성하는 것을 돕기 위해 2파운드짜리 초콜릿 한 봉지가 주어졌다. 일주일 뒤에 두 집단이 돌아와 같은 초콜릿을 받았을 때, 날마다 초콜릿을 계속 섭취했던 참가자들은 그것을 훨씬 덜 즐겼다. 이와 대조적으로, 그 일주일 동안 초콜릿을 먹지 않았던 참가자들은 여느 때처럼 그것을 즐겼다. 일주일 동안 가장 좋아하는 탐닉을 포기하는 것은 초콜릿 애호가들의 즐거움을 새롭게 하는 데 도움이 되었다.

어휘 deepen 깊게 하다 pleasure 즐거움 experiment 실험 assign 할당[배정]하다 pledge 약속하다 initial 초기[처음]의 span 기간 participant 참가자 consume 섭취하다 significantly 훨씬, 상당히 indulgence 탐닉 renew 새롭게 하다 enjoyment 즐거움

08

정답 ④

해설 해양 생물들의 움직임은 난류를 일으켜 해양 혼합에 기여한다는 내용의 글이다. 주어진 문장은 물고기 및 고래와 같이 더 큰 동물들은 그만큼 개체 수가 많지는 않지만 힘이 더 강하다는 내용으로, 앞에는 반대로 개체 수가 많지만 힘이 더 약한 대상이 언급되어야 하며, 뒤에는 주어진 문장 내용과 관련된 부연이 이어져야 자연스럽다. ④ 앞은 새우 하나는 많은 것을 하지 못하지만 수십억 마리가 있다는 내용으로, 새우가 주어진 문장에 나온 물고기 및 고래와 비교되는 대상임을 알 수 있다. 또한 ④ 뒤의 these various sorts of marine animals는 앞서 언급된 새우와 주어진 문장의 물고기 및 고래를 함께 지칭하는 것을 알 수 있다. 따라서 주어진 문장이 들어갈 위치로 가장 적절한 곳은 ④이다.

해석 해양 동물들이 헤엄칠 때, 그들의 지느러미, 몸통 또는 부속 기관의 움직임이 물속에서 난류를 일으킨다. 연구자들이 2000년대 중반에 유기체가 바다를 혼합하는 데 줄 수 있는 난류 에너지 전체가 바람과 파도에 필적할 수 있다는 계산을 하기 전까지는 해양 혼합의 관점에서 이것에 관해 크게 생각한 사람은 아무도 없었다. 얼마 지나지 않아, 캐나다의 어느 피오르드에서의 연구는 수직으로 이동하는 새우 떼의 난류가 혼합을 100배 상승시켰다고 결론지었다. 새우 한 마리는 아마도 많은 것을 할 수 없겠지만, 수십억 마리의 새우들이 있다. <u>물고기 및 고래와 같이 더 큰 동물들은 수가 그만큼 많지는 않지만 훨씬 더 힘이 강하다.</u> 이런 다양한 해양 동물 종들의 집단적인 움직임은 해양 혼합을 형성하는 데 중추 역할을 하며, 해양 깊은 곳에 걸쳐 영양분의 분산에 기여한다.

어휘 numerous 많은 marine 해양의 motion 움직임 fin 지느러미 appendage 부속 기관 generate 생성하다, 일으키다 turbulence 난류 calculate 계산하다 organism 유기체 impart (물건·성질을) 주다 comparable 필적하는 swarm 무리, 떼 vertically 수직으로 migrate 이동하다 factor 인수(因數) collective 집단적인 pivotal 중추적인 dispersion 분산 depth 깊은 곳

09

정답 ③

해설 낯선 사람들 앞에서 처음으로 연설하는 상황에서 느낀 심경을 서술하는 글이다. 떨면서 일어섰으며, 혀가 마르고 손바닥에서 땀이 났다는 것을 보아, 화자의 심경으로 가장 적절한 것은 ③ 'nervous(초조한)'이다.
① 화가 난 ② 자랑스러운 ④ 안도하는

해석 나는 내가 낯선 사람들 앞에서 처음으로 연설을 했던 순간을 절대 잊지 못할 것이다. 나는 침대 위에 봉제 동물 인형들과 나의 룸메이트 Christine을 앞에 두고 연습했었지만, 이번은 실제 청중 앞에서의 첫 출연이었다. 내가 떨면서 일어섰을 때, 나는 재치와 지혜가 담긴 내 말을 기다리며 미소 짓는 17명의 로터리 클럽 회원들을 바라보았다. 내 혀는 분필 가루처럼 메말라 있었고, 손바닥은 물고기만큼이나 축축했다. 그 청중은 내가 각자에게 정보를 제공하고 즐거움을 주지 않는다면 내게 영원한 굴욕을 선고하기 위해 기다리는 만 칠천 명의 재판관처럼 느껴졌다. 나는 나를 그 클럽까지 태워다 준 Christine에게 걱정스러운 눈길을 주고는, 말을 시작했다. "안녕하세요. 저는 매우 기쁜 마음으로..."

어휘 stranger 낯선 사람 practice 연습하다 stuffed animal 봉제 동물 인형 debut 첫 출연 Rotarian 로터리 클럽 회원 wit 재치 wisdom 지혜 chalk 분필 dust 가루 sentence 선고하다 eternal 영원한 humiliation 굴욕 inform 정보를 제공하다 entertain 즐겁게 하다 concerned 걱정스러운 glance 눈길, 시선

10

정답 ④

해설 마지막 두 번째 문장에서 인도 대법원은 살레카나를 불법으로 규정한 인도 고등법원의 판결을 유예했으며 그 금지령을 해제했다고 언급되므로, 글의 내용과 일치하지 않는 것은 ④ '인도 대법원은 2016년에 살레카나 금지령을 최종 승인하였다.'이다.
① 살레카나는 단식을 통해 죽는 자발적 종교 의식이다. → 첫 두 문장에서 언급된 내용이다.
② 오늘날 살레카나로 인한 죽음은 과거에 비해서 드물다. → 3, 4번째 문장에서 언급된 내용이다.
③ 살레카나는 인도 고등법원에 의해 불법 행위로 규정되었다. → 마지막 3번째 문장에서 언급된 내용이다.

해석 살레카나는 인도의 종교인 자이나교의 종교 의식이다. 그것은 한 사람이 영적으로 순수해지기 위해 음식과 액체류의 섭취를 서서히 줄이면서 자발적으로 단식하여 죽음에 이르는 것을 뜻한다. 역사적 증거에 따르면 여왕을 포함한, 많은 남성과 여성이 이 관행에 참여하기로 서약했다고 한다. 그러나 현대 시대에 살레카나를 통한 죽음은 드물며, 오직 죽음이 임박한 경우에만 행해진다. 일부가 이 관행의 윤리성에 의문을 제기하면서, 그것은 논쟁과 법적인 정밀 조사의 대상이 되어 왔다. 2015년, 인도 고등법원은 살레카나를 자살의 한 형태로 간주하여 불법으로 선언하였다. 그러나 이듬해 인도 대법원은 이 판결을 유예하고, 이 관행에 대한 금지령을 해제했다. 이러한 법적 모호성은 종교의 자유와 개인의 생명 보호 사이의 균형에 관한 논의를 촉발하여 이를 복잡하고 논쟁을 불러일으키는 법적 문제로 만들었다.

어휘 involve 뜻하다 voluntarily 자발적으로 fast 단식하다 gradually 서서히, 점차 intake 섭취 spiritually 영적으로 practice 관습, 관행 imminent 임박한 subject 대상 debate 논쟁 scrutiny 정밀 조사 ethics 윤리(성) declare 선언하다 suspend 유예하다 lift the ban 금지령을 해제하다 ambiguity 모호성 spark 촉발하다 contentious 논쟁을 불러일으키는

Staff

Writer	심우철
Director	정규리
Researcher	장은영
Design	강현구
Assistant	김희경 / 정승리 / 김민주
Manufacture	김승훈
Marketing	윤대규 / 한은지 / 장승재 / 유경철

발행일: 2023년 10월 26일 (1쇄)

내용문의: http://cafe.naver.com/shimson2000

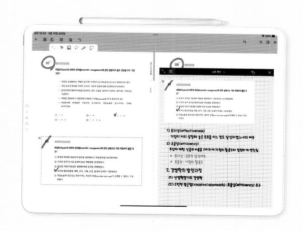

This is TRENDY HALF!

심우철
하프 모의고사

공시계를 선도하는 트렌디한 하프 콘텐츠

POINT 1. 차원이 다른 고퀄리티 실전 문제

심우철 하프 모의고사는 심혈을 기울여 문제를 선별합니다.
프리시즌 기출편에서는 최신 공시 트렌드에 맞는 기출 200 문제를 엄선하여 실었습니다.
시즌1부터 4까지 진행되는 하프에서는 실제 시험 출제 경험이 풍부한 박사 및 교수진과
심슨 영어 연구소가 협업으로 만든 고퀄리티 실전 문제를 제공합니다.

POINT 2. 문제점 파악과 솔루션을 제공하는 강의

심우철 선생님의 하프 모의고사 강의는
① 왜 틀렸는가? ② 무엇이 부족한가? ③ 어떻게 공부해야 하는가?
세 가지의 요소를 항상 짚어주는 수업입니다.

POINT 3. 손글씨 필기노트 해설지

필기하느라 힘 빼지 마세요!
어휘/문법/생활영어 유형(1~5번) 문제에 대한
필기노트는 수험생의 강의 수강 시간을 줄여주고
복습은 훨씬 효율적으로 할 수 있도록 도와줍니다.

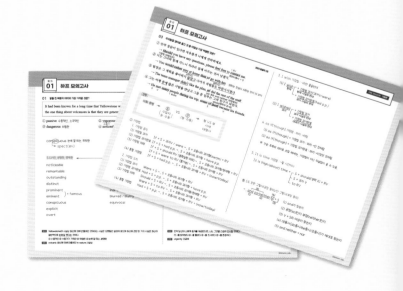

2024

심우철
하프
모의고사

심우철 지음

This
is
TRENDY
HALF*!*

커넥츠 공단기 gong.conects.com
심슨영어연구소 카페 cafe.naver.com/shimson2000

Season 1. 기본편

2024

심우철
하프
모의고사

심우철 지음

This
is
TRENDY
HALF!

📋 정답/해설 74p

01 밑줄 친 부분과 의미가 가장 가까운 것은?

Tenure has become a major impediment to higher education institutions in fulfilling our most important goals.

① reward
② obstacle
③ trigger
④ substitute

02 밑줄 친 부분과 의미가 가장 가까운 것은?

My colleague suggested that I leave out the part about my personal history in my presentation.

① omit
② share
③ revise
④ stress

03 어법상옳은 것은?

① I wish I had learned German when I was young.
② She supposed to take him to the central library with her.
③ Two thirds of gold produced in the region are exported abroad.
④ The more complicated the design is, the less efficiently it will be.

04 우리말을 영어로 잘못 옮긴 것은?

① 이 집은 우리가 파티를 열기에는 너무 작다.
→ This house is too small for us to throw a party in.
② 비록 그는 용감한 소년이지만, 벌레 만지는 것을 정말로 두려워한다.
→ Brave boy as he is, he is indeed afraid of touching worms.
③ 그는 일요일마다 수영을 하곤 했지만 더는 하지 않는다.
→ He was used to swim every Sunday, but he doesn't any longer.
④ 그것은 유산이 아직도 기려지고 있는 건축가가 설계했다.
→ It was designed by an architect whose legacy is still celebrated.

05 밑줄 친 부분에 들어갈 말로 가장 적절한 것은?

A: Did you get a flu shot?
B: No, I heard it could cause some serious side effects.
A: Oh, but I heard those are extremely rare.
B: I don't want to take the risk.
A: Wouldn't it also be a risk not to have the shot?
B: At least I'd know what's coming. For me, the side effects are a lot scarier than the flu itself.
A: Well, _____. The side effects do scare me as well.
B: Yeah, I think it's a question of which risk you'd rather take.

① you have a point
② but that's just a myth
③ the shot's recommended
④ I'm glad you took the shot

06 다음 글의 주제로 가장 적절한 것은?

As early as the 1930s, urban renewal projects were conceived to replace deteriorating neighborhoods with large high-rise public housing projects. The idea was that decent housing for the poor could be provided with new construction technologies and subsidized rents. These projects continued to be built in the post-war era — but almost all have been massive failures. Many have been demolished as their problems became out of control. What went wrong? Sociologists tell us that the projects attacked the symptoms of poverty but not the causes. Without addressing the economic and social problems associated with poverty, the projects simply concentrated the poor and their drug abuse, crime, and ill health in one place and accentuated the social ills accompanying poverty.

① serious problems resulting from poverty
② how to break the vicious cycle of poverty
③ why urban renewal projects were bound to fail
④ importance of subsidization in urban renewal projects

A political scientist has done a series of experiments to demonstrate the positive effects of _____. In those experiments, he used computer-simulated agents that were programmed to solve problems. He set up a series of groups of ten or twenty agents, with each agent endowed with a different set of skills, and had them solve a sophisticated problem. Individually, some of the agents were very good at solving the problem while others were less effective. But what he found was that a group made up of some smart agents and some not-so-smart agents almost always did better than a group made up just of smart agents. You could do as well or better by selecting a group randomly and letting it solve the problem as by trying hard to find smart agents and then putting them alone on the problem.

① diversity
② creativity
③ community
④ practicality

Many parents tend to apply sun lotions on their babies to protect their precious soft skin.

(A) Or better yet, at this time of the day, don't expose your baby to the sun at all, as this is when the sun's rays are at their strongest.

(B) To provide extra protection, you should also cover up their skin, especially during noon. It might seem a bit strange to dress your baby in pants and a long-sleeved shirt when it's warm out, but it's better to be safe than sorry.

(C) Though sun lotions are, of course, essential, it's important to keep in mind that these aren't enough to keep your baby safe from the sun.

① (B) − (A) − (C)   ② (B) − (C) − (A)
③ (C) − (A) − (B)   ④ (C) − (B) − (A)

Knowledge is sometimes viewed as a restraint on creativity, perhaps because there has been a strong emphasis on breaking away from prior knowledge as being important to creativity. ① But, the fact is that nobody has ever made a meaningful creative advance in any domain about which they had no prior knowledge. ② Knowledge is a key building block of creative accomplishment. ③ Even the simplest knowledge can provide us with some of the raw materials we need for creative thought. ④ Creativity can be sparked in young children with a variety of materials like puzzles, games, and toys. Clearly, the more material there is for thinking, the more likely creative ideas can be built.

The project of creating the tomb of Pope Julius II was originally given to Michelangelo in 1505, but the tomb was not completed until 1545. It was designed by Michelangelo himself as the pope requested. The design called for some 40 statues, and the tomb was to be a giant structure. Just less than a year after the initial work on the tomb began, it stopped because of lack of funds. When Pope Julius II died in 1513, he left money for the completion of his tomb, so Michelangelo started the work again. After some years of carving, he completed *Moses*, one of the most famous statues of the tomb. However, the next pope, Leo X, had little interest in continuing the project. As time went on, its scale was reduced, and the project for the tomb was revised again and again.

① Pope Julius II asked Michelangelo to design his tomb.
② The initial design of the tomb was ambitious in scale.
③ The tomb project was resumed after the death of Pope Julius II.
④ Pope Leo X hoped to follow through with the original plan for the tomb.

정답/해설 76p

01 밑줄 친 부분과 의미가 가장 가까운 것은?

> Putting finds from excavations on public display is usually not feasible.

① moral
② customary
③ achievable
④ challenging

02 밑줄 친 부분에 들어갈 말로 가장 적절한 것은?

> I had to _____ ordering delivery food since I had neither the time nor the ingredients to cook myself.

① run out of
② give up
③ put aside
④ resort to

03 밑줄 친 부분 중 어법상 옳지 않은 것은?

> The occasions in our lives when we felt most alive were ① those in which our passions were at their peak. They include precious moments such as a passionate romantic involvement or a passionate cause ② in which we believed. These are the times when we, upon reflection, would remember ③ having felt most charged with purpose, when we brushed against the edge of our own excellence. Our potentials ④ realizing, we felt truly filled with the essence of life.

04 우리말을 영어로 잘못 옮긴 것은?

① 그런 짓을 하는 사람은 누구라도 비웃음을 살 것이다.
→ Anyone who does such a thing will be laughed at.

② 그는 경제에 대해 모든 것을 알고 있는 것처럼 말한다.
→ He talks as if he knew everything about the economy.

③ 제가 그 사건에 대한 추가 진행 상황을 당신에게 계속 알려 드리겠습니다.
→ I will keep you informed of further developments on the case.

④ 그는 아무리 연습을 많이 해도 그 피아노곡에 숙달할 수 없었다.
→ However he practiced much, he couldn't master the piano piece.

05 밑줄 친 부분에 들어갈 말로 가장 적절한 것은?

> A: Is there a problem, sir?
> B: Look at this. There's a hair in my salad.
> A: Oh, please accept my apology. I'll return with a fresh new salad for you.
> B: That won't be necessary. _____
> A: I'm terribly sorry you've been offended, but would you consider staying, sir? Let me bring you a bottle of fine wine on the house.
> B: Hmm. Okay, but please make sure this doesn't happen again.

① Then, can I try a different salad?
② I'd rather not eat here any longer.
③ I'll just have the rest of the course.
④ Could you hand me the menu again?

06 다음 글의 제목으로 가장 적절한 것은?

> With all the various information sources available online today, many people favor blogs as their primary source of news and information. During recent years, blogs have gained a reputation for late-breaking news. This is primarily due to the fact that blogs are not censored concerning the accuracy of what their contents contain. This advantage, however, can also work against a blog in the sense that facts may sometimes be distorted. Without any type of regulation in place, blog posting sometimes tends to reflect more of the writer's opinions. An unregulated blog platform can easily present information or news that leans heavily towards the authors' personal opinions or perspective. Too much subjectivity can easily distort the information being delivered, which can lead to the question of whether blogs can be viewed as a source of reliable information.

① Blogs: A New Platform Worldwide
② Are Blogs Trustworthy as Information Sources?
③ Blog Posting: A Way of Free Opinion Expression
④ How Do Blogs Get Reliable Sources of Information?

In case of animals there seems to be an obvious relation between the signal and the message the animals wish to convey. For instance, an animal that wishes to warn its opponent will simulate an attacking attitude. A cat will arch its back, spit and appear to be ready to pounce. Contrastingly, if we analyze human language, we can notice that except in the case of onomatopoeic words or expressions, there seems to be no logical relationship between the signal and the message. So, we can say that the symbols used by humans are _____. Let me give you an example of the word 'water'. There is no relationship between the word 'water' and the thing it symbolizes. If there had been any relationship, why would the same thing be called as 'pani' in Hindi or 'mooya' in Arabic?

*onomatopoeic: 의성(어)의

① alike
② objective
③ convenient
④ inconsistent

However, if it becomes necessary to make such a transition, it is wise to explain to your athletes why the switch is occurring.

Something negative occurs when the coach suddenly makes a transition from one activity to another, as though he has changed his mind. (①) The gymnastics coach, for example, tells his players that Tuesday will be beam and bar day, but when his athletes arrive on Tuesday prepared to practice beam and bar, he tells them they will be working on floor and vault. (②) The transition not only ruins the flow of practice activity but also conveys to the athletes that the coach is unsure of what to do. (③) It, therefore, is important for coaches to avoid making a sudden transition for their trainees. (④) For example, the gymnastics coach might gather his athletes for a brief meeting and say, "I know I told you yesterday that we would be practicing beam and bar today, but we won't be able to use the bar today so we are going to work on our floor routines."

When a new technology is introduced, it is tempting to believe that its effects will be immediate and significant. ___(A)___, in terms of educational technology, its effects on teaching and learning are typically delayed. The reasons include the time required for teachers and students to learn how to make effective use of a new technology — to make a new technology an integral part of their everyday teaching and learning activities. Additionally, many technologies are effectively integrated only when there are substantial support resources. ___(B)___, personalized learning technology requires a variety of learning objects and tools and platforms with many students in order to be useful.

	(A)		(B)
①	Therefore	……	As a result
②	However	……	For example
③	Therefore	……	In other words
④	However	……	On the other hand

Sugar cane was a major crop in the Antilles in the 1870s, but rats were nesting in the cane, causing a great deal of damage. The mongoose, a mammal of the East Indies, was known to be an excellent rat hunter. Several were imported to the Antilles in 1872, and laws were established to forbid the killing of them. After ten years they had multiplied abundantly and had significantly reduced the rat population. Consequently, damage to the cane fields was greatly reduced. However, the mongoose learned to enjoy the native birds, snakes, lizards, and turtles. Now it was specifically these animals that kept the local insect population in check. However, as these animals disappeared, the insect population began to increase. With no natural predators to keep them in check, the insects began to do more and more damage to the cane fields.

① 사탕수수 재배에 있어 쥐는 큰 골칫거리였다.
② 앤틸리스 제도는 몽구스를 죽이는 것을 금지했다.
③ 몽구스는 쥐뿐만 아니라 다른 토종 동물들도 잡아먹었다.
④ 몽구스는 곤충 개체 수를 억제하여 사탕수수밭 피해를 줄였다.

01 밑줄 친 부분과 의미가 가장 가까운 것은?

> I entirely <u>advocate</u> the view that economic activities and viable agriculture are the best way to conserve the uplands.

① uphold
② question
③ oppose
④ comprehend

02 밑줄 친 부분과 의미가 가장 가까운 것은?

> She increasingly became <u>fed up with</u> everything that was going on around her, and she needed to take some time off for herself.

① poor at
② tired of
③ isolated by
④ concerned with

03 어법상 옳은 것은?

① The bus fare costs twice as much as it did last year.
② Her doctor recommended that she took swimming lessons.
③ I want to meet the man whom I believe is your acquaintance.
④ She improved her language skills while lived abroad for years.

04 우리말을 영어로 잘못 옮긴 것은?

① 그는 오늘 직장에 지각했음이 틀림없다.
  → He must have been late to work today.
② 그들은 적의 눈에 띄기 어렵게 하기 위해 숨었다.
  → They hid themselves to make it hard to see by the enemy.
③ 동물에게 필요한 공간에 대한 믿을 만한 통계 자료가 거의 없다.
  → There are few reliable statistics on space required for animals.
④ 그 실험 결과는 회의가 시작되기 전에 알려질 것이다.
  → The result of the experiment will be known before the conference begins.

05 밑줄 친 부분에 들어갈 말로 가장 적절한 것은?

> A: What's wrong? You look worried.
> B: I don't remember if I turned off the gas or not.
> A: It wouldn't be such a big deal if it were on anyway, right?
> B: Well, we're away for the whole weekend. And who knows what could happen?
> A: _____
> B: Yes, that would be great. I don't want to spend my weekend worrying.

① Do you usually leave it off?
② The thought keeps bothering me.
③ Should we drive back home and check?
④ I don't remember your turning it off, either.

06 다음 글의 요지로 가장 적절한 것은?

> Take a liter of rice and pour it all at once through a funnel and into an empty beaker. Note how long it takes. Next, take the same rice and pour it, not all at once, but in a smooth controlled flow and measure how long that process takes. Which liter of rice gets through more quickly? The second method takes nearly one-third less time. What seems slower is actually faster. Likewise, a study conducted at a jammed tunnel showed that when cars were allowed to enter the tunnel in the usual way, with no restrictions, the two-lane tunnel could handle 1,176 cars per hour. But in a trial, the tunnel authorities limited the number of cars that could enter the tunnel every two minutes to 44. The result? The tunnel now handled 1,320 vehicles per hour.

① Human nature seeks speed.
② Freedom brings convenience.
③ Modest control improves efficiency.
④ Measuring methods can vary the results.

Indeed, confusing people a little bit is beneficial — it is good for you and good for them. For example, imagine someone extremely punctual who has been coming home at exactly six o'clock every day for fifteen years. You can use his arrival to set your watch. The man will make his family anxious even when he's just a few minutes late. Someone with a slightly more unpredictable schedule, with, say, a half-hour variation, won't do so. For similar reasons, prolonged stability is not good for the economy: firms in fact become very weak during long periods of steady success without failure, and hidden vulnerabilities accumulate silently under the surface — so delaying crises is not a very good idea. Likewise, _____ of 'ups and downs' in the market causes hidden risks to accumulate quietly. The longer one goes without a market trauma, the worse the damage when a real crisis occurs.

① absence
② likelihood
③ irregularity
④ expectation

Humans are creatures of habit. Most everyday decisions are based on habits that are sustained without being consciously noticed.

(A) For example, in 1984, 86 percent of Americans did not regularly wear seatbelts. In 2010, 85 percent of Americans did buckle up on a regular basis.

(B) In forming and maintaining these habits, social norms play a powerful role. When perception of the norms that govern our social environment changes, so do the habits that are based on these perceptions.

(C) The reason for this complete reversal of habit was that societal norms regarding personal safety in traffic changed. This change was aided by the enforcement of stricter legislation and safety campaigns in some states.

① (B)−(A)−(C)　　　② (B)−(C)−(A)
③ (C)−(A)−(B)　　　④ (C)−(B)−(A)

Despite all the increasingly user-friendly and popular technology, most studies published since the early 1990s confirm earlier conclusions: paper still has advantages over screens as a reading medium. ① Together, laboratory experiments, polls, and consumer reports indicate that digital devices prevent people from efficiently navigating long texts, inhibiting reading comprehension. ② Compared with paper, screens may also drain more of our mental resources while we are reading and make it a little harder to remember what we read when we are done. ③ Whether they realize it or not, people often approach computers and tablets with a state of mind less beneficial to learning than the one they bring to paper. ④ People now favor digital devices as reading digital texts for facts and fun is becoming more common. E-readers also fail to recreate certain tactile experiences of reading on paper, the absence of which some find unsettling.

Spring, before the buds open, is as a rule the best time for transplanting — the technique of moving a plant from one location to another — although with care it can be done all the year round. Trees native to the region in which the planting is done usually have more promise of success, and are generally less costly than exotics. Trees from well-managed gardens are preferable to those grown in the forest, because their root system is better prepared for transplanting. Transplanting is at best a forcible operation, and injury to the roots, although it may be small, is almost unavoidable. Never allow the roots to become dry during the period of transplanting; leave on them as much of the original soil as possible.

① Success in relocating a plant is limited to the spring season.
② Exotic plants have a bigger chance of survival when being moved.
③ Trees from wild forests have roots that are more fit for transplanting.
④ During transplanting, roots must be covered with soil to provide moisture.

📖 정답/해설 81p

01 밑줄 친 부분에 들어갈 말로 가장 적절한 것은?

> The accident occurred due to _____ of the safety regulations.

① compliance   ② enforcement
③ disclosure   ④ violation

02 밑줄 친 부분과 의미가 가장 가까운 것은?

> The financial analyst scheduled a meeting with the client to go over the investment portfolio, discussing performance, risk tolerance, and potential adjustments.

① correct   ② suggest
③ diversify   ④ examine

03 어법상 옳은 것은?

① The diversity of plants is much less than animals.
② The students as well as the teacher attends the meetings.
③ After having a talk with him, I convinced that he was right.
④ He hasn't walked without crutches since he had the accident.

04 우리말을 영어로 잘못 옮긴 것은?

① 그 혁명의 결과가 모두 긍정적이었던 것은 아니다.
   → Not all consequences of the revolution were positive.
② 그가 교실에 들어가자마자 종이 울렸다.
   → Hardly did he enter the classroom when the bell rang.
③ 여행의 즐거움 중 하나는 새로운 문화를 발견하는 데 있다.
   → One of the joys of traveling lies in discovering new cultures.
④ 그 팀은 그 작업을 통해 목적의식을 갖게 되었다.
   → The sense of purpose was brought to the team through the work.

05 밑줄 친 부분에 들어갈 말로 가장 적절한 것은?

> A: How may I help you today?
> B: I tried to use my card to withdraw cash, but it didn't work. Could you check this card?
> A: Sure. Oh, the magnetic strip on this card is damaged.
> B: Then what should I do?
> A: I'll issue a new card for you. Could you fill out this form, please?
> B: Okay. When can I get the new card?
> A: _____. Would you like the card to be delivered to your workplace?
> B: Yes, that'd be great. Thank you for your help.

① Here is your new card
② I'll be off in about 10 minutes
③ You can also issue a card online
④ It normally takes 3 business days

06 다음 글의 제목으로 가장 적절한 것은?

> Humans have always had close contact with animals and our overall appreciation of wildlife dates back to times when human lives were linked with the animals that lived around them. Wildlife co-exists with humans but has generally been viewed as a resource by them. Traditional approaches to the conservation of wildlife have centered around their use to humankind in what has been named an 'anthropocentric' view. In recent times, however, the appreciation of wildlife solely for their attributes, rather than their resources, has led to the emergence of an 'ecocentric' view in which humans believe that it is useful to recognize biodiversity as an essential element of life on earth. This underlying recognition of the intrinsic value of all forms of life, regardless of their potential or actual use to humans, introduces a new aspect of our relationship with wildlife.

① Humans: The Most Vulnerable Being in Nature
② Unstable Coexistence Between Humans and Wildlife
③ Cruel and Merciless Exploitation of Wildlife by Humans
④ Fundamental Change in the Human Perspective of Wildlife

In order to be risk-literate, we need to have a basic understanding of facts and psychological principles relevant in a digital world. One such fact concerns the potential harms from using a cell phone while driving. The reaction time of a twenty-year-old who talks on a cell phone is slowed down to that of a seventy-year-old without one. While listening to the radio does not impair driving, drivers who are having conversations with someone through a cell phone fail to "see" traffic lights and other objects even if they gaze at them, have more rear-end collisions, and end up with as many or more accidents as drunk drivers with 0.08 percent blood alcohol. This holds for both handheld and hands-free cell phones. As a consequence, an estimated 2,600 people die every year in the United States, and about 330,000 are injured in accidents that result from _____ drivers.

① sleepy
② isolated
③ distracted
④ aggressive

Now cooking made food tender, so eating was no longer an all-day activity.

The discovery of fire is among the most important events in human evolution. Fire not only protected humans against predators but also allowed our ancestors to cook their food. Why is this important? (①) Harvard primatologist Richard Wrangham links man's discovery of fire with a dramatic increase in the size of the human brain. (②) Cooking made it easier to digest high-quality proteins, especially meat, hence the link between the advent of fire and human brain development. (③) Also, before the discovery of fire, our ancestors, like many other animals, spent most of the day grinding tough plants through a long process of chewing, until they became small enough to swallow. (④) This "extra" time could be used to hunt, to explore, and to build — simply put, to become human.

In the case of sports, punching a referee who penalizes you is violence that involves a rejection of norms. It is defined as illegal and punished by teams and sport organizations, even if the referee is not seriously injured.   (A) , it is different when a football player delivers a tackle, breaking the ribs or blowing out the knee of an opponent. Such violence involves conformity to norms and is seen as entertaining, highlighted on video replays, and used by teammates and other players as a mark of one's status in football culture. The player might even feel righteous in being violent, despite harmful consequences, and would not hesitate to be violent again. His violence is not punished because it is an effective way to intimidate, control, and dominate others for the purpose of achieving a valued goal.   (B) , his ability to do violence and endure it when perpetrated by others is used to affirm his identity as an athlete and a football player.

	(A)		(B)
①	However	·····	By contrast
②	For example	·····	Therefore
③	However	·····	Furthermore
④	For example	·····	At the same time

One of the first reports of successful human vaccine production by genetic engineering was for Hepatitis B. Hepatitis B causes acute and chronic disease of the liver and is associated with liver cancer. The first Hepatitis B vaccine produced in the 1970s was a protein extracted from the blood of people infected with the disease. However, as this practice was viewed as too dangerous, the gene that encoded the protein was engineered into a GM (Genetically Modified) yeast to produce a safe vaccine. The vaccine has been made this way ever since and is extremely effective. Unfortunately, it is too expensive for many developing countries to afford, and even in some developed countries, the vaccine is only offered to those people considered to be at special risk of contracting the disease.

① Genetic engineering was used to create the vaccine for Hepatitis B.
② The Hepatitis B vaccine was initially obtained from patients' blood.
③ The vaccine using a GM yeast was considered to be very dangerous.
④ Not everyone in developed nations has access to the Hepatitis B vaccine.

📋 정답/해설 84p

01 밑줄 친 부분에 들어갈 말로 가장 적절한 것은?

It's perfectly normal for your weight to _____ up or down by 1~2 kilograms over a few days, or even within just a day.

① hesitate　　　　② migrate
③ fluctuate　　　　④ accumulate

02 밑줄 친 부분에 들어갈 말로 가장 적절한 것은?

There are many ways to _____ bad breath, but one of the most effective ways is to have a professional dental cleaning.

① set off　　　　② call for
③ get rid of　　　④ look up to

03 밑줄 친 부분 중 어법상 옳은 것은?

Scientists have long known that pain's intensity is hard ① to measure it because people experience pain ② different. In the case of 17-year-old Sarah Taylor, doctors struggled to understand her level of pain from childhood arthritis and fibromyalgia. Some scientists working with Taylor ③ is now trying to develop an objective way to measure pain. The scientists are measuring the reaction inside Taylor's eyes when she reports pain and when she ④ does not.

04 우리말을 영어로 가장 잘 옮긴 것은?

① 나는 온종일 여기 있으니 차라리 집에 가겠다.
　→ I would rather go home than staying here all day.
② 세포는 일단 산소를 잃으면 한 시간 내로 죽는다.
　→ Once deprived of oxygen, cells die within an hour.
③ 회사 성장에 대한 그녀의 공헌이 인정받았다.
　→ Her contributions to the company's growth have recognized.
④ 그가 작년에 그 일자리 제안을 받아들였다면 지금 더 성공했을 것이다.
　→ He would be more successful now if he took that job offer last year.

05 두 사람의 대화 중 가장 어색한 것은?

① A: Oh, can I play for just 10 more minutes?
　B: Enough is enough. Finish your homework first.
② A: When is the payment due?
　B: Within 10 days of booking.
③ A: Where are you headed?
　B: Oh, we are off to the movies.
④ A: I'm sorry, but I'm afraid her line is busy.
　B: Would you like to leave a message?

06 다음 글의 주제로 가장 적절한 것은?

If you are indecisive and plan to do something about it, you can take immediate comfort in the fact that indecision is not necessarily due to ignorance and slow thinking. On the contrary, it is often thinking of so many things and consideration of so many doubts that result in the difficulty to reach and act on a simple decision. The more intelligent you are, the more you may be inclined to consider rapidly many factors before making a decision. If you were slow-witted, you would have little or no difficulty, for you wouldn't be able to think of a variety of possible consequences. Your difficulty may be that you have acquired the habit of giving a multitude of unimportant things the same serious consideration as you would give to vital matters.

① what causes indecisiveness
② benefits of careful thinking
③ characteristics of a decisive person
④ the confidence from profound knowledge

Based on mental hospital admission patterns, one team of researchers concluded that mental illness is at least three times and perhaps as much as twenty times higher among divorced than among married people. Their review observed that every single published study has found higher rates of mental illness in the unmarried group, and indeed the consistent pattern was that divorced and separated people had the highest rates of mental illness, never-married were intermediate, and currently married people had the lowest. In other findings, children who grow up either neglected by parents or rejected by peers have higher rates of psychopathology. The need to _____ is literally a vital matter of life and death, health, welfare, and sanity.

① help
② part
③ learn
④ belong

Michael has just come home from a tiring day at school. The first thing he does, after taking off his backpack and shoes, is plop down on the couch and turn on the television.

(A) However, what started out decades ago as an exciting, new type of entertainment is currently being blamed for problems, especially in children. Many researchers now claim that watching too much television is not good for kids.

(B) They have a point. Children are extremely prone to negative effects of TV, which include laziness, decreased sense of reality, exposure to violence, and even diseases like obesity and heart conditions.

(C) Does this sound like a normal routine? It should because Michael's actions are repeated by millions of children around the world. They use television to relax and to forget about their daily troubles.

① (B)−(A)−(C)   ② (B)−(C)−(A)
③ (C)−(A)−(B)   ④ (C)−(B)−(A)

Some sports, such as gymnastics and figure skating, are partially scored on aesthetics which has to do with appearance. ① The problem with the emphasis on appearance is that it creates pressure for athletes to conform to narrow definitions of attractiveness, often requiring weight loss. ② Many athletes need to gain weight and strength during the off-season, and the best way to do this is to exercise with heavy objects. ③ In this case, the motivation for sporting excellence can directly lead to unhealthy behaviours. ④ Specifically, gymnastics can create various health problems, as it requires a particular body type. At the elite level, maintenance of this body type is short-term and associated with long-term health problems such as osteoporosis.

Cardamom is the world's third most expensive spice after saffron and vanilla. It's the seed of a plant native to the mountains of southwest India and grown only there until 1900. German immigrants then brought it to Guatemala, which is now its largest producer and exporter. Cardamom is mentioned alongside cinnamon in the Old Testament, but it didn't reach Europe until the start of the Middle Ages. Today, Nordic countries consume 10% of its world trade, mainly in baked goods, while Arab countries take 80% for their cardamom coffee.

① Cardamom is a spice that used to grow only in India.
② Guatemala accounts for the biggest share of cardamom exports.
③ Cardamom spread into Europe after the Middle Ages began.
④ Arabs consume cardamom mostly as a baking ingredient.

01 밑줄 친 부분과 의미가 가장 가까운 것은?

> During the debate, the opponents kept emphasizing that tax cuts could facilitate economic growth.

① disturb
② amend
③ promote
④ moderate

02 밑줄 친 부분에 들어갈 말로 가장 적절한 것은?

> Thanks to this new security system, it became hard for criminals to _____ stealing electronic devices.

① go back on
② play up to
③ get away with
④ put up with

03 어법상 옳은 것은?

① The number of workers complain about the new law.
② He felt he had no chance of hiring as an employee.
③ We explored the forest which we discovered hidden trails.
④ She had her report revised several times before submitting it.

04 우리말을 영어로 잘못 옮긴 것은?

① 그녀는 그녀의 엄마와 매우 닮았다.
  → She closely resembles her mother.
② 저를 저녁 식사에 초대해 주신다니 당신은 친절하시군요.
  → It is kind of you to invite me to dinner.
③ 그들은 여행 가방을 싸서 여행을 위한 준비를 마쳤다.
  → With their suitcases packing, they were ready for their trip.
④ 당신은 50살이 되자마자, 건강의 가치를 깨닫게 될 것이다.
  → Upon your turning 50, you will realize the value of your health.

05 밑줄 친 부분에 들어갈 말로 가장 적절한 것은?

> A: Hey, there's an ant on your arm.
> B: Oh my goodness! Where? Get it off!
> A: Just shake your arm. It's not a big deal.
> B: Well, it's not coming off. Ahh! Just get it off of me!
> A: Okay, okay, but don't _____. Everyone is looking at us!
> B: I guess you care more about other people than me.
> A: Oh, don't say that.

① cut to the chase
② hang in there
③ make a scene
④ sleep on it

06 다음 글의 제목으로 가장 적절한 것은?

> Whether you look at clocks, calendars, or hourglasses, time doesn't stop. It ticks and tocks at the same pace day after day, minute after minute, second after second. Everyone ages at the same rate with birthdays every year — that's your calendar age. But you have the power to turn your clock faster or slower with your lifestyle choices, particularly what you do with your body and what you put into it. For example, a fifty-year-old who douses her lungs with nicotine and stuffs her stomach with bacon and sausage actually may have the body of a sixty-five-year-old because of the destruction she's doing, while a fifty-year-old who eats well, stays away from toxins, and takes care of her body with moderate physical activity could have the body and health of a thirty-six-year-old.

① Your Health: The Result of Your Decisions
② Healthy Mind: Reflection of a Healthy Body
③ There Can Be No Healthy Diet without Exercise
④ Your Mind Needs Exercise as Much as Your Body

07 밑줄 친 부분에 들어갈 말로 가장 적절한 것은?

Have you ever watched waves rising and falling in the ocean? Perhaps you have thought that the water in each wave had traveled for miles. Really, the water in each wave seldom gets far from its original position, and in any particular part of the ocean, the water changes very little. Most of the motion of ocean water is up and down. The forward motion in one drop of water is given to the next drop and by this drop to the next one. Thus, the waves move over great distances while the water itself _____.

① goes a very short distance
② rolls even greater distances
③ converts to a different state
④ blocks the forward movement

08 주어진 문장이 들어갈 위치로 가장 적절한 곳은?

However, endemic trends can also be upward, signaling the need for additional preventive measures.

The endemic level of a disease refers to the number of cases expected to occur in a given community in a given period. (①) This level may remain relatively constant over a long period of time as in the case of the common cold, or it may show a downward trend as in the case of tuberculosis and polio in the U.S. (②) It is also apparently possible to eradicate a disease completely, even on a worldwide basis, like the eradication of smallpox that was brought about by a vaccine. (③) It is expected that the twenty-first century will see more such successes with several diseases, including polio and measles, being likely candidates for eradication. (④) Dengue fever in the Caribbean and South Asia in the 1990s is an example of such a rising trend.

09 밑줄 친 (A), (B)에 들어갈 말로 가장 적절한 것은?

Facebook originated as a platform that enabled people to connect with their friends, family and acquaintances. As the number of Facebook users has grown rapidly, this once personal social media site has evolved significantly and witnessed an increasing number of brands using it as a digital marketing platform. __(A)__ , brands cannot afford to ignore its power in the present market, with its 2.19 billion monthly users. With over half of Facebook users visiting the site several times daily, the potential for social commerce on Facebook is immense. Social media marketing can be used by brands to include consumers in their design process, share news and information about their goods and services, and announce the launch of new products. __(B)__ , as social media increasingly plays a major role in business, success or failure can be determined by consumer feedback and their engagement on these platforms.

	(A)		(B)
①	Indeed	······	Thus
②	Indeed	······	For instance
③	However	······	Similarly
④	However	······	Conversely

10 다음 글의 내용과 일치하는 것은?

Ranked in 2022 as the world's busiest airport based on passenger count, Hartsfield-Jackson International Airport was the first airport in the United States to permit passengers to use the facial recognition technology to get on flights. This technology, now available in most U.S. airports, can be used by international passengers traveling through a special terminal. The goal of the system is to simplify and speed up the process of presenting documents to get on a flight. Delta, the airline in charge of operating the terminal, says the system prevents the need for travelers to present their passport up to four times during the usual check-in process. However, the system has raised concerns about privacy. Critics say that the government's facial recognition database of citizens could be used for other purposes without an individual's permission.

① Hartsfield-Jackson Airport is the only airport in U.S. to use facial recognition.
② Use of the facial recognition technology is limited to domestic travels.
③ The main objective of the facial recognition system is to provide safety.
④ Some view the facial recognition system as a threat to privacy.

01 밑줄 친 부분과 의미가 가장 가까운 것은?

> Edward Gibbon wrote in *The History of the Decline and Fall of the Roman Empire* that war, in its fairest form, implies a <u>perpetual</u> violation of humanity and justice.

① eternal ② explicit
③ universal ④ profound

02 밑줄 친 부분과 의미가 가장 가까운 것은?

> The research, with all the controversies and heated debates surrounding its method, was eventually <u>carried out</u>.

① halted ② approved
③ modified ④ executed

03 밑줄 친 부분 중 어법상 옳지 않은 것은?

> The tropical fruit known as durian is worth ① <u>mentioning</u>. Unlike other fruits, it emits a very strong smell ② <u>recognizable</u> to many animals. The smell comes mainly from its very thick and spinous outer coat, which is ③ <u>such</u> firm that the coat is difficult for most animals to break. Only when the fruit ripens ④ <u>does</u> it break open, exposing the fleshy seeds which are then picked up by animals and dispersed across the forest.

04 우리말을 영어로 잘못 옮긴 것은?

① 아름다움은 그것이 보일 수 있는 한에서만 지속된다.
→ Beauty lasts only as long as it can be seen.
② 그 일을 내일까지 미루는 것보다는 지금 시작하는 편이 낫다.
→ You may as well start now as put it off until tomorrow.
③ 합의된 것은 에너지 수요가 증가할 것이라는 점이다.
→ What is agreed on is that energy demand is set to increase.
④ 그녀가 계약서에 서명하면 그녀의 이야기들이 출판될 것이다.
→ Her stories will be published when she will sign the contract.

05 밑줄 친 부분에 들어갈 말로 가장 적절한 것은?

> A: Bred, this is the draft for our science club poster. What do you think?
> B: I love the colors, but I think there are too many words on it.
> A: Hmm, I agree. Then, how do you suggest I change it?
> B: _____

① I think you should make the poster smaller.
② You could write in detail about our activities.
③ Just use more images and take out some text.
④ Why don't you draw a sketch before you paint?

06 다음 글의 요지로 가장 적절한 것은?

> In 1999, the world champion of chess, Garry Kasparov, agreed to play against the entire world. The game was played on the Internet, with the world's decisions coming as a result of majority vote. To promote extended thinking, moves were slowed down to permit one move every two days. Before the game began, it was widely expected that Kasparov would win easily. How could the majority view of the world's players, almost none anywhere near Kasparov's level, hope to compete with the world's champion? But the game turned out to be exceptionally close. After four grueling months, Kasparov ultimately won the game. But he acknowledged that he had never expended as much effort on any game in his life.

① Chess is more about natural talent than learning skills.
② Overthinking about the next move often leads to a wrong move.
③ The general public combined is no less intelligent than a professional.
④ Holding a champion position is much harder than becoming a champion.

07 밑줄 친 부분에 들어갈 말로 가장 적절한 것은?

It's possible to lie with numbers, even those that are accurate, because numbers rarely speak for themselves. They need to be interpreted by writers. And writers almost always have purposes that shape the interpretations. For example, you might want to announce the good news that unemployment in the United States stands at just a little over 5 percent. That means 95 percent of Americans have jobs, an employment rate much higher than that of most other industrial nations. But let's spin the figure another way. In a country as populous as the United States, unemployment at 5 percent means that millions of Americans don't earn a daily wage. Indeed, one out of every twenty adults who wants work can't find it. That's a depressing number. As you can see, the same statistic can _____ .

① be affected by the data collection method
② be presented without an interpretation
③ give very different impressions
④ come from separate sources

08 주어진 문장 다음에 이어질 글의 순서로 가장 적절한 것은?

It is not uncommon for an instructor to believe that students should be devoting the majority of their daily life to that instructor's course and learning materials.

(A) Such different outlooks on the value of the subject can create serious misunderstandings between instructors and students, and may even result in students losing interest in the subject.

(B) The reality though is that students have a variety of interests and obligations, and some may be enrolled in the course only because it's required.

(C) This assumption takes place when a particular instructor has fallen in love with the subject and expects all students to be the same.

① (A)−(C)−(B)   ② (B)−(C)−(A)
③ (C)−(A)−(B)   ④ (C)−(B)−(A)

09 다음 글의 흐름상 가장 어색한 문장은?

Many individuals may feel that most power over economic outcomes is in the hands of firms, especially big firms. However, if consumers will not buy a product, it does not pay to produce it. ① No business can survive for long if it makes things that nobody wants to buy. ② If a firm sees an opportunity to satisfy some unsatisfied need, it will develop a product to fill this gap. ③ Even if a need is already satisfied by some product, firms have an incentive to develop products that better satisfy the same need or satisfy it more cheaply. ④ The production itself is done by firms, and hence it's the producers that set the price for the products, regardless of consumer demand. Because these firms are motivated by profits, they respond to and try to anticipate consumers' preferences as these are reflected in their purchases in the marketplace.

10 Heisenberg에 관한 다음 글의 내용과 일치하지 않는 것은?

While a student of German theoretical physicist Arnold Sommerfeld, Werner Heisenberg first met Danish physicist Niels Bohr in the early 1920s. Soon, they plunged into several months of intensive theoretical research on the quantum theory but met with continual frustration. Then, suffering from a severe attack of hay fever, Heisenberg retreated to the island of Helgoland. After days spent relaxing and swimming Heisenberg suddenly experienced the sensation of looking down into the heart of nature and conceived the basis of the quantum theory. He took this theory to Bohr at Copenhagen, and for the next few weeks they argued and probed its implications. The results of these discussions became known as the 'Copenhagen interpretation' and are accepted by most physicists today.

① He got to know Bohr while studying under Sommerfeld.
② Due to serious health conditions, he visited Helgoland island.
③ His insight into the quantum theory was inspired from nature.
④ The Copenhagen interpretation failed to convince most physicists.

01 밑줄 친 부분과 의미가 가장 가까운 것은?

> Some argue that while ambiguous endings can work in short stories where the reader is perhaps less emotionally invested, they may not work so well in rich, dense novels.

① unique
② abrupt
③ typical
④ obscure

02 밑줄 친 부분에 들어갈 말로 가장 적절한 것은?

> If you want a job position that many other applicants are applying for, it's important to _____ and make your presence clearly known.

① pass away
② stand out
③ get by
④ give in

03 어법상 옳지 않은 것은?

① It is time you decided on your next course of action.
② Surprised by the sudden rain, they rushed to find shelter.
③ I didn't believe a word he said, and neither the police did.
④ It was discovered long ago that the Moon orbits around the Earth.

04 우리말을 영어로 잘못 옮긴 것은?

① 그녀는 아무리 추워도 불평한 적이 한 번도 없었다.
→ She didn't complain once no matter how cold it was.
② 승객들은 비행 중에 좌석에 앉아 있어야 한다.
→ Passengers are required to remain seated during the flight.
③ 대부분의 학자들은 한국어를 가장 배우기 어려운 언어로 생각한다.
→ Most scholars think Korean the hardest language to learn.
④ 나는 이 모든 것이 고려되었다는 것을 의심치 않는다.
→ I have no doubt that all of this were taken into consideration.

05 밑줄 친 부분에 들어갈 말로 가장 적절한 것은?

> A: Hey, what are you doing with those clothes?
> B: I'm donating them to a homeless shelter. They don't fit me anymore.
> A: That's a good idea. I have a lot of clothes I don't wear, too.
> B: _____
> A: You would do that? Thanks. It feels good to contribute.

① Let's go shopping for new clothes, then.
② Here's a list of the donations we accept.
③ Then put them with mine. I'll take them too.
④ Do you happen to know where the shelter is?

06 다음 글의 제목으로 가장 적절한 것은?

> The fact that politics are now conducted through public relations, and campaigns are conducted on principles of marketing, leads to the conclusion that they are also now thoroughly commercialized. Values are invoked, politicians are positioned, and issues are packaged. From this point of view, voting becomes a matter of consumer choice between different products. The political party becomes a commodity to be sold, as much as the image of, say, a car company. Some would argue that this represents a corruption of the political process. From this view, voters would go for the politician who was convincing, not necessarily able or sincere. They would go for the policies that they were persuaded best fitted their lifestyle, not necessarily policies that are best for society at large.

① Can Politicians Be Trusted?
② Politics as a Consumer Good
③ Complicated Political Processes
④ Elections Serve Voters, Not Parties

Today, having online conversations with an AI chatbot is common. When I talk to people who use this service, especially to confess some life issues they're having, I hear the same comments: "It can do no harm." "People are lonely. This gives them someplace to turn." "It helps get things off your chest." On the face of it, there are crucial differences between talking to humans and to a machine that may have no idea what you're going through. But that the two contexts provoke similar reactions points to their similarities. Talking to someone and talking to a robot both emphasize getting something "out." Each act makes the same claim: bad feelings become less toxic when you _____ them. This takes as its premise the notion that you can deal with feelings without dealing directly with a person. Venting feelings comes to feel like sharing them, which leads to their alleviation.

① evoke
② ignore
③ accept
④ release

If we develop a cold, it probably has nothing to do with last night's weather or what we had for breakfast.

Why are we blind to many of the psychological precursors to illness? One problem lies in our abilities to perceive cause-effect relationships. When we see something happen, we naturally look for something that preceded the event by no more than a few seconds or, at most, hours. (①) If our car doesn't start because of a dead battery, we might blame it on last night's cold weather or our failure to turn off the headlights. (②) It makes no sense to think back to the way we drove the car two weeks ago. (③) However, our body is a different story. (④) It could be that our immune system was compromised by the breakup of a romantic relationship a week or two earlier.

Healthy relationships are founded on healthy living in individuals. Similarly, healthy parenting depends upon healthy parents. Children learn the foundations of how the world works and how to develop their personal reality relative to the consciousness and behaviors of their parents. __(A)__, they model and subconsciously embrace much of their parents' behavior, so it becomes their own. Thus, the beliefs and behaviors of parents provide psychological and social information to the children that function almost like food does for the body; in this case, the information helps build their personal realities and shape their behaviors. __(B)__, psychological, social, as well as the physical diets provided by parents must all be healthy or the children learn to repeat the unhealthy patterns of their parents.

	(A)		(B)
①	In other words	⋯⋯	On the contrary
②	In other words	⋯⋯	Consequently
③	However	⋯⋯	Otherwise
④	However	⋯⋯	Therefore

Earth has gone through ice ages when the worldwide climate was cooler and dryer. Between ice ages, Earth is warmer and there are no ice sheets even at the poles. Scientists have found evidence of at least four ice ages in Earth's past. One occurred 2.5 billion years ago, but the other three that have been identified have all occurred in the last billion years. The lengths of ice ages range from a few tens of millions of years to a few hundred million years. The most recent ice age began only about 3 million years ago and is in fact still going on. Within a single ice age, there are periods of warmth when glaciers melt, and other periods when glaciers spread. You are currently living in one of the warm periods, which began about 12,000 years ago.

① 빙하기가 아닐 때는 극지방에도 빙상이 없다.
② 과거 지구에 적어도 네 차례 빙하기가 있었다.
③ 빙하기는 매번 거의 동일한 기간만큼 지속된다.
④ 우리는 현재 빙하기 중 따뜻한 시기에 살고 있다.

정답/해설 94p

01 밑줄 친 부분에 들어갈 말로 가장 적절한 것은?

> I didn't want to go on the family trip since I was so busy, but my mother insisted and I had to _____.
> I decided to go on the condition that I'd be free to do my work during the trip.

① confess
② decline
③ exaggerate
④ compromise

02 밑줄 친 부분과 의미가 가장 가까운 것은?

> I lost all my notes, so I have to write the report from scratch.

① with help
② with difficulty
③ from memory
④ from nothing

03 어법상 옳은 것은?

① I objected to be treated as a candidate for promotion.
② We had been living in Brazil before we came to Korea.
③ The document more carefully guarded than they thought.
④ Not only he is a brilliant physicist but also a great leader.

04 우리말을 영어로 잘못 옮긴 것은?

① 그 응급 키트는 그가 생존하는 데 도움이 되었다.
  → The emergency kit helped him survived.
② 이 의미 있는 날에 우리가 함께 있으면 좋을 텐데.
  → I wish we were together on this meaningful day.
③ 그녀는 내일 있는 시험을 위해 공부하느라 바쁘다.
  → She is busy studying for the test, which is tomorrow.
④ 나는 번개를 보자마자 천둥소리를 들었다.
  → No sooner had I seen the lightning than I heard the thunder.

05 밑줄 친 부분에 들어갈 말로 가장 적절한 것은?

> A: Jenna, can you send me the file I told you about yesterday?
> B: Oh my, I completely forgot. When do you need it by?
> A: Do you mean you don't have it ready at all? I need it in an hour for the meeting.
> B: I'm so sorry. I'll try my best to get it done as soon as possible.
> A: Hmm... _____
> B: Really? Yes, an extra hand sounds great. Thank you.
> A: Yes, I'll ask one of my assistants. Just make sure the file's ready before the meeting.

① No, I'll make the file myself.
② Did you send the file by email?
③ I think I will call off the meeting.
④ Okay, would you like help with it?

06 다음 글의 주제로 가장 적절한 것은?

> In everyday life, people often contrast 'just talking' with 'accomplishing things'; but some of the most crucial things that ever happen to us, or that we make happen, are achieved by employing the tool of language. Wars have been ended, careers have been ruined and hearts have been broken because of what was said or written. Some people are granted particular, specific power by their society to do things with words. The formal cultural acts of marrying, naming, inaugurating and condemning to death are achieved through the use of language. By stating the words 'I now pronounce you husband and wife,' a suitably qualified person makes it so. We all have such power to some extent through the use of language.

① importance of actions over words
② using language to get things done
③ the power of words in healing others
④ limitations of language in communication

07 밑줄 친 부분에 들어갈 말로 가장 적절한 것은?

Consider the study of the power of social standards, involving nearly three hundred households in San Marcos, California. All of the households were informed about how much energy they had used in previous weeks; they were also given information about the average use of energy by households in their neighborhood. The effects on behavior were both clear and striking. In the following weeks, the above-average energy users greatly decreased their energy use; the below-average energy users greatly increased their energy use. The latter finding is called a boomerang effect, and it offers an important warning. If you want to encourage people to have socially desirable behavior, do not let them know that their current actions ＿＿＿＿＿＿＿＿＿＿.

① come with a financial cost
② cannot change the social norm
③ are better than the social standard
④ can have a bad influence on others

08 주어진 문장 다음에 이어질 글의 순서로 가장 적절한 것은?

Humankind's preference for lower elevations is true for the middle and higher latitudes. Most mountains ranging in those latitudes are thinly populated.

(A) In addition, these cities were settled because the fertile volcanic soils of mountain valleys and basins were able to support larger populations in agricultural societies.

(B) By contrast, inhabitants of the lower latitudes like the tropics often prefer to live at higher elevations, concentrating in dense clusters in mountain valleys and basins.

(C) The capital cities of many of these tropic regions lie in mountain areas above 900 meters in elevation. Living at higher elevations allows residents to escape the humid, hot climate and diseases of the tropic lowlands.

① (B) ― (A) ― (C)　　　② (B) ― (C) ― (A)
③ (C) ― (A) ― (B)　　　④ (C) ― (B) ― (A)

09 다음 글의 흐름상 가장 어색한 문장은?

Although morality and the law may be closely linked, they do not always cover the same ground. ① Some actions that are generally considered as moral or immoral are outside the scope of the law. ② For instance, it is regarded as morally right to give to charity, but there is no law that one should. ③ In normal circumstances and over trivial issues, taking more than one's share is a moral but not a legal matter. ④ While greed is a strong desire to take more than one's fair share of resources, envy goes one step further and includes a strong desire for the possessions of others. In general societies, the law alone would be insufficient to maintain the cohesion of society — moral guidance is essential.

10 다음 글의 내용과 일치하는 것은?

Twenty-five species of poisonous snakes exist in Venezuela, and among these, the rattlesnake is notorious due to the rattle they possess in the tail tip. When the rattlesnake perceives the presence of a potential enemy, it rapidly coils its body and points its head in the direction of the intruder. Then it vibrates its tail so that the rattle emits the characteristic sound that warns its presence and scares the bravest of the intruders. The rattlesnake has a triangular head which contains a hollow spot between the eyes and nostrils called a pit. This pit is a sensory organ that helps the rattlesnake hunt in darkness by detecting body heat.

① The rattle is located around the rattlesnake's head.
② The coiled position of the rattlesnake is a sign of tension.
③ The rattlesnake shakes its tail to inform its friends of danger.
④ The rattlesnake can find its prey by sensing heat through its tail.

정답/해설 96p

01 밑줄 친 부분에 들어갈 말로 가장 적절한 것은?

> He was very _____ when it came to his work, paying attention to every detail and leaving no errors.

① capricious
② meticulous
③ contagious
④ unanimous

02 밑줄 친 부분과 의미가 가장 가까운 것은?

> The participants were asked to come up with a new dish.

① devise
② evaluate
③ replace
④ advertise

03 밑줄 친 부분 중 어법상 옳지 않은 것은?

> Rachel sat in the cafe, anxiously ① awaiting her job interview she had been preparing for a long time. Though the pressure was ② overwhelmed, she remained composed and focused. ③ While she was sipping the coffee ④ that she had ordered, the interviewer finally walked in.

04 우리말을 영어로 가장 잘 옮긴 것은?

① 너희는 상황이 나아질 때까지 얌전히 있는 것이 좋겠다.
  → You had better to behave yourselves until the situation improves.
② 서울은 여행하기에 가장 안전한 곳 중 하나라고 믿어진다.
  → Seoul is believed to be one of the safest places to travel.
③ 당신은 2년마다 건강검진을 받도록 요구받는다.
  → You are asked to get a medical check-up every two year.
④ 그녀는 직장에 지각하지 않도록 서둘러 준비했다.
  → She hurried to get ready lest she is late for work.

05 두 사람의 대화 중 가장 어색한 것은?

① A: I will be at Noryangjin station around 5 p.m.
  B: When you arrive, call me on my cell right away.
② A: How far did you make it in the audition?
  B: It took me two hours to get to the audition.
③ A: I buy things so impulsively and always regret it.
  B: You could do what I do. I set a weekly budget and stick to it.
④ A: Do you notice that weird smell?
  B: Yeah, but I have no idea where it's coming from.

06 다음 글의 제목으로 가장 적절한 것은?

> Competition makes the world go round. It is the engine of evolution and the foundation of democracy. It prompts innovation, drives global markets, and puts money in the pocket. Still, there are those who have argued that competition is a source of evil. They assert that competition kills off more prosocial behaviors, such as cooperation and respect. But the assumption that competition is the opposite of cooperation is missing something crucial. To compete, both opponents have to cooperate on the rules: there's a mutual agreement of cooperation that governs the competition. As well, competitions are commonly among teams; each individual needs to cooperate with team members in order to compete effectively. Healthy competition can't happen without cooperation. In fact, the hormones that drive us to compete are the same hormones that drive us to collaborate.

① Competition: Another Form of Cooperation
② No Room for Mutual Respect in Competition
③ How to Balance Competition and Cooperation
④ Achieve Cooperation via Active Communication

07 밑줄 친 부분에 들어갈 말로 가장 적절한 것은?

A focus group is a research method that brings together a group of people to collect feedback on a particular product. Focus groups are commonly used in marketing but sometimes there are very real problems with them. Since it is difficult to recruit random people at short notice, research agencies have developed large pools of consumers who want to participate. But the problem is that _____. Research has revealed that many consumers enjoy the pay, free food, and experience of being an expert and focus on pleasing the moderator in order to get invited back regularly. Unfortunately, the way to please the very human moderator seems to be to work out what they want to hear, rather than providing them with genuine insights about the brand. This makes much of the data gained from focus groups worthless. Agencies are aware of this problem but have been unsuccessful in eliminating it.

① consumers are negatively biased against new products
② these consumers want to take less time to respond
③ too many participants drop out in the process
④ many of these consumers are too willing

08 주어진 문장이 들어갈 위치로 가장 적절한 곳은?

A moment later it was hit from behind by a sedan whose careless human driver was perhaps contemplating the mysteries of the universe instead of watching the road.

The transition from the present system in which vehicles by and large have a human driver, to one in which all vehicles are controlled by computers will be an awkward one, to say the least. In August 2015, one of Google's experimental self-driving cars had an accident. (①) As it approached a crossing and detected pedestrians wishing to cross, it applied its brakes. (②) This could not have happened if both vehicles had been steered by interlinked computers. (③) The controlling algorithm would have known the position and intentions of every vehicle on the road, and would not have allowed two of its marionettes to collide. (④) If the transition to such a system becomes successful, it would save lots of time, money and human lives.

09 다음 글에 나타난 화자의 심경으로 가장 적절한 것은?

I heard a sound, and my heart beat quickly. When at last I saw him coming slowly down the stairs, I caught my breath. He was a tall old man with abundant white hair, but his bushy eyebrows were dark still; they made his great eyes flash with a more grave fire. It was wonderful that at his age those black eyes should still preserve their brilliance. There were in his air assurance and gentleness. He was as I should have wished him to be, and as I watched him, I understood how he had moved men's minds and touched their hearts. He was every inch a poet.

① confused
② humorous
③ impressed
④ disappointed

10 다음 글의 내용과 일치하지 않는 것은?

Your BMR (Basal Metabolic Rate) is an estimate of how many calories you'd burn if you were to do nothing but rest for 24 hours. Even when you're just lying down on a couch watching TV, you're burning calories through breathing, digestion, and blood circulation. BMR doesn't factor in physical activity. This is important because about 60 to 75 percent of the calories you burn each day happen while you're seemingly doing nothing. To estimate your BMR, you have to factor in your sex, height, weight, and age. A higher BMR means you burn more calories to sustain yourself throughout the day, indicating that you have a faster metabolism, while a lower BMR means your metabolism is slower.

① Your body burns calories even when you're taking a rest.
② The BMR makes up less than half of the daily calorie burn.
③ Your gender as well as physical features affects your BMR.
④ Burning more calories while at rest means a faster metabolism.

01 밑줄 친 부분과 의미가 가장 가까운 것은?

> Often in the ancient legends, the hero has to make a decision to <u>forsake</u> his greatest treasure in order to save the world.

① bestow　　　　　② pursue
③ discard　　　　　④ allocate

02 밑줄 친 부분에 들어갈 말로 가장 적절한 것은?

> The economic downturn forced many companies to _____ a significant portion of their workforce, which resulted in widespread unemployment.

① lay off　　　　　② run for
③ figure out　　　　④ come across

03 어법상 옳은 것은?

① Despite the rain, she insisted he goes for a run.
② The poor often has difficulty in affording healthcare costs.
③ Whether you accept the offer or rejecting it is your decision.
④ I am arriving in Jeju Island with a friend of mine in 30 minutes.

04 우리말을 영어로 잘못 옮긴 것은?

① 네 옆에 있는 프린터는 작동 안 해, 그렇지?
　→ The printer beside you doesn't work, does it?
② 나를 괴롭히는 것은 부모님이 아니라 그들의 간섭이다.
　→ It is not my parents but their intrusion that bother me.
③ 그는 마침내 과제를 끝내고 휴식을 취할 시간을 가졌다.
　→ He finally had time to relax with the assignment completed.
④ 그녀는 회의에 참석한 사람들 중 가장 먼저 왔다.
　→ She came the earliest among those who attended the meeting.

05 밑줄 친 부분에 들어갈 말로 가장 적절한 것은?

> A: Kevin, is it your yogurt salad in the fridge?
> B: Oh, yes. I think so.
> A: It's been in there for weeks and gone stale. You keep leaving food in the fridge and forgetting about it. You should remember that the fridge is shared by everyone in the office.
> B: I'm sorry, I know I do this a lot. _____
> A: No, that's not what I mean. You can still use the fridge, but just make sure you get rid of the food before it goes bad.
> B: Okay, I'll keep that in mind.

① I won't put anything in the fridge anymore.
② But I'm not the one who put the salad in.
③ I'll take the food out before it expires.
④ Do you know who cleans the fridge?

06 다음 글의 요지로 가장 적절한 것은?

> Most parents believe that a fever is harmful to their children. About 89 percent of them give their kids fever reducers like acetaminophen when their temperature gets high. But according to the American Academy of Pediatrics, a fever stimulates a child's immune system, causing it to increase production of disease-fighting white blood cells. Therefore, a fever helps the child's body battle the infection and may actually reduce the length and severity of a cold or flu. Furthermore, a recent study found babies who had a fever during their first year of life are less likely than those who didn't have one to develop allergies later in childhood.

① A fever may worsen the intensity of infection.
② Permitting fevers boosts immune defense in kids.
③ It is advised to take fever reducers when necessary.
④ A severe fever can lead your child to develop allergies.

07 밑줄 친 부분에 들어갈 말로 가장 적절한 것은?

During the hundreds of millions of years that plants have been living on our planet, they have become amazingly self-sufficient. In addition to establishing a useful relationship with the sun, plants have learned to _____. When plants die, they seem to just fall on the ground and rot, getting eaten by many bugs and worms. However, researchers were shocked to discover that dead plants get consumed only by particular bacteria and fungi. Plants "know" how to attract to their own rotting only those microorganisms that will produce beneficial minerals for the soil where the plants' siblings will grow. This is because the quality of the soil is critically important, not only as a source of water and minerals for plants but for the very survival of their species.

① coexist with many insects
② survive attacks of bacteria
③ become their own fertilizer
④ keep the environment clean

08 주어진 글 다음에 이어질 글의 순서로 가장 적절한 것은?

When a basketball team finds itself on the wrong side of momentum, or when its opponent has gained the advantage, the coach calls for a timeout.

(A) Likewise, we must occasionally call timeout in our cycles of life and business. There are times when we must break the rhythm of failure and loss. During this break, we must determine what is working and what is not.

(B) The pause, along with the adjusted game plan, can also increase the team's confidence and break its downward cycle. It can change the rhythm of the game.

(C) This timeout can break the momentum and allows the coach to adjust the game plan. He may have noticed a weakness on the other side that his team can utilize.

① (B) − (A) − (C)   ② (B) − (C) − (A)
③ (C) − (A) − (B)   ④ (C) − (B) − (A)

09 밑줄 친 (A), (B)에 들어갈 말로 가장 적절한 것은?

Although magicians and psychologists have long known about how memory can be overwritten by interference or misinformation, the judicial system has not been so aware. Efforts are being made, __(A)__, to improve judicial procedures to address this issue. It is now recommended that when questioning witnesses, police should rely on open-ended questions such as "Please describe the scene of the accident," as opposed to "Was there an SUV at the scene of the accident?" because the mention of an SUV contaminates the remembered scene of the crime. __(B)__, suspects are presented one by one to the witness rather than in a lineup because in the latter case the witness can be pressured to pick someone even when unsure. Still, further improvements are needed to ensure the widespread adoption of these changes within the judicial system.

	(A)		(B)
①	however	······	Also
②	for example	······	Hence
③	for example	······	Moreover
④	however	······	Nevertheless

10 다음 글의 내용과 일치하지 않는 것은?

The expression "once in a blue moon" originally used to mean something that had no chance of happening, like "when pigs fly" or "when black is white," as it was thought impossible for the moon to be blue. But for two years following the eruption of the Krakatoa volcano in Indonesia in 1883, people not just in the country but around the world reported seeing a moon that appeared blue. A blue moon like this can occur when large quantities of dust or other fine debris travel high enough into the atmosphere to filter the moon's reflected light. As recently as 1950, another blue moon occurred when a forest fire in northern Canada sent smoke and dust high into the atmosphere. Today, the phrase "once in a blue moon" describes events that can occur, but only under the most uncommon circumstances.

① The phrase "once in a blue moon" initially implied impossibility.
② The blue moon of 1883 was seen by people outside of Indonesia.
③ A blue moon appears when dust is cleared from the atmosphere.
④ The 1950 forest fire in Canada led to another case of a blue moon.

손글씨 필기노트, 해설지, 백지복습지 다운로드 http://cafe.naver.com/shimson2000

📋 정답/해설 101p

01 밑줄 친 부분과 의미가 가장 가까운 것은?

> Controlling the water level of the lake has proved to be detrimental for numerous endemic fish species.

① harmful
② adequate
③ imperative
④ controversial

02 밑줄 친 부분에 들어갈 말로 가장 적절한 것은?

> Social problems arose _____ continuous natural disasters.

① on behalf of
② in the wake of
③ for the sake of
④ at the expense of

03 밑줄 친 부분 중 어법상 옳지 않은 것은?

> Chief among the new instincts developed in mammals as they evolved out of reptiles ① was the instinct for parental care of the young. Young mammals were born into a state ② which parental affection was essential for their survival. This instinct is said to ③ have led to the formation of complex social structures and behaviors ④ observed in various mammalian species.

04 우리말을 영어로 잘못 옮긴 것은?

① 경찰은 범인을 알고 있거나 아직 수사 중이다.
　→ The police either know the criminal or are still investigating.
② 그의 말이 합리적으로 들리기는 했지만 그녀는 불안했다.
　→ Although his words sounded reasonable, she felt anxious.
③ Anna의 경험 부족은 그녀가 일자리를 얻지 못하게 했다.
　→ Anna's lack of experience kept her from getting the job.
④ 네가 돌아올 때쯤이면, 난 뉴욕에 간 상태일 것이다.
　→ By the time you come back, I will go to New York.

05 밑줄 친 부분에 들어갈 말로 가장 적절한 것은?

> A: Hey, Lisa. How's your new school?
> B: Not good. I really hate not having you guys around.
> A: You know you could come visit us anytime. We miss you.
> B: So do I. Let's get together soon. How is everyone else doing?
> A: Same as usual. Nothing much has happened.
> B: _____
> A: Of course, I definitely will. I'll give you a call whenever any news comes up.

① I'll get the hang of it.
② Well, keep me posted.
③ Oh, I'm better off here.
④ Will you count me out?

06 다음 글의 제목으로 가장 적절한 것은?

> Scientists have already warned that climate change will negatively affect our ability to produce food for a growing human population. But new research is showing that climate change is expected to accelerate rates of crop loss due to the activity of another group of hungry creatures — insects. According to the research, insect activity in today's temperate, crop-growing regions will rise along with temperatures. Researchers project that this increase in activity will boost worldwide losses of rice, corn and wheat by 10-25 percent for each degree Celsius that global surface temperatures rise. Author Curtis Deutsch pointed out two basic reasons. "First, warmer temperatures increase insect metabolic rates exponentially. Second, they increase the reproductive rates of insects. So you have more insects, and they're eating more."

① What Kinds of Insects Thrive in Heat?
② Consequences of Population Growth on Crops
③ Global Warming: More Insects Hungrier for Crops
④ Insects as New Food Resource in a Warmer World

In traditional, premodern societies, multiple group membership was relatively rare. One's clan or tribe was often the only available group identity. Work, religion, family, education, and recreation all occurred within the same group. To know one's tribe was to know one's identity. Today, however, societies are larger, more complex, and more differentiated. This means that our lives are more likely to be lived in multiple locations with multiple groups. Thus, one's work is often separated from one's family; religion is typically separated from work; and education usually occurs in a public setting that is distinct from family, religion, and work. This _____ is a defining feature of modern society and is associated with some important implications for group identity.

① need for belonging
② link between groups
③ division of our lives
④ tendency to be alone

There is no improvement in their ability.

When average tennis players are served the ball, their eyes tend to fix on the ball. Conversely, when expert players are served the ball, their eyes fix on the body parts of their opponents. (①) Expert players subconsciously use body cues from their opponent to foresee where the ball will be directed, and this awareness enables them to react swiftly and accurately to return it. (②) But what happens when average tennis players are told to do what experts do and focus their attention on their opponent's body parts? (③) This is because experts developed the ability to automatically interpret what these cues mean only after hundreds of hours of training. (④) Average tennis players have not gone through such training, and thus telling them to act like experts does little to improve their skills.

Through various means, we have tried to get rid of our sense of differences based on superficial criteria such as race and color. However, scientists will discover many subtle genetic factors in the makeup of human beings, and those discoveries will challenge the basic concepts of equality on which our society is based. ① Conducting a true genetic analysis will lead us to discover the differences in our genetic makeup. ② The results will reveal classes of people characterized by different genetic predisposition. ③ Hence, the impact of the environment on human development cannot be totally denied. ④ Genetic differences will be reflected in what people do, where they work and what roles they play in society. This is a very serious issue which can raise the prospect of genetic discrimination.

One of the most popular travel books in history — The Travels of Sir John Mandeville — appeared in about 1356 and immediately became astonishingly popular. This was the only travel book that Leonardo da Vinci possessed, and Christopher Columbus consulted it as he took his voyages. However, scholars doubt whether there even was anyone named Mandeville, or whether he ever traveled further than his local library. His work was fanciful and entertaining, with most of it consisting of global misconceptions from the ancient world. But because the book was so popular, when real travelers came back from abroad with experiences that did not match those of the fictional Mandeville, they did not trust their own eyes. Thus, global misunderstandings persisted throughout the Middle Ages in spite of a good deal of global interaction.

① It took a long time for it to become well-known.
② Columbus did not refer to it for his adventures.
③ It was more of a fiction than proof of reality.
④ It was revised to reflect real voyage records.

01 밑줄 친 부분과 의미가 가장 가까운 것은?

It is possible for delicate tropical plants to <u>thrive</u> in a temperate climate.

① mutate
② subsist
③ flourish
④ deteriorate

02 밑줄 친 부분과 의미가 가장 가까운 것은?

When I found myself in a tent in the middle of the Arctic, I had no choice but to <u>count on</u> myself.

① trust
② control
③ escape
④ protect

03 어법상 옳지 않은 것은?
① The list tells you what you should bring tomorrow.
② Some say it is difficult to marry someone you truly love.
③ It being crowded in the party, I wanted to leave unnoticing.
④ His knowledge of those cultures is as deep as that of a scholar.

04 우리말을 영어로 잘못 옮긴 것은?
① 너도 나 못지않게 게임을 하는 데 시간을 보낸다.
　→ You spend no less time playing games than I do.
② 지난 5년 동안 그 회사는 꾸준히 성장했다.
　→ For the last five years, the company grew steadily.
③ 내가 전문가에게 그 논문을 검토받는 것은 중요하다.
　→ It is important that I have the paper reviewed by an expert.
④ 학생의 4분의 1이 과학 박람회에 참가하고 있다.
　→ A quarter of the students are participating in the science fair.

05 밑줄 친 부분에 들어갈 말로 가장 적절한 것은?

A: Claude, where are you going?
B: I'm going for a walk in the park. Would you like to join me?
A: I'd like to, but I'm meeting up with Jim for lunch at Mandy's Kitchen. _____
B: Oh, thanks for offering but I think I'll pass this time. I already had lunch.
A: That's too bad. I'll see you later then.

① Let's go for a walk another day.
② You can come along if you want.
③ Sorry I won't be able to join you.
④ You recommended it to me, right?

06 다음 글의 주제로 가장 적절한 것은?

Most parents find it very important that their children win at the sports they play. Winning is a high priority to parents. However, when children are asked why they play sports, they overwhelmingly indicate that winning is a low priority. Children play sports for other reasons, the most common being, in order of importance, to have fun, to develop skills, to get exercise, and to socialize. But when adults are asked about their priorities relating to involvement in youth sports, winning places much higher on the list. Clearly, youth and adults have very different ideas about the important aspects of youth sports.

① the decline in sports activity with increasing age
② children's high expectations for their sports career
③ the importance of parental involvement in youth sports
④ contrast in what parents and children value in playing sports

07 밑줄 친 부분에 들어갈 말로 가장 적절한 것은?

Sigmund Freud was greatly impressed by the principle of energy conservation, which states that energy may be changed into different forms but is neither created nor destroyed. He believed that humans are like closed systems. Each human possesses a constant amount of psychic energy. One consequence of this principle is that if a forbidden act or impulse is suppressed, its energy will seek an outlet somewhere else in the system, possibly _____. Aggressive impulses, for example, may be displaced to racing sports cars, playing chess, or to a sarcastic sense of humor. Dreams are also expressions of psychic energy that has been blocked from surfacing.

① causing increased stress
② defying the laws of physics
③ reinforcing moral behaviors
④ appearing in disguised form

08 주어진 글 다음에 이어질 글의 순서로 가장 적절한 것은?

In trading stock, the three most important rules are "cut your losses, cut your losses, and cut your losses." This is difficult to do because there is natural resistance to selling a stock whose price has fallen and realizing the loss. But benefits are nice; we like to enjoy them.

(A) One way to avoid it is to hold the stock after it has fallen, as opposed to selling it and having to face the loss — loss is only on paper and the stock may soon rebound.

(B) This style of trading eventually puts one in a most unenviable position, holding a portfolio of losers. But indeed, this is exactly what happens. People trading on their own tend to end up selling good stocks and holding on to their bad ones.

(C) And to do so, we must sell a stock after it has risen in value; then we can enjoy the profit. On the other hand, loss feels bad and is to be avoided.

① (A)−(C)−(B)　　② (B)−(A)−(C)
③ (C)−(A)−(B)　　④ (C)−(B)−(A)

09 밑줄 친 (A), (B)에 들어갈 말로 가장 적절한 것은?

Though agricultural societies are deemed more advanced than hunter-gatherer societies, experts note that in the dietary realm, this isn't the case. Agricultural populations, with their monotonous diet, went to bed hungry each night while hunter-gatherers had a more varied food supply. ___(A)___, agricultural diets were not as good as hunter-gatherer diets at providing all of the specific nutrients that our bodies need to thrive. Studies have been done comparing the skeletal health of groups before and after the advent of agriculture in the same location. In almost all cases, the agricultural group shows signs of nutritionally based bone or tooth stress not present in the hunter-gatherer comparison population. ___(B)___, agricultural groups, because of their higher population densities, were more likely to be exposed to infectious diseases, further threatening their health.

　　(A)　　　　　(B)
① Hence　 ······　In addition
② Hence　 ······　Therefore
③ However ······　Furthermore
④ However ······　For example

10 다음 글의 내용과 일치하지 않는 것은?

During the eighteenth and nineteenth centuries, statistical information was a state secret known only by an elite and unknown by the public. The power of statistical information, such as population figures, has been recognized among political leaders for centuries. Napoleon's appetite for statistical facts was legendary. He always wanted the numbers immediately. At the Napoleonic court, the saying was, "if you want something from Napoleon, give him statistics." It was not until around 1830 that statistics, or at least some of them, became public. Since then, "a flood of printed numbers," to borrow the philosopher Ian Hacking's phrase, has turned modern life into a vast ocean of information conveyed by media such as television, newspapers, and the Internet.

① The public had no access to statistics in the 18th century.
② Political leaders generally have neglected the power of statistics.
③ Napoleon had a strong liking for facts based on numbers.
④ Statistics has become available to the public since about 1830.

📋 정답/해설 106p

01 밑줄 친 부분에 들어갈 말로 가장 적절한 것은?

> He was always _____, so we knew that something was wrong when we found out he was late to work.

① frank
② punctual
③ abstract
④ arrogant

02 밑줄 친 부분에 들어갈 말로 가장 적절한 것은?

> Sleeping on the floor was uncomfortable at first but after doing this a few nights, I am now _____ it.

① handing in
② falling behind
③ accounted for
④ accustomed to

03 어법상 옳은 것은?

① They were shocked to see the way how the refugees were treated.
② Because of his lies, he was made having a talk with his teacher.
③ I can't lend you my car unless you promise to drive carefully.
④ The talks at the forum hardly never made progress.

04 우리말을 영어로 잘못 옮긴 것은?

① 그 호텔의 서비스는 경쟁사의 서비스보다 훨씬 떨어진다.
  → The hotel's service is much inferior to its competitor's.
② 신속히 그 정보를 알리시오, 그렇지 않으면 상황은 악화될 겁니다.
  → Let the information known quickly, or the situation will worsen.
③ Jean이 다른 어떤 아이보다 더 많은 관심을 받는 것은 중요하다.
  → That Jean gets more attention than any other child is important.
④ 네 도움이 아니었더라면, 나는 지금의 내가 될 수 없었을 것이다.
  → But for your help, I would not have become the person I am now.

05 밑줄 친 부분에 들어갈 말로 가장 적절한 것은?

> A: Hi, Sophia. It's been a long time.
> B: Hey, Tyler. I was off to Canada with a friend for two weeks.
> A: Oh, nice. How was the trip?
> B: Not that good. I got into a lot of arguments with my friend. It would've been much better if I'd traveled alone.
> A: What was the problem?
> B: _____ I like to always be doing something and want to visit as many tourist sites as possible.
> A: Ah, but your friend prefers to stay in one place.
> B: Exactly. The trip totally ruined our friendship.

① Our styles are just so different.
② It was a great bonding experience.
③ She can't stand being in one location.
④ We have conflicting appetites for food.

06 다음 글의 제목으로 가장 적절한 것은?

> The convention of communication between scientists is formal and complicated. If new discoveries are to be taken seriously by other scientists, certain rigid criteria must be met. This means, before the new finding can be published and accepted, the experiment must be repeated and verified according to accepted procedures. Then, the finding is almost always communicated through a formal scientific paper or a journal article. The most important new findings may appear in a journal of general interests to all scientists, such as *Science* or *Nature*. In either case, the article will not be published until it has undergone the examination of the journal's editor and of two or three anonymous volunteer referees. This is one of the extensive safeguards of formal science.

① Verification Process of Formal Science
② The Most Prestigious Journals in Science
③ Why Do Scientists Doubt New Discoveries?
④ Important Findings Once Rejected by Scientists

Marketers seek tactics that they hope will overcome consumers' guilt and negative self-regard that tend to arise when consumers make a purchase for themselves — and will as a result revive consumption. New research on consumer behavior suggests that an effective tactic can be to acknowledge consumers' unconscious attempts to _____. Research has shown that people engage in compensatory behavior when their self-image deviates from its standard level. In other words, when a person's self-image dips, the individual tries to compensate for this negative self-regard by, for example, refraining from purchasing or consuming a guilty pleasure. If, on the other hand, a person's self-image rises above its standard level, the individual is inclined to give in to behaviors that are associated with feelings of guilt, like consumption.

① feel financially stable
② balance their self-image
③ avoid criticism from others
④ reveal their negative self-regard

If, instead of dwelling on how nasty the speaker is, you can focus on listening to this voice, the anxiety in the relationship will begin to ease.

If someone snaps at you in an angry, assaultive way, how do you get beyond listening with a clenched mind? The obvious answer is to listen through the emotional static to what the person is trying to say. Of course, this is easier said than done. (①) When frustration and anger spill out into a relationship, our natural response is to become anxious and defensive. (②) Learning to listen to someone who comes at you in such an intense, urgent way isn't easy. (③) One thing that may help free you from withdrawing into a defensive posture is to hear in the anxious speaker the voice of an unhappy child crying to be heard. (④) Then when the anxiety subsides, productive dialogue can take place.

Increasingly fish are used for research — in many cases they are now the preferred animal for biomedical and chemical testing. ① Not that long ago we used mice for this task, but a commitment to reduce their number in laboratories has meant that much of the routine biomedical and toxicology screening is now done with a small striped, silvery-blue fish called the zebrafish. ② The transition has been so popular that many research labs have swapped their racks of mouse cages for shelves of small aquaria. ③ The discovery that several human and zebrafish genes share similar kinds of function has allowed this model species to be used in studies of human diseases such as cancer. ④ Regular water testing is vital for keeping tabs on the health of the aquarium fish, but many are not aware of the importance of this practice. Once again we see that fish are not so different after all.

Hospitals used to be required to perform autopsies on a certain percentage of deaths at their institution as a quality control measure. However, that requirement was dropped years ago. Some new hospitals do not even have autopsy facilities. Today, autopsies are usually performed only in crimes or unusual deaths, and are very rare with "natural" deaths. There are also several disincentives to performing an autopsy. One is cost — about $2000 to $3000 per autopsy. Insurance usually will not cover the procedure. Doctors also are not likely to encourage an autopsy because it might turn up something they missed, and families often see autopsies as disrespectful of their loved one. The biggest disincentive to autopsies, however, is our unending faith in medical technology. Why do an autopsy if tests have already confirmed the cause of death? There is little thought that anything else could have been involved.

① 현재 병원들은 일정 비율의 부검을 실시해야 할 의무가 있다.
② 자연사에 따른 부검은 거의 실시되지 않고 있다.
③ 보험은 일반적으로 부검 비용을 보장하지 않는다.
④ 부검을 안 하는 가장 큰 이유는 의료 기술에 대한 믿음에 있다.

📖 정답/해설 109p

01 밑줄 친 부분에 들어갈 말로 가장 적절한 것은?

> He was highly regarded for his actions of _____ as he quietly helped others without seeking recognition and always put them before himself.

① distress
② ambition
③ humility
④ contempt

02 밑줄 친 부분과 의미가 가장 가까운 것은?

> During the pandemic, many restaurants have closed for good.

① abruptly
② frequently
③ permanently
④ temporarily

03 밑줄 친 부분 중 어법상 옳지 않은 것은?

> We often ① think of science as exploration and experiment. Classrooms that portray only this view of science, however, ② fails to capture an essential feature of science — evidence-based explanation. When scientists encounter patterns in the world, they construct theories ③ to explain them. What does it mean to explain something in science? Explanation is more than summarizing the data that ④ have been collected. Explanations tell why phenomena occur. They involve a leap of imagination.

04 우리말을 영어로 가장 잘 옮긴 것은?

① 그 소음은 복도 건너편까지 들릴 정도로 컸다.
→ The noise was enough loud to be heard across the hall.
② 그는 나에게 그 소식을 조용히 전하며 내 눈을 바라보았다.
→ He looked me in the eye as he quietly said me the news.
③ 당신이 당신의 열정을 직업으로 추구하는 것을 고려할 때이다.
→ It is time you consider pursuing your passion as a career.
④ 우리는 교통 체증에 걸려 회의에 늦을 수도 있다는 것을 깨달았다.
→ Caught in traffic, we realized we might be late for the meeting.

05 두 사람의 대화 중 가장 자연스러운 것은?

① A: I can't thank you enough.
 B: Oh, it's my pleasure.
② A: What time will you be at the theatre by?
 B: I usually go there once a week.
③ A: I can't help but fall asleep constantly.
 B: Me too. I have a lot of trouble going to sleep.
④ A: For how long have you been away from home?
 B: It's about 30 kilometers.

06 다음 글의 요지로 가장 적절한 것은?

> Cancer cells may hold the key to unlocking human immortality. This is because cancer cells are cell lines that are essentially undying. That is, they do not suffer from programmed cell death or from the effects of aging that weaken regular cells. This in fact is what makes cancer so deadly — as the cells replicate out of control, they sap the body's energy while forming tumors that destroy the ability of the affected organs to function properly. However, if the ability of cancer cells to ignore the effects of aging could be harnessed in a controlled manner, the human body could theoretically be reprogrammed to stay young indefinitely.

① Cancer is a major barrier to prolonging human life.
② The study of aging could lead to a cure for cancer.
③ The abnormal growth of cancer cells makes them fatal.
④ We could learn how to defeat aging by studying cancer cells.

07 밑줄 친 부분에 들어갈 말로 가장 적절한 것은?

In modern economies, the distinction between goods and services itself is _____.
One aspect of this shift to a service economy is what has been called the 'servitization' of products. The notion is that, in a modern economy, products cannot exist on their own and some degree of service is needed to make those products useful. Consider the automobile, which is of course a real good. It is only useful, however, over an extended period of time if the owner submits it to continual checkups, fills it with gas and oil, and pays for insurance, registration, and taxes so that he can operate it on community roads. The car is a real good, but it is not necessarily useful unless one also includes the many services that accompany it.

① actually being obscured
② usually taken for granted
③ clear even when they overlap
④ irrelevant to the flow of the market

08 주어진 문장 다음에 이어질 글의 순서로 가장 적절한 것은?

The temptation to see humans as separate from nature and from natural forces has been powerful and long-standing.

(A) But this hardly seems an appropriate way to approach the natural world today. In fact, there has been an accelerating movement in various disciplines to reintegrate humans into the natural world.

(B) We see this in the animal rights movement, in debates about climate change, and even in the way that scientists increasingly discover human traits in other animals.

(C) In the past, humans were seen as something special, set apart from animals and the rest of the natural world.

① (A) − (C) − (B)   ② (B) − (A) − (C)
③ (C) − (A) − (B)   ④ (C) − (B) − (A)

09 밑줄 친 (A), (B)에 들어갈 말로 가장 적절한 것은?

Classical rational theories of decision-making posit that making a choice involves weighing up the costs and benefits of different courses of action. This is assumed to involve exhaustively processing the information and making trade-offs between features.   (A) , research in cognitive psychology has shown how people tend to use simple mental shortcuts called heuristics when making decisions. A theoretical explanation is that human minds have evolved to act quickly, making just good enough decisions by using fast and frugal heuristics. We typically ignore most of the available information and rely only on a few important cues.   (B) , in the supermarket, shoppers make snap judgments based on little information, such as buying brands that they recognize, that are low-priced, or that offer attractive packaging — seldom reading other package information.

	(A)		(B)
①	Yet	......	However
②	Yet	......	For example
③	Similarly	......	In short
④	Similarly	......	For instance

10 다음 글의 내용과 일치하는 것은?

One of the most important things that the Internet has fostered or strengthened has been freedom of speech and freedom of expression. Due to the diversity of the Internet's users, no one standard can be applied to govern speech on the Internet. Furthermore, the Internet's technology itself prevents complete blocking of access to information. In the late 1990s, however, many countries became alarmed at the freedom of speech accessible on the Internet and tried to restrict it. Singapore mandated that political and religious sites must register with the government. China ordered that all Internet users had to register with the police. And, Saudi Arabia restricted Internet use to only universities and hospitals. However, due to the nature of the Internet, none of these efforts has had much lasting effects.

① Speech on internet across the world is regulated under a single code.
② Need to limit freedom of speech on Internet surfaced in the 1990s.
③ All internet users in Saudi Arabia must register with the police.
④ Restrictions on speech on Internet have so far been effective.

📰 정답/해설 111p

01 밑줄 친 부분과 의미가 가장 가까운 것은?

> She never <u>divulged</u> to her colleagues that she had been second choice after Jenna who couldn't take the job.

① denied
② revealed
③ inferred
④ complained

02 밑줄 친 부분과 의미가 가장 가까운 것은?

> She was excited about the idea of learning to dance but had to <u>get over</u> her fears about the possibility of making a fool of herself.

① recall
② unveil
③ conquer
④ contemplate

03 어법상 옳지 않은 것은?

① She watched her child practice playing the piano.
② Should you have any inquiries, feel free to contact me.
③ Angry with his mother as he is, he keeps the letter she wrote it to him.
④ Pete apologized for his remarks so that the relationship could be mended.

04 우리말을 영어로 잘못 옮긴 것은?

① 우리는 안전 규칙을 무시하는 것이 얼마나 위험한지 깨달 았다.
→ We realized how dangerous it is to ignore safety rules.
② 고객님의 항공편이 취소되었음을 알려 드리게 되어 유감입 니다.
→ I regret to inform you that your flight has been cancelled.
③ 업무에서 벗어나 휴식을 취하고 쉬는 것은 어떠신가요?
→ What do you say to taking a break from work and relaxing?
④ 다락방에는 잊힌 물건들이 있었는데, 그중 일부는 귀중한 것이었다.
→ In the attic there were forgotten items, some of them were valuable.

05 밑줄 친 부분에 들어갈 말로 가장 적절한 것은?

> A: This Friday is a holiday, right?
> B: Yeah. I was thinking of going camping with our kids since it's a long weekend.
> A: That's a great idea. Would we be staying for the whole three days?
> B: Hmm. _____
> A: What will we do for the rest of the weekend, then?
> B: How about just relaxing and having some family time at home?
> A: That works for me. Let's go camping on Friday and come back on Saturday, then.
> B: Great!

① We have to put off camping trips for now.
② Do you have any place in mind for camping?
③ Camping for the whole weekend sounds good.
④ Maybe camping just one night would be better.

06 다음 글의 제목으로 가장 적절한 것은?

> Wrapped up in the idea of embracing failure is the related notion of breaking things to make them better — particularly complex things. Often the only way to improve a complex system is to probe its limits by forcing it to fail in various ways. Software, among the most complex things we make, is usually tested for quality by employing engineers to systematically find ways to crash it. Great engineers have a respect for breaking things that sometimes surprises nonengineers, just as scientists have a patience with failures that often puzzles outsiders. But the habit of embracing negative results is one of the most essential tricks to gaining success.

① Failure Gives Birth to Progress
② Embrace Other People's Weaknesses
③ Too Much Complexity Leads to Errors
④ Limits of Science: What It Can't Tell Us

07 밑줄 친 부분에 들어갈 말로 가장 적절한 것은?

Epidemics and pandemics cannot occur without _____. Infectious diseases need to be transmitted from host to host to survive — and that host must be susceptible. None of the diseases emerged in pandemic form until humans had settled down to farm and begun trading with one another. When trade and travel developed fast in the fourteenth century, the Black Death took advantage of this and constantly found non-immune populations. Tuberculosis exploded only when conditions allowed it: the packed cities of industrializing Europe in the eighteenth century and the junctions between them. When pandemic influenza spread around most of the planet in a matter of months in 1918, it could only have done so because of the newly built transportation and trade networks and the heightened tendency for many people to move brought on by World War I.

*Black Death: 흑사병

① borders that separate people
② the spread of misinformation
③ a dense and mobile population
④ absence of preventive measures

08 주어진 문장이 들어갈 위치로 가장 적절한 곳은?

However, it could be argued that our ability to manipulate things is just as unique, and that the hand with its opposable thumb is as good a symbol of human intelligence as the head with its bulging cranium.

When we discuss knowledge, we often focus on theoretical 'knowledge of the head' and overlook practical 'knowledge of the hand'. Indeed, there seems to be something of a prejudice against the latter. (①) For example, the abstract knowledge of the scientist is generally held in higher esteem than the practical knowledge of the car mechanic or the craftsman. (②) This prejudice may derive from the widespread assumption that our capacity for reason is what distinguishes us from the rest of the animal kingdom. (③) Indeed, there is a sense in which physical skills are prior to, and more fundamental than, abstract intellectual pursuits. (④) After all, we need basic skills, such as the ability to speak and the ability to manipulate objects, before we can acquire any kind of knowledge.

09 다음 글의 흐름상 가장 어색한 문장은?

One possible explanation for the lack of rainfall in Central Australia is that early humans severely modified the landscape through their use of fire. ① Aboriginal people have used fire extensively in Central Australia for more than 20,000 years, particularly as an aid to hunting and to clear passages. ② The theory suggests that regular burning converted what was a mosaic of trees, shrubs, and grassland into the desert scrub we see today. ③ Because of the dry climate, plants have developed a number of different methods of capturing water. ④ This gradual change in the vegetation could have resulted in less moisture from plants reaching the atmosphere and hence the long-term desertification of the continent. The ongoing process of desertification such as this continues to present a grave danger to the environment and ecosystem.

10 글의 내용과 일치하지 않는 것은?

Luminol is a chemical used by forensic investigators that is capable of detecting even the faintest traces of blood left at crime scenes. It does this by reacting with iron in an oxygen-transporting protein called hemoglobin found in blood. It is sprayed evenly across the area under investigation, and trace amounts of blood will cause the luminol to emit a blue glow that can be detected in a darkened room. The glow lasts for about 30 seconds, but can be documented photographically. The glow is stronger in areas receiving more spray, hence it's important to remember that the intensity of the glow does not indicate the amount of blood present.

① Forensic investigators use luminol to find blood evidence.
② After spraying luminol, the blood traces emit a blue glow.
③ The glow can be photographed despite its short duration.
④ Strength of the glow is irrelevant to the amount of spray.

01 밑줄 친 부분과 의미가 가장 가까운 것은?

> He is a <u>notorious</u> gambler, and those close to him say that he often spends money more quickly than he can earn it.

① reckless
② affluent
③ infamous
④ vulnerable

02 밑줄 친 부분에 들어갈 말로 가장 적절한 것은?

> The concert tickets had been sold out, but we were lucky enough to get tickets from a friend and _____ going to the concert.

① ended up
② ruled out
③ called off
④ derived from

03 어법상 옳은 것은?

① That matters is not what you have, but who you are.
② The news rose widespread concerns regarding food safety.
③ She explained us why she could not help laughing in the middle of class.
④ Driven by a deep sense of purpose, the team cleaned up the polluted river.

04 우리말을 영어로 잘못 옮긴 것은?

① 그는 그 재산에 대한 권리를 박탈당했다.
 → He was robbed of his rights to the property.
② 내 여동생은 어젯밤 밖에 나가지 않았고, 나도 마찬가지였다.
 → My sister didn't go outside last night, and I didn't, too.
③ 비가 오지 않는다면 우리는 내일 하이킹을 갈 계획이다.
 → We plan to go for a hike tomorrow, providing it doesn't rain.
④ 관리자도 직원들도 새 정책에 만족하지 않는다.
 → Neither the manager nor the employees are satisfied with the new policy.

05 밑줄 친 부분에 들어갈 말로 가장 적절한 것은?

> A: Hello, welcome to Shimson Travels. How may I help you?
> B: Hi, I'd like to book a flight to Taipei for this Friday.
> A: That's really soon. Let me check if there are any available.
> B: Okay, thanks.
> A: Let's see... Oh, there's one that leaves at 3 p.m. for $500.
> B: _____?
> A: There's one at 10 a.m., but it's $650.
> B: That's pretty expensive, but I'll take it.

① Do you have a lower-priced ticket
② Is it a one-way ticket or a round one
③ Are there any flights that leave earlier
④ Can I cancel my ticket without penalty

06 다음 글의 주제로 가장 적절한 것은?

> Chinese scientists are attempting to predict earthquakes using precursors. Chinese sources report a successful prediction in which the city of Haicheng was evacuated in 1975, prior to a magnitude 7.4 earthquake that damaged more than 90% of the houses. The prediction is said to have been based on precursors, including ground deformation, changes in the electromagnetic field and groundwater levels, anomalous animal behavior, and significant foreshocks. However, in the following year, the Tangshan earthquake occurred not too far away without precursors. In minutes, 250,000 people died, and another 500,000 people were injured. In the following month, an earthquake warning in the Kwangtung province caused people to sleep in tents for two months, but no earthquake occurred.

① various natural precursors to earthquakes
② factors that magnify damage from earthquakes
③ limit in using precursors as earthquake indicators
④ increasing accuracy of earthquake predictions in China

Why did the same themes and motifs appear through the myths and folktales of the entire world? One response of many late-nineteenth century writers was to suggest that somehow all the stories, myths and legends were simply attempts to explain and to dramatize _____, familiar to all mankind. One popular theory was that stories of the god who dies and is reborn were "solar myths", describing the setting and rising of the sun. It was suggested that the widespread folktales in which a heroine is eaten by a monster must have had something to do with the sun being "eaten" by the moon in the course of an eclipse. A more sophisticated version of these arguments has related the underlying forms of various myths to the theme of "death and resurrection" in the cycle of the year, for example, winter giving way to spring, and so forth.

① heroic deeds
② religious rituals
③ cultural identities
④ natural phenomena

Lung cancer kills more people in one year than all criminal and accidental deaths combined.

(A) Health experts warn that excess weight gained from junk food and lack of exercise is a major risk factor for cancers like breast, colon, stomach, and liver cancer. We must educate ourselves about the lifestyle choices that elevate the risk of these cancers as well.

(B) Unfortunately, the same cannot be said about other types of cancer. Many people are not aware that their everyday behavior can lead to the development of various forms of cancer.

(C) These statistics are shocking, but the good news is that people are now well-informed about the risks connected to lung cancer. They know that their risk of contracting this terrible disease decreases if they either stop smoking or don't smoke at all.

① (B)−(A)−(C)   ② (B)−(C)−(A)
③ (C)−(A)−(B)   ④ (C)−(B)−(A)

Body structure and a variety of basic functions that relate to athletic performance undergo striking change during the early years of adolescence. And there is great variation in the age at which individuals experience these changes. ___(A)___, the age at which children are physically ready for many types of sports will also vary greatly. Youth sport programs provide early adolescents with opportunities for highly competitive sports. It thus becomes important to identify late-maturing and early-maturing individuals if they are to be directed into appropriate sport experiences. The late maturer will have increased risk of injury, with his undeveloped muscles and immature skeleton. ___(B)___, playing with and competing against larger, stronger, and more mature boys, the late maturer will be a less-skilled athlete. He is a prime candidate to drop out at the earliest opportunity.

	(A)	(B)
①	Therefore	Additionally
②	In contrast	Nevertheless
③	Therefore	For example
④	In contrast	Similarly

The fish of the deep sea are among the strangest and most elusive creatures on Earth. Most fish that have evolved in this harsh environment are not capable of surviving in laboratory conditions, and for this reason little is known about them. Hence most species are known only to scientists and have therefore retained their scientific name. Due to the poor level of sunlight reaching deep sea environments, most deep-sea fish need to rely on organic matter sinking from higher levels. This makes the deep sea much poorer in productivity than shallower regions. Consequently species of deep-sea fish are noticeably smaller and have larger mouths and guts than those living at shallower depths in general. It has also been found that the deeper a fish lives, the more jelly-like its flesh and the more minimal its bone structure. This makes them slower and less agile than surface fish.

① Most deep-sea fish are identified by their scientific names.
② Organic material from above is essential for most deep-sea fish.
③ Fish in deep sea are typically bigger than those in shallow waters.
④ Deep-sea fish are slower than surface fish due to their body structure.

01 밑줄 친 부분과 의미가 가장 가까운 것은?

> We must choose the way for our descendants not to
> <u>condemn</u> us.

① desert ② foster
③ criticize ④ resemble

02 밑줄 친 부분에 들어갈 말로 가장 적절한 것은?

> Eating disorders are serious, life-threatening mental
> illnesses that are not to be _____.

① off the hook ② out of order
③ made light of ④ filled in for

03 밑줄 친 부분 중 어법상 옳지 않은 것은?

> In some cities, buses and subways are paid for
> with tokens; small pieces of metal that ① <u>looks</u>
> like coins only used for a bus or subway. But you
> are probably used to ② <u>paying</u> for your rides with
> cards. You can buy one from a worker or a vending
> machine and put any ③ <u>amount</u> of money you want
> on it. Each time you get on the bus or subway, the
> cost of the ride ④ <u>is deducted</u> from the card.

04 우리말을 영어로 잘못 옮긴 것은?

① 어떠한 상황에서도 당신은 방을 떠나서는 안 된다.
　→ Under no circumstances should you leave the room.
② 그 사건이 그 음식점의 평판을 무너뜨리는 것은 당연하다.
　→ The incident may well ruin the restaurant's reputation.
③ 그는 논쟁 중에 팔짱을 낀 채 침착함을 유지했다.
　→ He stayed calm with his arms folded during the
　　argument.
④ 작년에 주식 시장은 가장 큰 폭락 중 하나를 겪었다.
　→ The stock market has had one of the biggest crashes
　　last year.

05 밑줄 친 부분에 들어갈 말로 가장 적절한 것은?

> A: I have a horrible toothache.
> B: Really? What seems to be the problem?
> A: I don't know. The gums are swollen, too.
> B: Did you see the dentist?
> A: _____
> B: That's too bad. You should really see a dentist
> 　soon.
> A: I know. I'm going to try calling a different dental
> 　clinic.

① Maybe one of your teeth is decaying.
② I wasn't able to book an appointment.
③ I feel much better after the treatment.
④ He's been treating me since I was a child.

06 다음 글의 제목으로 가장 적절한 것은?

> From the dawn of time, people have gossiped,
> circulated rumors, and shamed others. These social
> practices are now moving over to the Internet, where
> they are taking on new dimensions. They transform
> from forgettable whispers within small local groups
> to a widespread and permanent chronicle of people's
> lives. An entire generation is growing up in a very
> different world, one where people will accumulate
> detailed records beginning with childhood that
> will stay with them for life wherever they go. In
> Nathaniel Hawthorne's *The Scarlet Letter*, Hester
> Prynne was forced by her colonial New England
> village to wear a scarlet letter A to represent her
> sin of adultery. The Internet is bringing back the
> scarlet letter in digital form — an indelible record of
> people's past misdeeds. As one commentator puts it,
> "Right or wrong, the Internet is a cruel historian."

① The Internet: The Digital Archive of Our Past
② The Fight Against the Cruel Tyranny of the Internet
③ The Advent of the Internet as a Viable Business Tool
④ Why Rumors Spread Faster than Facts on the Internet

07 밑줄 친 부분에 들어갈 말로 가장 적절한 것은?

Hitting baseballs or playing musical instruments requires intricate control of muscles carrying out complex tasks in series of steps. Yet they occur automatically in experienced players, outside of awareness. These tasks require a part of the mind that we cannot be fully aware of, but one that still exerts critical influences on thoughts and actions. Creativity also appears to originate with unconscious mental processes; solutions to difficult problems may appear to "pop out" of nowhere after an incubation period in the unconscious. Intuitive feelings or hunches are based on a perceived ability to sense something without reasoning. Acting without good reason might seem like a dubious life strategy; however, we encounter many blurry situations where choices must be made with very limited information. If our source of intuition _____, following the intuition will seem to constitute strategy far superior to random choices.

① stems from interacting with people
② stays away from impulsive decisions
③ has a close connection with reasoning
④ is actually an experienced unconscious

08 주어진 문장이 들어갈 위치로 가장 적절한 곳은?

The vineyards were eventually saved by using phylloxera-resistant native American vines, not as direct fruit producers, but as rootstocks.

Wine came to Europe with the spread of the Greek civilization around 1600 BC. Until the 18th century, fine wine was almost exclusively the domain of Europe. Sometime around 1860, however, an insect known as phylloxera was accidentally brought to Europe from the United States. (①) The insect attacked the leaves and roots of the wine-grape vines and soon rapidly spread throughout the grape-growing regions of France. (②) Within several months it had swept the continent from France to Portugal, threatening the very existence of the great wines of Europe. (③) The issue was so grave, particularly in France, that the government offered a huge reward to anyone who could solve the problem. (④) The technology for this was optimized for vineyard locations and soil types, and has been amazingly successful ever since.

09 다음 글의 흐름상 가장 어색한 문장은?

Television and the newer electronic media like video games, if used wisely, have great positive potential for learning and development. They give children different mental skills from those developed by reading and writing. ① Television is a better medium than the printed word for conveying certain types of information. ② It makes learning available to groups of children who do not do well in traditional school situations — and even to people who cannot read. ③ Video games introduce children to the world of microcomputers, at a time when computers are becoming increasingly important both in many jobs and in daily life. ④ Exposure to video games with violent content are expected to increase an individual's aggressiveness. The interactive quality of both video games and computers forces children to actively create stimuli and information, not merely consume them.

10 다음 글의 내용과 일치하는 것은?

After Austria lost World War I, inflation ruined its economy. The government printed huge quantities of paper money. Naturally, the more it issued, the more worthless it became. In 1922, the money wasn't even worth the paper on which it was printed. A clever Swiss soap maker bought up all the Austrian money that he could find. He realized that it was just the right size needed to wrap his soap. He printed the name of the soap on the blank side. Then, he put his money-wrapped soap on the market and waited. Just as he had hoped, his soap sales escalated. Many buyers bought the soap, hoping that someday the "wrappers" would be worth just as much as they were before the war.

① Inflation in Austria followed its victory in World War I.
② Austrian money was worth less than its printing paper in 1922.
③ To wrap the soap, the size of Austrian currency had to be adjusted.
④ The soap's buyers didn't expect any increase in Austrian money's value.

📖 정답/해설 119p

01 밑줄 친 부분에 들어갈 말로 가장 적절한 것은?

Developing a popular mobile app can be a highly _____ project, with revenue streams coming from advertisements, in-app purchases, and subscriptions that could potentially amount to millions of dollars.

① futile ② exotic
③ tedious ④ lucrative

02 밑줄 친 부분과 의미가 가장 가까운 것은?

A number of people unexpectedly underlined dropped out of the marathon before the race began.

① enrolled in ② gathered for
③ withdrew from ④ interfered with

03 어법상 옳은 것은?

① Mrs. Kennedy carefully lied the baby down on the bed.
② Whatever you do should reflect your values and principles.
③ The bullet was penetrated the vest known to be bulletproof.
④ He was accused of spread false rumors about his co-worker.

04 우리말을 영어로 잘못 옮긴 것은?

① Peter는 저축하는 사람이라기보다는 소비하는 사람이다.
  → Peter is not so much a spender as a saver.
② 그녀는 내일까지 그 과제를 완료해야 한다.
  → She ought to complete the assignment by tomorrow.
③ 그들은 신혼여행지를 결정하는 것이 어렵다고 느꼈다.
  → They found it hard to decide on their honeymoon destination.
④ 내가 과학자라면, 나는 환경 연구에 전념할 것이다.
  → Were I a scientist, I would dedicate myself to environmental research.

05 밑줄 친 부분에 들어갈 말로 가장 적절한 것은?

A: Jane, how is your new share house in Seoul?
B: To be honest, I have no idea how long I'm going to stay there.
A: Really? What's the problem?
B: Some of the girls throw a party every day and play loud music late at night. _____ especially when I'm trying to fall asleep.

① It's no big deal
② It runs in my family
③ It's better than nothing
④ It really drives me nuts

06 다음 글의 요지로 가장 적절한 것은?

History is mostly told as a long fight for the necessities, not the luxuries: the fight for freedom, equality, safety, self-governance. Yet the history of delight matters, too, because so many of these seemingly trivial discoveries ended up triggering changes in the realm of our civilizations. The taste for coffee helped create the modern institutions of journalism; a handful of elegantly decorated fabric shops helped trigger the Industrial Revolution. When human beings create and share experiences designed to delight, they often end up transforming society in more dramatic ways than people focused on more pragmatic concerns. We owe a great deal of the modern world to people persistently trying to solve a high-minded problem: how to construct an internal combustion engine or manufacture vaccines in large quantities. But a surprising amount of modernity has its roots in another kind of activity: people working around with magic, toys, games, and other seemingly idle pastimes.

① Society evolves through the provision of life's necessities.
② Activities for pleasure can trigger major historical changes.
③ Pursuing delight has had disastrous consequences on history.
④ We should seek delight only after essential needs are fulfilled.

07 밑줄 친 부분에 들어갈 말로 가장 적절한 것은?

Renowned investor and Berkshire Hathaway CEO Warren Buffett once said, "You can determine the strength of a business over time by the amount of agony they go through in raising prices." Buffett and his partner, Charlie Munger, realized that as customers form routines around a product, they come to depend upon it and become less price-sensitive. Buffett and Munger understand that habits _____. For example, in the free-to-play video game business, it is standard practice for game developers to delay asking users to pay money until they have played consistently and habitually. Once the compulsion to play is in place and the desire to progress in the game increases, converting users into paying customers is much easier. Selling virtual items, extra lives, and special powers is where the real money lies.

① diminish once product quality declines
② change with the development of technology
③ give companies flexibility to increase prices
④ impede the process of raising product price

08 주어진 글 다음에 이어질 글의 순서로 가장 적절한 것은?

There is an interesting side to the biochemical make-up of organisms that is illuminated by astronomy. The living organisms we now see all have their structure based upon the element carbon.

(A) Only after this immense period of time will the building blocks of life be available in the universe, and only then can biochemistry take over.

(B) When the stars reach the end of their lives they explode and disperse carbon into space and on to the surface of planets and meteorites. However, the time needed to make carbon by this stellar alchemy is very long: nearly a billion years.

(C) Most biochemists believe no other basis is possible for life. Then where does carbon come from? Carbon originates in the centre of stars where at temperatures of millions of degrees it is 'cooked' from simple protons and neutrons.

① (B)−(A)−(C)   ② (B)−(C)−(A)
③ (C)−(A)−(B)   ④ (C)−(B)−(A)

09 밑줄 친 (A), (B)에 들어갈 말로 가장 적절한 것은?

Sports are an expression, or a statement, by a society about its interests, history, and character. Issues such as gender or race, geography, and ethics can be observed in the rules and realities of sports. Shifts in these conditions influence sporting activities. Baseball, ___(A)___, is no longer the great American pastime. As sports sociologist D. Stanley Eitzen observed about America, "Baseball, then, represents what we were — an inner-directed, rural, individualistic society. It continues to be popular because of our longing for the peaceful past. Football, on the other hand, is popular now because it symbolizes what we now are — an other-directed, urban-technical, corporate-bureaucratic society." Sports, ___(B)___, are similar to other cultural expressions such as painting, music, dance, theater, and literature. As society moves into a postmodern era, then sports too will become a part of the drift, and, at times, become a cultural leader.

	(A)		(B)
①	by contrast	······	similarly
②	by contrast	······	rather
③	for example	······	consequently
④	for example	······	instead

10 다음 글의 내용과 일치하지 않는 것은?

Many myths and misconceptions surround dietary fat, which has resulted in a widespread fat phobia. It is important to remember that not all fat is bad, and that some is essential. The solid weight of your brain is 60 percent fat. The hundred billion nerve cells in the cerebral cortex require essential fatty acids to function. Myelin, a white fatty substance that wraps around nerve cells, accelerates the transmission of electrical impulses along the nerve cells. It is therefore extremely important for the well-being of the nervous system. Amyotrophic lateral sclerosis (ALS), commonly known as Lou Gehrig's disease, and multiple sclerosis (MS) are called demyelinating diseases, because a loss of myelin is a defining feature. Certainly high-circulating fat can kill you with heart disease and strokes, but too-low fat levels can also cause severe problems such as depression and anger, sometimes even suicide and homicide.

① Fat takes up more than half of the solid weight of human brain.
② Myelin increases the speed of electric flow within nerve cells.
③ Lou Gherig's disease is caused by an excess of myelin.
④ Lack of fat in body can trigger emotional disorders.

01 밑줄 친 부분에 들어갈 말로 가장 적절한 것은?

> The addictive song kept _____ in my head, and I found myself singing along to the rhythm.

① lingering   ② retaliating
③ depreciating   ④ contracting

02 밑줄 친 부분에 들어갈 말로 가장 적절한 것은?

> After the fire, the community worked together to replant trees to _____ the loss of the forest.

① take after   ② bring about
③ hold on to   ④ make up for

03 밑줄 친 부분 중 어법상 옳지 않은 것은?

> In a number of ways, women and men communicate differently, and misunderstandings often ① occur. Women tend to make more "listening noises," such as "um," "uh huh," and "go on," than most men ② do. If men don't make these noises when ③ communicating with women, the women may think the men aren't listening. Conversely, men are likely to misinterpret the listening noises women make as ④ indicate agreement rather than just interest.

04 우리말을 영어로 가장 잘 옮긴 것은?

① 우리가 통제할 수 없는 일에 대해 걱정해도 소용없다.
  → It is no use to worry about things we cannot control.
② 그들은 눈이 왔음에도 불구하고 제시간에 공항에 도착했다.
  → They arrived at the airport on time despite of the snow.
③ 모든 선수가 그가 금메달을 딴 것에 감명받았다.
  → Every player was impressed with his winning the gold medal.
④ 노력을 들이지 않은 것에 대해 칭찬받는 것은 이상하게 느껴진다.
  → It feels strangely to be praised for what you put no effort into.

05 두 사람의 대화 중 가장 어색한 것은?

① A: You look really pale. Is anything wrong?
  B: I feel so sick. I even threw up.
② A: I never knew you were friends with Hannah.
  B: I've been hanging out with her for some time.
③ A: I still feel really awkward when I'm with Ben.
  B: I can see that. You two hit it off right from the start.
④ A: What do you say to getting a birthday gift for our teacher?
  B: That's a good idea. I'll chip in a few dollars.

06 다음 글의 제목으로 가장 적절한 것은?

> Frightened primates, even adult ones, cling to one another if they are scared enough. That's as true of our species as it is of other primates. It is very easy to find pictures of frightened humans, whether victims of some natural disaster or the tragedy of war, chest-to-chest, wrapped in the arms of another human being. These images are almost exact replicas of pictures of terrified chimpanzees hugging one another for comfort. Most animals don't cling to one another when they're scared; they just run away. Frightened horses and sheep want to run away. Frightened birds and cats usually want to be left alone to hide. The bottom line is that our species, like other primates, is a touchy-feely one, and our emphasis on physical contact is very much a part of our genetic heritage.

① Chimpanzees Are Not as Sensitive as Humans
② Running Away as Animals' Strategy for Survival
③ Comfort from Touch: A Trait Specific to Primates
④ Soothing Chemicals in Brain Released by Touching

There is something about _____ that deepens our pleasure. As part of an experiment, one group of chocolate lovers was assigned to eat a piece of chocolate, and then they were pledged not to eat any more for the next week. A second group of chocolate lovers ate the initial chocolate, and then were told to eat as much as they wanted over the span of a week. The second group was even given a two-pound bag of chocolate to help them achieve this "goal." When both groups returned a week later and were given the same chocolate, the participants who continued to consume chocolate on a daily basis enjoyed it significantly less. In contrast, the participants who ate no chocolate during the week enjoyed it as much as ever. Giving up a favorite indulgence for a week helped chocolate lovers renew their enjoyment.

① addiction
② moderation
③ simplicity
④ consistency

Larger animals like fishes and whales are not as numerous but are a lot more powerful.

When marine animals swim, the motion of their fins, bodies, or appendages generates turbulence in the water. (①) Nobody thought much about this in terms of ocean mixing until researchers calculated in the mid-2000s that the total turbulent energy that organisms could impart to mixing the ocean could be comparable to wind and waves. (②) Shortly thereafter, research in a Canadian fiord concluded that turbulence from swarms of vertically migrating shrimp increased mixing by a factor of 100. (③) A single shrimp probably can't do much, but there are billions of them. (④) The collective movements of these various sorts of marine animals play a pivotal role in shaping ocean mixing, and contribute to the dispersion of nutrients across the depths of the ocean.

I'll never forget the first time I gave a speech in front of strangers. I'd practiced for the stuffed animals on my bed and my roommate Christine, but this was my debut in front of a real audience. As I shakily got to my feet, I looked out at seventeen smiling Rotarians waiting for my words of wit and wisdom. My tongue was as dry as chalk dust, my palms as wet as a fish. The audience felt like seventeen thousand judges waiting to sentence me to eternal humiliation if I didn't inform and entertain each. I gave a concerned glance at Christine, who had driven me to the club, and began, "Good afternoon. It gives me great pleasure..."

① angry
② proud
③ nervous
④ relieved

Sallekhana is a religious ritual in Jainism, a religion in India. It involves a person, voluntarily fasting to death by gradually reducing the intake of food and liquids as a way to become spiritually pure. Historic evidence suggests many men and women vowed to engage in the practice, including queens. However, in the modern era, death through Sallekhana is rare, performed only when death is imminent. The practice has been a subject of debate and legal scrutiny, as some question its ethics. In 2015, the High Court of India declared Sallekhana illegal, considering it a form of suicide. But in the following year, the decision was suspended by the Supreme Court of India, lifting the ban on the practice. This legal ambiguity has sparked discussions about the balance between religious freedom and the protection of individuals' lives, making it a complex and contentious legal issue.

① 살레카나는 단식을 통해 죽는 자발적 종교 의식이다.
② 오늘날 살레카나로 인한 죽음은 과거에 비해서 드물다.
③ 살레카나는 인도 고등법원에 의해 불법 행위로 규정되었다.
④ 인도 대법원은 2016년에 살레카나 금지령을 최종 승인하였다.

Shimson_lab

초고효율 학습관리
심우철 스파르타 클래스

의지박약도 반드시 암기하게 만들어 드립니다

공단기 **심우철** 선생님

이 엄청난 프로그램이 0원

예치금 단돈 1만원

미션만 완료하면 예치금 전액을 돌려드립니다.

스파르타 신청시
1만원
예치금

+

스파르타 전용
학습자료
제공

+

매일 학습 과제
MISSION
인증

=

목표 달성하면
100%
환급

매일 미션 공지	열심히 공부	미션 인증
매일 아침마다 미션 안내 공지를 보내드려요.	하루 동안 주어진 미션을 열심히 수행합니다.	주어진 시간 내에 수행한 미션을 인증합니다.

수강생 리얼 후기

"스파르타 아니었으면 못했을 거예요"

스파르타 클래스 덕분에 정말 짧은 시간동안 이 많은 어휘를 모두 암기할 수 있었습니다. 말로 형용할 수 없는 만족감을 주신 심우철 선생님께 감사드려요

보카 스파르타 클래스 1기 서*민 수강생 후기

30일동안 하루도 밀리지 않고 강의 듣고, 암기하고, 테스트하고, 복습하고, 이 많은 단어를 다 외우고.. 혼자했다면 불가능했을 거예요 정말로 ㅠㅠ

보카 스파르타 클래스 3기 김*지 수강생 후기

TALK 카카오톡을 통해 안내메시지를 보내드립니다.

스파르타
클래스

LIVE
학습 상담

부가
학습 자료

각종
이벤트

Ch **심우철 합격영어** **+**

카카오톡 채널 추가하는 방법
① 카카오톡 실행하기 → 검색창에 채널명 입력하기 → 채널 추가 ② 카톡 상단 검색창 클릭 → QR코드 스캔 → 채널 추가